权威·前沿·原创

皮书系列为
"十二五"国家重点图书出版规划项目

深圳法治发展报告
（2015）

ANNUAL REPORT ON THE RULE OF LAW IN SHENZHEN
(2015)

主　编／张骁儒
副主编／陈少兵　王为理　李朝晖

图书在版编目(CIP)数据

深圳法治发展报告.2015/张骁儒主编.—北京:社会科学文献出版社,2015.5
(深圳蓝皮书)
ISBN 978-7-5097-7508-0

Ⅰ.①深… Ⅱ.①张… Ⅲ.①社会主义法制-研究报告-深圳市-2015 Ⅳ.①D927.653

中国版本图书馆 CIP 数据核字(2015)第 094950 号

深圳蓝皮书
深圳法治发展报告(2015)

主　　编 / 张骁儒
副 主 编 / 陈少兵　王为理　李朝晖

出 版 人 / 谢寿光
项目统筹 / 张丽丽
责任编辑 / 张丽丽　王　颉

出　　版 / 社会科学文献出版社·皮书出版分社 (010) 59367127
　　　　　　地址:北京市北三环中路甲 29 号院华龙大厦　邮编:100029
　　　　　　网址:www.ssap.com.cn
发　　行 / 市场营销中心 (010) 59367081　59367090
　　　　　　读者服务中心 (010) 59367028
印　　装 / 北京季蜂印刷有限公司
规　　格 / 开本:787mm×1092mm　1/16
　　　　　　印张:19.25　字数:255 千字
版　　次 / 2015 年 5 月第 1 版　2015 年 5 月第 1 次印刷
书　　号 / ISBN 978-7-5097-7508-0
定　　价 / 69.00 元

皮书序列号 / B-2015-441

本书如有破损、缺页、装订错误,请与本社读者服务中心联系更换

▲ 版权所有 翻印必究

《深圳法治发展报告（2015）》编委会

主　编　张骁儒

副主编　陈少兵　王为理　李朝晖

编　辑　王庆恩　李朝星　秦芹

撰稿人（以文章先后为序）

李朝晖　秦　芹　张尧鹏　钟　澄　刘梦丽
曾　滔　邹　平　蔡巧玉　刘婉华　林　影
黄海波　王庆恩　袁银平　张　炼　吕志峰
方嘉凡　马绍峰　孟　海　梁宝月　罗　思
陆俊仪　林秀萍　高　树　魏汉蛟　张　弢
徐宇珊　刘华电

主编简介

张骁儒 深圳市社会科学院（深圳市社会科学联合会）党组书记、院长。多年来致力于党史研究和方志研究，主编《中国共产党深圳历史：第一卷（1924-1950）》《中国共产党深圳历史：第二卷（1949-1978）》，其中第一卷于2010年3月被中共中央党史研究室评为"党的十七大以来全国党史部门优秀成果奖"著作类特别奖。近年来，主持多项省、市重大调研课题，主持编纂"深圳学派丛书""深圳改革创新丛书"，主编"深圳蓝皮书·经济""深圳蓝皮书·社会""深圳蓝皮书·法治"和《国际化城市与深圳方略》《以质取胜——全方位提升"深圳质量"研究》等著作。

摘　要

《深圳法治发展报告（2015）》由深圳市社会科学院编纂。报告包括立法、法治政府、司法、法治社会等内容，较为全面系统地总结了2014年深圳法治的基本情况、创新及成效，分析其存在的问题，并提出对策和建议。

2014年深圳全面推进一流法治城市建设，社会领域、新兴领域立法取得新突破，清理行政职权、编制权责清单、规范政府权力行动迅速，法院、检察院改革率先在全国启动，积极探索实行各种纠纷调解、公共法律服务、公益普法新形式，法治建设取得新成就。但是，我们也看到，无论是立法的质量、政府依法行政能力、司法公正与效率，还是市民的守法自觉性，都与法治的要求、市民的期待有一定差距，需要通过完善立法程序、规范政府行为、深化司法改革、加强普法宣传，进一步提升深圳法治化建设水平。

报告还分析了深圳立法、法治政府、司法、法治社会等领域的一些具体方面的发展情况、问题及对策。立法方面，分析了地方立法工作面临的困境及对策，以及房地产、物业管理、海域使用权出让、反家庭暴力等方面的立法现状与建议；法治政府建设方面，对深圳法治政府建设的现状及对策进行了探讨；司法方面，着重分析了司法改革、法院工作、刑事立案监督、非法证据排除与调查等方面的现状、问题与对策；法治社会方面，着重分析了律师行业、经济犯罪、社会组织制度建设等方面的情况、问题与对策。报告还梳理了2014年深圳重大法治事件以及新制定及修改的法规规章。

Abstract

The Annual Report on the Rule of Law in Shenzhen (2015) is compiled by Shenzhen Academy of Social Sciences. This Report summarizes the basic situation, innovation and progress of rule-of-law in Shenzhen in 2014, covering a wide range of aspects that includes legislation, law-based government, administration of justice and social legal construction. The Report also puts forward some countermeasures and suggestions of the existing problems.

In 2014, Shenzhen has comprehensively enhanced the process of building a first-class city under the rule-of-law with some breakthroughs are made on the legislation of social field and other emerging fields. Prompt actions are made to clean administrative authority, compile authority-responsibility list and standardize governments' powers. The reform of court and procuratorate has been initiated. Besides, Shenzhen has actively explored the new forms of the implementation of disputes mediation, public legal services and public promulgation of laws, which has achieved new results in the construction of the rule of law. However, we also notice that there is still a great gap between the current legal situations and public expectations and the requirements of law, no matter from the aspects of the quality of legislation, the ability for government to exercise their powers according to law, the level of judicial justice and efficiency, or from the consciousness to obey to the law. Therefore, Shenzhen should further improve the procedures of legislation, standardize the actions of governments, deepen the reform of the judicial system and enhance public rule-of-law concept and awareness.

Abstract

The report also analyzes the development, problems and countermeasures of some specific areas, such as legislation, government under the rule-of-law, judiciary and social legal construction. On the legislative front, it analyzes the puzzles and the countermeasures of local legislation, the present legislative situation and advice of real estate, property management, the sale of right of use of sea area, anti-domestic violence; on the construction of government under the rule-of-law front, it mainly discusses the current situation and strategies; on the judicatory front, it explores the present situations, problems and countermeasures of judicial reform, court work, criminal case supervision, illegal evidence exclusion and investigation; on the social legal construction, the report focuses on the analysis of the legal profession, economic crimes and institutional construction of social organizations. Memorabilia of the rule-of-law and the new regulations and amendments in Shenzhen in 2014 are also included in this report.

目 录

BⅠ 总报告

B.1 2014年深圳法治发展状况及2015年展望
　　………………………………… 李朝晖　秦　芹 / 001

BⅡ 立法篇

B.2 地方立法工作面临的困境及对策
　　——以深圳经济特区为例 ……………… 张尧鹏 / 024
B.3 深圳市房地产法治发展研究报告 …… 钟　澄　刘梦丽 / 039
B.4 深圳物业管理立法探讨 ………………… 曾　滔 / 061
B.5 深圳市海域使用权市场化出让制度的法律与
　　政策思考 ………………………………… 邹　平 / 075
B.6 深圳市家庭暴力现状及反家庭暴力立法探讨
　　…………………………………………… 蔡巧玉 / 091

BⅢ 法治政府篇

B.7 深圳法治政府建设的现状及对策 …… 刘婉华　林　影 / 102

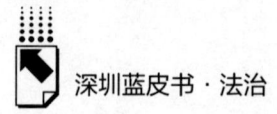

BⅣ 司法篇

B.8 深圳司法改革报告（2012~2014） ………… 黄海波 / 116

B.9 深化深圳司法改革的思路与建议 …… 李朝晖 王庆恩 / 131

B.10 2014年深圳法院工作情况及2015年展望
………………………… 深圳市中级人民法院课题组 / 149

B.11 深圳市检察机关探索非法证据排除与调查
工作的实践与建议 ………… 吕志峰 方嘉凡 / 160

B.12 刑事立案监督实践困境与制度完善
——以深圳市检察机关2011~2014年刑事
立案监督实践为例 ……………… 马绍峰 / 175

B.13 "可信时间戳及电子证据固化业务"在深圳的
发展及在广东的推广建议 ………… 孟 海 梁宝月 / 193

BⅤ 法治社会篇

B.14 加强社会法治 建设"一流法治城市"
……………………………… 罗 思 陆俊仪 / 210

B.15 2014年深圳市经济犯罪综合分析与对策 ……… 林秀萍 / 220

B.16 深圳律师行业近十年发展情况分析
………………………… 高 树 魏汉蛟 张 弢 / 233

B.17 深圳市社会组织制度建设研究报告
………………………………… 徐宇珊 刘华电 / 261

ℬ Ⅵ 附录

ℬ.18　2014年深圳法治大事记 …………………………………… 275
ℬ.19　2014年深圳新法规规章 …………………………………… 285

皮书数据库阅读 使用指南

CONTENTS

B I General Report

B.1 The Development of Rule of Law in Shenzhen in 2014 and
The Prospects of 2015   *Li Zhaohui, Qin Qin* / 001

B II Legislation

B.2 Difficulties and Countermeasures of Local Legislation
—The Case of Shenzhen Special Economic Zone   *Zhang Yaopeng* / 024

B.3 Research Report on The Development of Law of Real
Estate in Shenzhen   *Zhong Cheng, Liu Mengli* / 039

B.4 Discussion on the Legislation of Property Management in Shenzhen
    Zeng Tao / 061

B.5 Perspectives on Law and Policy of Market-driven Sale of
Right of Use of Sea Area in Shenzhen   *Zou Ping* / 075

B.6 Study on the Current Situation of Domestic Violence in Shenzhen
and the Legislation of Anti-domestic Violence Law   *Cai Qiaoyu* / 091

B III The Law-Based Government

B.7 Current Situation and Countermeasures of the Law-based
Government Construction in Shenzhen   *Liu Wanhua, Lin Ying* / 102

B IV Administation of Justice

B.8 Report on Judicial Reform in Shenzhen(2012-2014) *Huang Haibo* / 116

B.9 Thoughts and Suggestions on Deepening Judicial Reform
in Shenzhen *Li Zhaohui, Wang Qingen* / 131

B.10 The Development of Shenzhen Court Work in 2014 and
The Prospects of 2015
Research Team of Shenzhen Intermediate People's Courts / 149

B.11 The Practice and Suggestions on the Exploration of Illegal Evidence
Exclusion and Investigation by Shenzhen Procuratorate
Lyv Zhifeng, Fang Jiafan / 160

B.12 Problems and Institutional Improvement on the Practice of
Criminal Case Supervision
—The Case of Shenzhen Procuratorate 2011-2014 *Ma Shaofeng* / 175

B.13 Development on Trusted Time Stamp and Electronic Evidence
Fix Business in Shenzhen and Promotion in Guangdong
Men Hai, Liang Baoyue / 193

B V The Law-Based Society

B.14 Strengthen Social Legal Construction and Build the
First-class Law-based City *Luo Si, Lu Junyi* / 210

B.15 Analysis and Countermeasures on Economic Crimes in
Shenzhen in 2014 *Lin Xiuping* / 220

B.16 Analysis on the Development in the Legal Profession
in Shenzhen in Recent Ten Years *Gao Shu, Wei Hanjiao and Zhang Tao* / 233

B.17 Research Report on the Institutional Development of Social
       Organization in Shenzhen   *Xu Yushan, Liu Huadian* / 261

BⅥ Appendix

B.18 Memorabilia of the Rule of Law in Shenzhen in 2014   / 275
B.19 New Regulations in Shenzhen in 2014   / 285

总报告

General Report

B.1
2014年深圳法治发展状况及2015年展望

李朝晖 秦 芹*

摘　要：	本文回顾了2014年深圳在立法、法治政府、司法、社会法治、普法等方面取得的进展，分析了深圳法治建设中存在的问题，对2015年深圳法治发展进行展望预测，并提出相关对策建议。
关键词：	深圳法治　立法　政府法治　司法

---

* 李朝晖，深圳市社会科学院政法所所长、研究员；秦芹，深圳市社会科学院办公室。

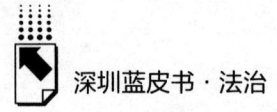
深圳蓝皮书·法治

一 2014年深圳法治建设状况

2014年，深圳市委高度重视法治建设，一流法治城市建设提速。早在1994年，深圳就率先在全国进行依法治市工作试点。20年来，深圳法治建设取得显著成果。近年来，深圳市委、市政府高度关注法治建设，在不同场合多次提出建设一流法治城市的目标。党的十八届三中全会后，深圳提出了市场化、法治化、国际化和前海开发开放战略平台建设的"三化一平台"改革主攻方向，加快建设"一流法治城市"。十八届四中全会后，深圳市委出台了《中共深圳市委关于贯彻落实党的十八届四中全会精神 加快建设一流法治城市的重点工作方案》及六个配套方案（以下简称加快建设一流法治城市"1+6"重点工作方案），明确了深圳法治领域改革的路线图、时间表、任务书。2014年，深圳朝着"一流法治城市"的目标，全方位加快法治建设步伐，立法、政府法治、司法改革、社会法治和法治文化建设各领域均取得新进展。

（一）探索建立人大主导立法新体制机制，社会领域和新兴领域加大立法工作力度

2014年深圳继续秉持先行先试、敢闯敢试的特性，积极探索建立人大主导立法新体制机制，应用特区立法权和较大市立法权以及制定政府规章的权力，根据深圳经济社会发展、城市管理和法治建设需要，积极开展立法工作，在社会领域和新兴领域立法方面取得新成就。

1. 探索人大主导立法新体制机制

2014年9月，深圳市出台了《中共深圳市委关于进一步发挥人大及其常委会在立法工作中主导作用的意见》，通过创新完善立法规

划和计划制定机制、法规起草机制、法规议案审议机制、法规实施和监督机制、民主立法机制等,建立"人大主导,多方参与"的立法新机制,强化人大在立法中的主导作用,探索政府、政协、企业、社会组织、市民等各类主体有序参与立法的新方式、新渠道。这是全国第一部关于人大主导立法的专门文件。为贯彻落实该意见,2014年11月,深圳市人大常委会制定了《市人大常委会党组落实〈中共深圳市委关于进一步发挥市人大及其常委会在立法工作中主导作用的意见〉实施办法》,细化《中共深圳市委关于进一步发挥市人大及其常委会在立法工作中主导作用的意见》的各项制度要求和创新举措,提出三十二项具体的立法工作配套制度,对强化人大在立法中的主体地位、优化立法体制机制、明确责任分工、落实职责要求等方面做出部署。与此同时,深圳市人大常委会还制定了《立法质量提升工作实施方案》,提出提升立法质量的八个方面的工作内容。这些文件、制度对于深圳市提高立法质量、完善立法格局、提升立法实效具有重要意义。

2. 社会领域立法取得新进展

2014年深圳制定及修改法规共7项:《深圳经济特区审计监督条例》《深圳经济特区政府投资项目管理条例》《深圳经济特区居住证条例》《深圳经济特区促进全民健身条例》《深圳经济特区无偿献血条例》《深圳经济特区道路交通安全违法行为处罚条例》《深圳市学校安全管理条例》。其中,居住证条例为新制定特区法规,政府投资项目管理条例、促进全民健身条例、无偿献血条例系对原相近内容的特区法规进行重大修改后重新发布,审计监督条例、道路交通安全违法行为处罚条例、学校安全管理条例为修订的法规。以上7项新制定及修改的法规中,5项为社会领域的法规。《深圳经济特区居住证条例》的发布使深圳成为全国第一个以地方法规的形式对居住证进行立法的城市,该条例不仅规定了办理居住证的条件和程序,明确规定了持证人的权益；不仅是将原来的流动人口管理方面的政府规章上升为特区法规，更是对深圳流动人口服务管理水平的提档升级。

在政府规章方面，2014年深圳制定及修改了12项政府规章，其中也有多项属于社会民生领域，包括《深圳市机动车道路临时停放管理办法》《深圳市亚硝酸盐监督管理若干规定》《深圳市地下管线管理暂行办法》《深圳市豆制品质量安全监督管理若干规定》《〈深圳经济特区欠薪保障条例〉实施细则》《深圳市人才安居办法》《深圳公证处管理暂行办法》等。

3. 新兴领域成为立法新重点

2014年深圳市政府制定或修改的政府规章中，有多项属于新兴领域，包括《深圳市碳排放权交易管理暂行办法》《深圳市公众移动通信基站管理办法》《深圳市发展快递业管理规定》《深圳市海上休闲船舶运营安全管理办法》等。其中《深圳市碳排放权交易管理暂行办法》对碳排放配额管理、报告核查与履约、碳排放权登记与交易等进行了细致规定，且有配额调整、储备配额等诸多亮点；《深圳市发展快递业管理规定》从法律层面对深圳市快递业发展进行了规范，并从土地政策、设施规划、资金支持、车辆通行等方面，对促进快递业发展提出了相关扶持政策。

4. 正式启动立法后评估工作

为跟踪了解立法质量和立法效益，2014年深圳市人大常委会启动立法后评估工作，并选择对《深圳市人民代表大会常务委员会听证条例》和《深圳经济特区物业管理条例》修订论证进行立法后评估。评估采取委托第三方的方式进行，以保证评估的公正科学。2014年底形成评估报告，对条例的实施情况进行了全面客观评价，对条例本身存在的问题进行分析并提出修改建议。评估报告将成为未来条例修改的依据，也为以后立法总结了经验教训，对于深圳未来提升立法质量具有积极意义。与此同时，深圳市人大常委会提出完善立法后评估规则，建立常规化立法后评估制度，每年选择3部以上法规开展立法后评估，并根据立法后评估情况，适时开展法规的立、改、废、释工作，有计划有步骤地对生效法规进行常态化清理。

（二）清职权、定权责、优服务、强执法，法治政府建设取得新进展

在法治政府建设方面，深圳一直敢为天下先，积极探索创新，受到社会普遍关注和认可。继2013年深圳法治政府指标体系获新华网·思客与中国政法大学联合推出的第二届"中国法治政府奖"后，2014年深圳政府法律顾问制度获得第三届"中国法治政府奖"。2014年深圳政府在法治建设方面继续先行先试，继续规范政府行为、改善政府作为，积极建立政府"权责清单"和市场准入的"负面清单"，出台全国第一份商事主体行政审批事项的权责清单，进一步完善大市场监管体制，进一步优化商事登记流程，实行新举措加强规范行政执法。

1. 全面启动清理行政职权、编制权责清单工作

2014年3月，深圳市在市、区、街道三级全面启动清理行政职权、编制权责清单工作。2014年9月1日，全国第一份商事主体行政审批事项的权责清单——《深圳市商事主体行政审批事项权责清单和后续监管办法》公布。之后深圳市直各部门相继公布本部门行政审批事项权责清单。到2014年底，全市32家市直部门均编制完成并公开权责清单；区一级层面，福田、龙岗、罗湖3个区也公布全部权责清单，宝安区公布部分试点部门清单，其他各区也进入权责清单的最后审核阶段。通过这项工作，深圳实现彻底清权，通过梳理各部门职权，摸清政府职权"家底"，将5326项行政职权事项纳入清理范围；实现大力减权，进一步简政放权，调整、取消、转移、下放、整合400多项职权，1100多个事项降低审批门槛、简化办事环节或压缩办理时限，实现政府职权"瘦身"；依法限权，制定权力运行流

程图，在"事前、事中、事后"进一步明确责任，优化了政府工作流程，减少了寻租空间，提高了政府办事效率，方便了社会监督。

2. 大市场监管格局升级，并实行决策权、执行权相对分离

2014年，深圳市在原来市场监管领域大部制的基础上，进一步深化改革，整合原来的市场监管局（市食品安全监管局）、药监局，新组建大部门制的深圳市市场和质量监督管理委员会，将市场监管领域的工商、质监、知识产权、食品药品监管4大类20多个部门整合到一个机构。该委员会实行决策权与执行权相对分离，以市场和质量监督管理委员会为决策机构，下设正局级的深圳市市场监督管理局（市质量管理局、市知识产权局）、深圳市食品药品监督管理局以及副局级行政机构——深圳市市场稽查局三个执行机构。改革进一步完善了深圳大市场、大监管体制，强化了大质量、大标准的职能、机构、队伍体系建设，提高了行政资源的利用率和执法效率，在市场监管领域形成了特色鲜明的"深圳模式"。

3. 商事登记服务再升级，开启"四证合一"全流程网上登记新模式

在2013年商事登记制度改革的基础上，深圳进一步深化了商事登记服务。2014年7月1日全面实现全业务、全流程、无纸化网上登记新模式。2014年12月1日，深圳市市场和质量监督管理委员会联合市国税局、市地税局和市公安局共同推出了商事主体营业执照、组织机构代码证、税务登记证和刻章许可证"四证合一"的登记新模式，使商事登记服务再升级，申请人足不出户即可办理，实现"一表申请、一门受理、一次审核、信息互认、四证同发、档案共享"。"四证合一"全流程网上登记新模式，进一步提升商事登记效率，降低企业办事成本，提高群众办事便利性，缓解由于登记量剧增给政府工作带来的压力，为全国工商登记方法创新起到积极的示范作用。

4. 加强规范行政执法新举措不断，法律尊严得到维护

2014年，深圳行政执法可圈可点之处颇多。"史上最严控烟条例"实施顺利。深圳市卫计委等6家执法单位以及铁路和民航共八个部门齐抓共管，全年检查场所100253次，出具监督意见书6352份，警告场所2103处，处罚场所2例，罚款共计40000元；劝导94402人次，处罚个人8675人次，罚款总额420100元。在强力执法和社会各界的共同努力下，各类禁烟场所违法吸烟现象得到明显减少，无烟氛围开始形成。"法治通城"收效显著。以法治的管理、法治的手段，创新交通执法和交通管理，通过依法严管、规范执法，在提高道路通行效率的同时也极大地增强了市民的交通守法意识。快播公司侵权被罚表明深圳市行政处罚不手软，对侵犯版权的快播公司以非法经营额8672万元为基础，按3倍罚款计算，处以2.6亿元的罚金，创下国内互联网行业行政处罚额度之最。城市管理行政执法寻求法院强制执行，执结全国首宗自然人在公共场所乱扔垃圾拒罚强制执行案，表明了政府和社会对违法行为"零容忍"态度，捍卫了法律尊严。行政执法全流程法治化提升改革，福田区建立区属20家执法部门通用的行政执法平台，并制定行政处罚裁量权实施标准，推行"菜单式"执法，有效破解了行政执法不透明、不规范、监督不到位，行政执法标准不一、相互孤立，行政执法与刑事司法衔接不畅等问题。

（三）司法工作有序推进，率先在全国启动司法改革

1. 司法机关在维护社会正义方面发挥重要作用

2014年深圳法院、检察院围绕司法为民公正司法的主线，继续以抓好执法办案为第一要务，审判检察工作有序推进。

深圳市区两级法院依法履行审判执行职能。2014年全市法院全年受理各类案件224927件，办结207471件，同比分别上升19.63%

和15.97%。其中办结各类刑事案件21943件，判处罪犯31058人；办结各类民商事案件123000件；审结行政诉讼案件3438件，其中维持或确认具体行政行为合法的1751件，撤销、变更具体行政行为或确认违法的364件，以协调撤诉等方式结案1323件；执结案件50998件，执结标的金额86.42亿元。

深圳市区检察机关依法履行批捕、起诉、诉讼监督等职责。全年共批准逮捕各类刑事犯罪嫌疑人23572人，提起公诉26626人，同比分别上升0.25%和8.1%；决定不捕4086人，不诉2165人，同比分别上升17.55%和49.93%，反映了深圳检察机关宽严相济，既依法加强打击各类刑事犯罪，又保护当事人的合法权益。全年共立案侦查各类职务犯罪307人，同比上升20.39%，立案人数创历史新高。其中，贪污贿赂犯罪241人，渎职侵权犯罪66人，查办了海关系统、公安消防系统、交警车管所系统、环保水务系统等多起窝案。

2. 率先在全国启动司法改革

2014年1月，深圳市委通过《深圳市法院工作人员分类管理和法官职业化改革方案》，率先在全国启动法院改革。在总结2012年开始的福田区人民法院审判长负责制和盐田区人民法院人员分类管理改革经验的基础上，在全市法院系统建立法院工作人员分类管理、法官员额、法官职级、单独的法官薪酬等制度，并于6月完成人员分类选编、法官定级、薪酬套转等工作；改革审判权运行机制，压缩管理层级，完善主审法官和合议庭办案机制，规范审判监督，强化落实办案责任机制，并于7月组建完成全新的审判工作团队，初步构建了法官主体地位突出、权责统一的新格局。

2014年7月，深圳成立检察改革工作领导小组，制定《深圳市检察机关工作人员分类管理和检察官职业化改革方案》《深圳市改革检察权运行机制完善检察官办案责任制实施方案》。2014年12月22日，深圳市人民检察院召开全市检察人员大会，正式启动以检察人员分类管理和检察官职业化改革为基础、以完善检察官办案责任制为核心的检察改革。2014年底,全市检察机关完成了人员分流工作。值得特别提及的是,深圳检察院改革在突出司法属性、淡化行政色彩方面有三方面突出做法:一是机构去行政化。打破检察机关内部机构行政化建制,撤销原有全部业务处室,仅保留辅助类机构和司法行政类机构,同时取消业务部门的中层干部岗位。二是检察官管理去行政化。免去检察官的行政职务(原业务部门的中层干部选择检察官编制的,全部免去其行政职务),以检察官等级为基础实行单独管理。三是办案机制去行政化。选配主任检察官,并以主任检察官为核心,组建基本办案组织,实行"检察长—主任检察官"的扁平化管理模式,减少办案审批层级,最大限度地赋予检察官办案独立审查权和决定权。

3. 司法公开工作进一步加强

2014年深圳市开展司法公开专项行动,进一步深化司法公开工作,努力构建开放、动态、透明、便民的阳光司法机制。深圳法院进一步完善审判流程公开、裁判文书公开、执行信息公开三大平台建设,全年全市法院上网公布生效裁判文书突破10万份,在中国裁判文书网公布8万余份,上网数量位居全国前列、全省排名第一。深圳检察院深化阳光检务工作,制定人民检察院案件信息公开工作规定,市、区两级检察院上线运行案件信息公开系统,逐步向社会公开检察机关终结性法律文书、案件程序性信息及重大案件办理情况。公开法律文书855份、案件程序性信息10147条、重要案件信息58条。推进不立案、不批捕、不起诉案件的公开审查工作,多次邀请人大代表、政协委员、特约检察员等参与案件公开审查听证。充分发挥人民监督员作用,组织人民监督员监督职务犯罪案件15件。

4. 应用现代科技提高司法效率取得明显成效

面对科技的日新月异,深圳司法机关积极主动探索应用高科技手段创新现代化案件管理模式,采用新型诉讼监督模式、"鹰眼查控网"、"网上法庭"等，为司法公正护航。近年来深圳市检察机关建立了现代化案件管理模式，实现对全院案件的实时动态跟踪监督，避免超期、违规、不规范办案现象的出现。还依托案件管理系统开发了专门的案件办理情况查询系统，在检务大厅设立了专门的查询窗口。市检察院的查询系统还与市律师协会网站对接，律师足不出户就可以查询跟踪案件进展、预约阅卷时间。2014年初，深圳市检察院基本完成对新型诉讼监督模式的构建工作。通过侦查活动监督、刑事审判监督、监管场所及刑罚执行监督、民事行政诉讼及执行监督等四大信息化平台及配套机制，检察机关可直接对执法办案流程和关键执法环节进行监督，而相关监督事项的监督结果，如是否依法规范办案，则可以直接纳入政法干警个人执法档案，并作为其个人绩效考核的参考条件。2010年，深圳市中级人民法院首创的"鹰眼查控网"是深圳法院通过与各联动单位、协助单位联通互动，对被执行人财产和人身进行查询和控制的信息化工作平台。2014年查控网协作单位已达40家，全年处理财产查询任务47.7万余宗，财产控制任务6.4万余宗，查控银行存款19.34亿元。此外，深圳政法机关还积极开展跨部门网上办案工作，提升办案效率。南山区司法机关于2011年10月推行远程视频提审、庭审机制，截至2014年底，通过远程高清视频庭审系统进行了147次远程庭审，共完成1424件简易程序的公诉案件（涉及1683人）的法庭审理，远程视频庭审工作模式在实践中达到良好的效果，大大提高了工作效率。2014年5月，南山区人民法院又在全国率先设立"知识产权案件互联网审理中心"，实现互联网时代下知识产权纠纷能快速便捷、低成本解决。

（四）社会法治建设成效明显，法治文化氛围渐浓

1.法律服务行业不断发展壮大

深圳律师、公证等法律服务机构起步早、发展快，已经形成较完

善的法律服务体系，为社会提供了优质高效的法律服务。2014年深圳律师行业继续稳步发展，事务所数量和律师人数稳步上升。截至2014年底，深圳共有律师事务所514家，律师8560人，全年办理律师法律事务代理案件超过10万件，为广大市民提供专业化的法律服务，群众的合法权益得到较好保护。公证服务发展迅速，2014年全市有公证处7个，共有工作人员179人，持证公证员48名，办结各类公证260784件，可办理公证项目达130多项，所出具的公证文书发往100多个国家和地区，被广泛承认和接受。

2. 公共法律服务体系不断完善

2014年深圳全市有调解委员会1000多个，调解员10000多人，调解案件约10万件，涉及当事人20多万人，对于维护社会稳定发挥了重要作用。2014年，深圳法律援助律师两万多人次，办理法律援助案件两万多件，为弱势群体提供了较好的法律服务，对维护社会基本公平发挥了一定作用。2014年深圳公共法律服务覆盖面进一步扩大。福田区在全区95个社区建立法律服务站，把市、区法律服务延伸到社区，通过街道司法所与律师事务所签约方式，将专业法律工作队伍引入社区，以法律服务站为平台，开展法律宣传、法律咨询、法律代理、法律援助、法律调解各项工作，形成高效的社区法律服务工作机制。

3. 多部门合力推进涉罪未成年人帮教工作

2014年7月，深圳市综治委、团市委及市检察院共同发文，向全市推广2013年福田区首创的关于涉罪未成年人帮教工程的工作机制。该帮教模式通过对内创新办案机制，对外借助社会优势资源，将机关事业单位、社会组织、企业等链接起来，建立起包括司法机关、共青团、教育部门、人力资源部门、企业家协会、爱心企业、社工、公益律师、心理咨询师等在内的帮教队伍，形成"社会机构承接、专业社工为主，社会各方参与"的社会化、立体性、长效的未成年人帮教预防体系。截至2014年12月25日,已对40名涉罪未成年人进行社工帮教、心理矫治、公益监护、爱心就业等系统帮教,其中18人返校读书、15人返回工作岗位,无一人再违法犯罪,推动了社会正能量的良性循环,取得了良好的社会效果和法律效果。

4. 创新证券期货业纠纷调解新模式

针对近年来我国证券期货业纠纷不断增多,通过诉讼解决纠纷对于普通投资者来说耗时长、成本高的问题,2014年深圳国际仲裁院联合深圳证券交易所、深圳市证券业协会、深圳市期货同业协会、深圳市投资基金同业公会等机构共同设立了深圳证券期货业纠纷调解中心。该中心将专业调解、商事仲裁、行业自律和行政监管四者紧密结合起来,调解结果具有可强制执行性,首创中国资本市场"四位一体"纠纷解决机制。该中心为公益性事业单位,免费为中小投资者与深圳市证券业协会、期货同业协会、投资基金同业公会的会员之间的纠纷以及中小投资者与上市公司之间的纠纷提供调解服务。2014年该调解中心接受资本市场纠纷咨询及调解申请超过130宗,其中符合受理条件并正式立案的87宗,已受理案件的调解成功率高达94%,成为全国资本市场纠纷妥善解决的新路径。

5. 全方位、多层次地开展普法工作

2014年深圳普法工作继续植入法治文化建设,取得明显成效。"'12·4'法制大观园活动"、"公民法律大讲堂"、"校园法律文化节"等一系列具有浓郁地方特色的法治文化品牌在法治宣传教育中继续发挥重要作用。近年来兴起的社区法治学校、法治公园、法治广场、法治文化长廊、法律文化博物馆等法治文化宣传阵地不断增加,为大众普法提供了丰富的平台。与此同时,深圳还不断创新普法形式。2014年深圳推出"民辨是非"大型思辨性普法活动,开展由法律工作者组成论辩队进行论辩,由普通市民组成"陪审团"进行评审,由法律专家进行点评的"民断是非"大型思辨性公益普法活动，很好地将专业性和群众性结合起来，达到了让广大市民在思考中学习法律、在法律中学会思考的效果。深圳市法学会联合罗湖区法院、罗湖法律文化书院、非营利性的民营非企业组织深圳市蓝海现代法律服务发展中心，集合各种法律资源和各家所长，在全市范围内组织法学学者和法律工作者开展法律文化系列活动，向公众全面展示法律文化，宣扬法治价值理念，较好地起到高端普法的效果。

（五）前海多举措推进中国特色社会主义法治示范区建设

2010年8月国务院批复同意的《前海深港现代服务业合作区总体发展规划》明确提出前海要打造社会主义法治建设示范区。2012年底，习近平总书记视察前海时表示，前海可在建设有中国特色社会主义法治示范区方面积极探索，先行先试。2014年，前海在创建中国特色社会主义法治示范区方面出台了多项新举措：一是实行港籍调解员和港籍陪审员制度，已聘请8名港籍调解员、4名港籍陪审员，尝试采用港籍调解员参与商事纠纷调解、港籍陪审员通过合议庭的形式参与涉港案件审理，推进"国际资本可以理解和信任的商事审判体系"的建立。二是建立全国首个域外法律查明服务专业平台——蓝海域外法律查明平台，既为国内诉讼、仲裁当事人及"走出去"企业查明香港及其他境外法律提供便利、优质、中立、高效的服务，同时也为境外相关主体查明中国内地法律提供服务。三是设立中国首家跨法域、跨地域的联营律师事务所——华商林李黎（前海）联营律师事务所，截至2014年底这种深港合伙联营律师事务所在前海已经有三家。四是获最高人民法院正式批复同意设立深圳前海合作区人民法院，前海法院将实行任期制法官制度、率先探索跨行政区划管辖案件，实行立案登记制，探索实行审执分离、司法行政事务管理权与审判权分离。

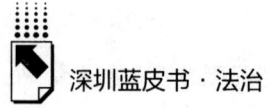

二 一流法治城市建设进程中的问题

尽管深圳的法治建设取得不小成就，但就目前的法治建设水平而言，与公认法治国家和地区相比、与一流法治城市的建设目标相比，还有一定差距，具体表现在以下几个方面。

（一）立法方面与社会对良法的追求还有一定距离，法规体系和立法工作机制还不够完善

从总体上看，深圳已经制定的法规规章，有不少还不完善，在实体权利义务设计方面，管理型特征还较明显，对公众权利保护不足；在程序设计上，不够精细，导致有些法规规章实施中出现各种问题，法规规章实施成本高，甚至无法实施，成为"废法"。例如，《深圳经济特区养犬管理条例》出现实施困难；《深圳经济特区物业管理条例》在实施过程中发现问题不少，许多物业管理领域的纠纷通过该条例无法解决。与此同时，随着经济社会的发展，新情况、新问题不断出现，立法还没有及时跟上，特别是文化、社会等领域立法相对滞后。与立法工作亟待加强相比，立法工作机制还不完善，立法机构队伍力量还较薄弱，人大在立法工作中的主导作用还有待提升，部门立法现象仍未根本解决，公众参与立法程度仍然较低，专家在立法中的作用还未充分发挥，立法后监督评估工作处于刚刚起步状态。

（二）法治政府建设方面与现代化、国际化先进城市的要求还有一定差距，政府权力运行有待进一步规范

深圳现代化、国际化先进城市的建设目标对政府行政提出了更高要求，但是部分领导干部和政府工作人员依法行政的意识还不强，在

具体工作中时有超越法律界限的现象出现,甚至以言代法、以权压法;行政执法中存在公权力随意抛弃现象,运动式执法、选择性执法仍是惯常的执法方式,有法不依、执法不严、违法不究的现象还较常见;行政决策仍较随意,听证、风险评估与各种必要的论证等规定程序有时流于形式,决策的科学性有待提高;政府的透明度还不足,信息公开制度执行状况还有很大提升空间,各种潜规则仍潜伏在行政运行中,影响政府的清廉与效率。法治政府建设考核还不够科学规范,有待进一步完善考核办法。

(三)司法公正和效率与群众期望还有较大差距,法律作为社会行为规范、矛盾解决机制的作用有待强化

一方面,群众对司法满意度还不高,普遍认为存在司法不公、司法效率低下问题;司法权威还不足,群众"信访"不"信法"现象还较严重。另一方面,我国以常住人口为标准确定政法编制的规定,导致流动人口总量大,市场经济发展、移民城市社会环境复杂。深圳市民依法维权意识较强,司法机关案多人少问题突出,深圳法官、检察官人均办案量连续多年均为全省的两倍、全国的三倍,影响了司法效率。此外,司法机关和司法工作行政化现象还未消除,审判权运行机制改革、法院工作人员分类改革和法官职业化改革刚刚迈开步伐,还有许多需要完善的方面,司法权威的重建需要一定时日。

(四)全民法律素养与法治社会的要求还有较大差距,还未形成信仰法律的社会氛围

公众存在选择性守法现象,法律的规定对自己有利就强调要遵守,对自己不利或者感觉受到约束了,就想方设法规避,甚至公然违反。在法律的强制性规定面前摇摆不定,对法律面前人人平等原则常常忽视,缺乏法治的基本精神。在日常生活中凡事不是首先想法律怎

么规定,有问题不会首先想到通过法律途径解决,总想着有什么关系可以顺利办事、利用什么渠道解决问题更方便,法律没有成为行为规范、问题解决依据,而是可有可无、可用可不用的工具。即使是政府部门,对于依法行政,也是猜疑不定,虽然它们已经体验到依法办事的好处,但在思想和行为方面仍保留着传统工作思维和方式的惯性,习惯于按长官意志办事,习惯于借助行政权力解决问题。而当前的普法工作,仍以单方面宣传灌输为主,交互性相对不足,使普法效果停留于简单的对法规条文的知晓,对于法律的核心价值缺乏基本理解,影响了法律信仰的形成和法治文化的生成。

法治城市建设工作任重而道远,深圳必须正视和认真解决这些问题,才能不断提高法治化建设水平,实现一流法治城市的建设目标。

三 2015年深圳法治建设展望

(一)落实十八届四中全会精神是法治建设的主线

2015年是全面落实十八届四中全会精神的开局之年,十八届四中全会《关于全面推进依法治理若干问题的决定》不仅阐明了全面推进依法治国的必要性,明确了建设中国特色社会主义法治体系,建设社会主义法治国家的总目标及实现这一目标必须坚持的原则,而且明确了实现法治的具体路径和法治建设的主要领域、重点内容、具体制度。决议涉及法治建设各方面各领域,以及许多具体制度,目前法治建设中有些方面有些领域工作总体较好,有些方面有些领域则较薄弱;所涉及的具体制度,有些虽已建立但还不完善,有些还没有建立,需要尽快建立完善这些制度。因此,2015年,深圳法治建设将以落实党的十八届四中全会精神为主线,各方面齐头并进,逐步制定落实各项具体制度。

（二）法治与改革相互促进成为新常态

深圳经济特区建立以来，作为国家改革的试验田和对外开放的窗口，敢闯敢试一直是特区的重要精神，创新是深圳的城市精神，深圳的许多改革是在突破国家当时法律规定的情况下进行的。在全面依法治国的背景下，在强调做到重大改革于法有据的情况下，深圳如何处理改革与法治的关系成为当前面临的一个重大问题。在激烈的讨论和深刻思考后，深圳已经理清思路，认识到法治与改革从来就不矛盾，过去30多年深圳一直通过立法将改革成果固化推广，又通过改革创新完善法治，法治与改革存在相互促进的关系。2015年深圳将沿这一思路，一方面继续发挥改革开放试验田的作用，对于重大改革，积极向中央争取进行试点；与此同时，地方立法主动适应改革和经济社会发展需要，及时将实践证明行之有效的做法上升为法律，以更大的力度、更实际的举措推进法治城市建设，努力"让一流法治成为深圳经济特区新时期更为显著的特质，成为深圳城市最具竞争力的创新创业环境，成为建设现代化国际化先进城市的坚强保障"[①]。

（三）法治建设各领域都将有较大进展

党的十八届四中全会后，深圳在全面总结一流法治城市建设成果的基础上，迅速出台贯彻落实会议精神、加快建设一流法治城市的重点工作方案及《立法质量提升工作实施方案》《法治政府建设工作实施方案》《司法体制改革工作实施方案》《全民普法守法工作实施方案》《法治工作队伍建设工作实施方案》《反腐倡廉工作实施方案》六个配套专项工作方案，切实推动各项工作落到实处，努力争当全面

---

① 王荣：《深入贯彻三中全会精神加快建成一流法治城市》，《深圳特区报》2013年12月3日A01版。

推进依法治国的排头兵。2015年，随着该重点工作方案及其实施方案规定的各项工作任务的逐步落实，深圳法治建设各领域都将有较大进展。立法方面，推进科学立法、民主立法的相关具体制度将相继出台，为提高立法质量奠定基础。政府法治方面，法治政府建设考核制度将进一步完善、政府法治机构和人才队伍力量将进一步加强；依法决策、执法标准化、社会管理法治化、政府信息公开、政府法律顾问制度等将进一步完善，社会监督等将进一步加强。社会法治和全民普法、守法方面，将建立谁执法谁普法的机制，普法形式更加多样化，基层治理法治化、社区法治建设都将有新发展，社会法治氛围逐渐浓厚。法治人才队伍建设也会进一步加强，立法工作队伍、执法队伍、司法队伍、律师队伍进一步壮大，素质进一步提高。反腐倡廉工作力度进一步加强，相关制度更为完善。

四 对深圳法治未来发展的建议

法治的完善永无止境，提高深圳法治化建设水平的道路永无止境。受传统治理结构的制约、规则多极化的羁绊、司法权威的不足、大众法治知识的欠缺的困扰，法治化并不是通过出台几十项制度就可以实现的，法治化的实现是一个长期的发展过程。党的十八届四中全会通过的《中共中央关于全面推进依法治国若干重大问题的决定》是新时期指导法治中国建设的总纲领，该决定从促进完善国家治理体系和提高治理能力现代化的高度提出了建设中国特色社会主义法治体系和建设社会主义法治国家的总目标。法治不仅是国家治理体系和治理结构现代化的一部分，而且它与国家治理体系和治理结构现代化的其他方面具有互相促进、互相完善的关系。深圳提高法治化建设水平，要站在国家治理体系和治理能力现代化的高度，使法治建设与公共权力运行的制度化和规范化、广泛的公众参与和社会公共治理、治理的效率等统筹发展、协调推进,并将这样的理念渗透到立法、政府法治、司法、普法、法治社会建设各方面,体现在具体的制度、具体运行环节中,通过更多细致的制度设计、更多的微观改革、更多的流程再造,使法治运转更平滑、更顺畅。

(一)立法方面,要从追求有法可依向立法精细化转变,形成良法体系

十八届四中全会在立法方面,提出了"推进立法精细化"的要求,这是立法观念的巨大转变,是对片面追求"有法可依"目标的修正,是对"宜粗不宜细"观念的纠正,是对立法虽粗、聊胜于无观念的否定。它意味着立法工作从求快到求精的转变,从求"有"到求"好"的转变。适应这一观念,深圳在立法工作中,要转变那种以为用好立法权就是多立法、快立法的观念,树立"慢工出细活"、重点是提高立法质量的观念,在立法项目的确定、立法调研、法规起草、法规草案征求意见、法规审议各环节,都做足工作、给足时间,宁可立法周期长一点、立法成本高一点,也要确保制定出高质量的法规规章。要从细节上落实科学立法、民主立法,健全立法论证制度,规范立法程序,拓宽公众有序参与立法的渠道。在逐渐摆脱立法过分依赖于"熟悉情况"的部门、实行由人大主导立法工作的同时,要健全民意收集和吸纳机制。深圳目前的立法计划、法规草案等均已经建立面向公众征求意见的制度,但往往征求和吸纳领导和部门的意见较充分,征求和吸纳普通群众的意见相对不足。要完善意见征求和吸纳机制,特别是要培育社会组织参与公共事务的能力,发挥其集中民意、集聚民智的作用,使分散的、各种各样的诉求通过社会组织梳理成理性的意见建议,从而更易于被立法机关重视和采纳。[①] 要丰富立法听

[①] 李朝晖:《从有法可依到立法精细化》,《特区实践与理论》2014年第6期。

证会的形式，多召开程序简易的立法听证会，就立法中的争议事项听取各方意见，使各方意见在统一的平台上得到充分表达，推动社会共识的形成。学习借鉴国际经验要作深入分析，不片面追求高大上，要分析各国制度形成的背景、运行的环境，并进行比照，确保借鉴的经验符合我国和深圳的实际，避免出现因法规不符合国情市情而成为众人唾弃的"恶法"、无法实施的"废法"。要顺应社会发展潮流，重视限制公权力，保护私权利，立法从强调政府的管理权力、社会主体的服从性和义务性向规范公权力、合理保护私权利转变。要完善立法后评估制度和法规规章清理常态化机制，逐渐形成法规实施3~5年后就要开展立法后评估的制度，特别是对已有法规规章中普遍认为存在问题或存在实施问题的，要抓紧开展立法后评估工作，对法规及其实施情况进行全面评估，及时查明法规本身或法规实施工作中存在的问题，及时修订完善法律法规或加强对法律实施情况的监督，确保立法目标的实现，并及时废除不合时宜的法规，逐步形成良法体系。

（二）法治政府建设方面，规范权力与流程再造并重，建立高效顺畅的行政运行机制

针对当前政府权力过大、运行不规范、效率不够高等问题，一是要制定以政府权责清单和负面清单为核心的规范，限制政府权力，并加大对权责清单和负面清单执行情况的监督检查；二是要以针对法治政府建设指标体系的考核为抓手规范政府行为，建立量化考核指标体系，完善法治政府建设考核制度，提高法治政府建设考核在政府绩效考核中的比重，建立单位法治政府建设年度报告公开制度，建立单位主要领导考核与单位法治政府建设考核挂钩的制度；三是要以协同善治为导向加强政府与社会、市场的良性互动，行政决策要增加公众参与度，并完善公众参与公共决策的制度，拓宽渠道、

规范程序；四是通过政府工作流程再造，规范行政权力运作，减少政府自由裁量权和寻租空间，提高政府工作效率，提升各种具体制度的实施效果，探索建立定期检视政府工作流程制度，推进政府工程流程的不断修正。通过多方面努力建立阳光、诚信、高效、服务型的法治政府。

（三）司法方面，要遵循司法规律深化司法改革，构建精致司法

司法具有自己的规律，只有尊重这些规律，司法的功能才能得到充分发挥。因此，在进一步深化司法改革的过程中，要充分尊重司法规律，从司法自己的规律特性出发，选择符合司法自身内在逻辑发展的改革路径和措施，始终确保司法的独立性、公正性、公开性、效率性、消极性、专业性等。要充分尊重司法的这些基本规律，从总体上把握司法改革的方向，防止追求片面的价值，出现以监督和管理为名干扰审判组织的独立性的现象，过分强调能动司法背离司法的消极性特点，过多要求法院和法官承担普法任务浪费高端司法资源等与总体目标背离的做法，确保司法改革朝着正确的方向不断完善。

同时，深圳司法体制改革虽然走在全国前列，但离司法体制的完善还有一定差距，当前正在进行的法院人员分类改革、法官职业化改革和审判运行机制改革，还要不断从精细方面予以优化，使司法的公正、效率、权威等方面都得到较大提高。要继续以去行政化为重点，以维护司法机关独立行使司法权为核心，以发挥司法体系运行机制为根本，以司法公开为必要手段，深入推进司法改革，构建精致司法。深化法官、检察官的职业化改革，探索实行法官、检察官薪级制，改革法官、检察官的遴选制度，建立相对独立的法官、检察官遴选委员会，改革法官、检察官考核制度，建立以办案质量为核心的考核体制；建立科学的司法机关人员配比制度，制定常住

人口数量、案件数量、案件类型与法官数量、检察官数量的配比标准，制定法官、助理法官、书记员的配比标准和检察官、检察辅助人员的配比标准；深化审判权、检察权运行机制改革，切实落实"不参与审理就不审批案件"的原则，改革审判委员会、检察委员会的职权定位和运作方式，保障法官、检察官独立办案的权利；探索实行立案登记制和案件分类处理，方便诉讼和提高办案效率；完善司法体系运行机制，重点完善司法机关之间的相互制约监督机制，探索实行庭审中心主义；完善人民陪审制度，建立司法机关与媒体之间的协调机制，健全社会监督、舆论监督机制；建立司法改革检审和微调机制，及时掌握司法改革推进情况，及时分析解决改革中出现的问题。通过构建精致司法，使司法更好地维护公民和企业的合法权益和利益，更好地维护社会公平和正义。

（四）社会法治建设方面，要以法治思维重构基层治理体系，完善多元共治的法律机制

针对当前基层治理已经出现多元主体但治理方式不规范、治理体系不完善的现状，要改变过分依赖行政手段管制社会的传统方式和思维模式，以法治思维重构基层治理体系，通过法治统筹社会力量，协调社会关系，规范社会行为。要尊重居委会、业主委员会以及其他社会组织等不同治理主体的权利，通过立法进一步明晰各类社会组织的权利、义务、责任和相关行为规范，发挥不同治理主体在各自领域的治理作用，促进社会依法自治。要加快律师、公证等法律服务行业的发展，继续完善以法律咨询、人民调解、法律援助为主要内容的公共法律服务体系，为社会提供优质高效的法律服务；充分发挥好律师、调解员等法律工作者在化解社会矛盾、解决社会问题中的积极作用。要健全社会领域立法，注意平衡社会利益，有效保护公民各项社会权益，促进社会公正，实现社会发展。

（五）法治氛围营造方面，要积极培育法律信仰，形成法治文化

法律信仰是公民对法律权威的高度信任和理性推崇，它是法律至上性和权威性产生的基础，是社会公众对法律所确定秩序的理性自觉。法律信仰的培育是一个系统工程，既要完善立法，提高市民对法律的认同度和认识度，更要推进依法行政、促进公正司法，重树市民对法律的尊重和信任。要重视发展法治文化，将法治精神内化为民族精神、社会文化，使市民从被动服从法律转变为自觉遵从法律，形成法治的人文心理基础。在这一过程中，要以领导干部法治思维培养为重点，提高党政领导干部运用法治思维和法治方式处理问题的能力，推动党政机关依法决策、依法行政，保障司法机关公正司法，带动全社会尊崇法律、信仰法律。要改变当前普法以单方宣传灌输为主、交互性相对不足的状况，大力推行浸入式的普法，把普法工作渗透到社会生活的方方面面，通过立法的全民讨论、重大法律事件的公开讨论、执法司法信息的公开、法院庭审案件的观审等形式，让市民在参与鲜活的事件和具体的案例讨论中理解法律的精神、原则和法治公平正义的价值，从而尊重和信仰法律。

立 法 篇
Legislation

B.2
地方立法工作面临的困境及对策
——以深圳经济特区为例

张尧鹏*

摘　要： 深圳经济特区在中国立法实践中作为担负探索任务的试验田，其立法实践在一定程度上是我国实行改革开放采取"摸着石头过河"方式的产物。作为国内地方立法取得成就较大的地方，深圳在立法中面临的问题，也是我国其他地方立法面临问题的缩影。本文以深圳20多年来地方立法实践为例，对其立法存在的深层次问题进行分析，并提出针对性对策，以期对完善地方立法工作提供参考意见。

---

* 张尧鹏，深圳市人大常委会法制工作委员会。

关键词： 立法权限　立法组织架构　立法操作

深圳经济特区作为我国开展地方立法最为活跃的地区，因具有特区立法权和较大市立法权，立法工作既具有鲜明的地方特色，又具有一般地方立法的普遍性特征。自全国人大授予特区立法权20多年来，立法成果丰硕，深圳市人大及其常委会共通过法规及有关法规问题的决定404项，其中制定法规221项，现行有效法规167项。深圳市人大及其常委会充分利用国家授予的特区立法权和较大市立法权，根据地方实际情况，制定了涵盖政治、行政、经济、社会领域的各类法规，为促进深圳地方经济社会发展发挥了重要作用，并为国家立法提供了实践经验。例如，《审查和批准国民经济和社会发展计划及预算规定》《政府投资项目管理条例》《政府采购条例》等法规，推动和保障了人大和政府运作更加规范；《房地产登记条例》《土地出让权出让条例》《物业管理条例》《商事条例》《商事登记若干规定》等法规，有力推动和保障了特区市场经济的发展；《全民健身促进条例》《救助人权益保护若干规定》《企业欠薪保障条例》等法规对保障市民权益、发展公共事业起到了积极作用。尽管深圳地方立法取得了令人瞩目的成果，但是我们也看到在国家法治建设进程不断加快的情况下，立法制度设计和具体操作层面的短板给地方立法带来的问题日益突出。当前国家一再强调要发挥人大立法主导作用、提高立法质量，在此背景下，研究当前立法中到底存在哪些主要问题，找出根源，并提出针对性对策，有助于加强和完善地方立法工作。

一　当前特区立法工作中存在的制度设计问题

虽然深圳地方立法取得显著成绩，立法数量不断增长，个别立法项目具有创新性,但也还存在一些薄弱环节。除统一的立法技术规范有待建立和完善外,还需要关注的是一直以来制约深圳地方立法健康发展的制度设计问题,这些问题如影随形,时刻困扰着立法工作。

(一)特区立法权的边界不清晰

特区立法权到底有多大,这是各个特区所面临的共同的基本问题。自全国人大授权以来,其在理论上存在的争议一直没有停止[①],也在实践中给特区立法权带来困惑。从全国人大常委会给予深圳的授权决定看,授权深圳市人大及其常委会在遵循宪法的规定以及法律和行政法规的基本原则的前提下制定法规。尽管各特区都主张特区立法权属于被授予的国家立法权[②],但该国家授权属于概括授权[③]。在中央和地方没有明晰权限划分的前提下,"法律和行政法规的基本原则"指向性不明,概括授权的范围无法明确。我国法律体系虽已建立,但还尚未完善,虽然《立法法》(2015年修订版)有关条款对全国人大及其常委会的立法权和制定法律的事项作了明确规定,但深圳经济特区作为我国改革开放的试验田,市场经济高度发达,无论从特区肩负的历史使命出发还是从经济社会发展的需要出发,其立法需求较国内其他地方更为迫切。因此如果《立法法》没有就特区立法权的权力边界做出明确规定,特区立法权在民商事和经济领域内进行创新将面临难以逾越的障碍,这又与国家授予深圳经济特区立法权的目的相悖。因此,深圳在行使特区立法权时,总在其规范的事项到底

---

① 沈忆勇:《经济特区立法权问题再认识》,《社会主义研究》2002年第1期。
② 各特区基于本身利益考虑,一直认为特区立法权属于国家立法权。见深圳市人大常委会调研组《进一步用好深圳经济特区立法权》,《特区实践与理论》2008年第5期;王智斌:《关于经济特区授权立法若干问题的思考——全国人大立法法起草研讨会侧记》,《人民之声》1998年第8期。
③ 秦前红、曾德军:《地方立法的主要问题及反思-以湖北省为例》,《江汉大学学报》(社会科学版)2007年第六期;笔者认为,地方性法规和规章的立法事项属于概括授权。

是否属于国家专属立法权还是特区立法之间举棋不定,犹豫不决,从而不断试探性征求全国人大常委会和国家有关部门的意见。

(二)深圳立法主体、立法权限划分不清晰

立法权在不同国家机关的科学合理配置是立法体制的固有内容。除《宪法》对全国人民代表大会和全国人民代表大会常务委员会制定法律的权力作了基本划分外,目前,国家立法层面并未就地方人民代表大会与其常务委员会制定法规的权限、地方政府制定规章的权限做出明确规定。

1. 深圳市人大与深圳市人大常委会立法权限划分不清晰

《宪法》和《地方各级人民代表大会和各级人民政府组织法》(简称《组织法》)规定地方人民代表大会(简称人大)是地方的国家权力机关,人民代表大会常务委员会(简称人大常委会)是本级人大的常设机关。从理论上讲,人大常委会的权力派生于人大,两者之间的立法权限理应有所不同。在1992年全国人大常委会授予深圳经济特区立法权的决定中没有区分深圳市人大和深圳市人大常委会的立法权限。《立法法》规定,本行政区域特别重大事项的地方性法规应当由本级人民代表大会通过[①]。但"特别重大事项"并不明确。从深圳市人大20多年立法情况看,由市人大制定的有7项法规:《深圳市人民代表大会议事规则》《深圳经济特区股份有限公司条例》《深圳经济特区有限责任公司条例》《深圳市人民代表大会审查和批准国民经济和社会发展计划及预算规定》《深圳市制定法规条例》《深圳经济特区社会建设促进条例》。从通过的法规(包括立、改、废)的性质看,关于市人大和人大常委会的立法权限的划分更令人迷惑:一是同类性质的法规,立法权行使主体不一致。同样关于市场主体的法

---

① 《立法法》第七十六条。

规,如《深圳经济特区股份有限公司条例》《深圳经济特区有限责任公司条例》是由市人大通过的,但《深圳经济特区合伙条例》《深圳经济特区股份合作公司条例》则由市人大常委会通过。二是同一法规,做出立、改、废决定的主体不一致。一般而言,同一法规,其立、改、废的通过主体应当是一致的,这也是立法权力统一的需要。如《深圳经济特区股份有限公司条例》《深圳经济特区有限责任公司条例》,二者均由市人大通过,由市人大常委会废止。其中《深圳经济特区股份有限责任公司条例》和《深圳特区有限责任公司条例》的修改也是由人大常委会做出的。而市人大常委会监督条例,则均由市人大通过和废止。三是人大常委会与人大的立法权限没有明确的界定,部分重大法规由人大常委会通过。立法权行使的层级应当与立法规范事项的重要程度相对应。一般而言,涉及民事、经济制度等基本社会领域的事项,应当属于特别重大事项,由市人大行使立法权较为合理。但从深圳立法现状看,保险、欠薪保障、工资、劳动合同、商事登记、国有资产管理、企业破产、土地使用权出让等方面事关基本经济秩序和基本社会保障的法规却是由人大常委会通过的。如果人大常委会和市人大的立法权限没有明确划分将会产生以下消极后果:一是人大的立法权被弱化,立法地位虚置;二是理应属于人大的立法权由人大常委会行使,可能带来通过法规的有效性问题。深圳市人大在2012年通过的《深圳市制定法规条例》中对区分市人大与市人大常委会立法权限方面作了探索性规定。但第七条第一项关于"本市特别重大事项"的规定与《立法法》一样,内涵和外延依然不清晰。

2. 深圳市人大及其常委会与深圳市政府的立法权限划分不清晰

无论从《组织法》还是《立法法》的有关规定看,较大市的人民政府制定规章的根据是我国的法律、行政法规和本省、自治区的地方性法规,其适用的范围:一是为执行法律、行政法规、地方性法规的规定需要制定规章的事项;二是属于本行政区域的具体行政管理事项。从条文内容看,地方政府制定规章的权力属于由上位法派生而来的权力。实践中,由于人大及其常委会立法往往滞后于社会需求,而政府作为公共行政管理机关,从提供公共管理服务职责出发,必须对社会有关需求做出回应和介入。在市场和政府职能边界未能厘清的情况下,当前政府对社会事项的介入是否必要也没有明确法律依据。有的社会事项行政机关介入是必要的,而有的事项政府介入应当极其慎重,必须尊重市场或者社会主体的自身意志,尤其是在没有上位法的情况下。市政府出台的促进各种产业发展的专项资金管理办法(政府对某一产业或者企业的扶持必然造成对其他产业或者企业的不公平,违反了财政资金的公共属性),关于污水、垃圾处理费等向社会收费的办法(此类行政收费实则属于税收性质),住房限购、交通限行等办法(限制了公众的基本权利),从法理逻辑看,由人大及其常委会行使立法权更为合适。

(三)深圳地方法规立法审议机制和程序不健全

在立法审议中,审议机制和程序是法律实体形成的关键。然而从深圳市人大常委会立法审议机制和审议程序看,存在以下几个问题。

1. 常委会工作机制和机构设置有待改进

一是常委会会期制度设置存在的问题。按照《组织法》有关规定,当前常委会会议一般为两个月召开一次,每次2～3天。常委会对有关立法项目无法做到及时和深入审议,特别是在立法项目专业性很强和数量较多的情况下。二是深圳市人大下设机构定性和人员构成存在的问题。各专委、工委是市人大或者人大常委会的下设机构,专委在人大闭会期间接受常委会的领导,其人员的构成除委员会领导及个别委员属于常委会组成人员外,其他委员均非常委会组成人员。而我国香港、台湾地区和其他国家的法案(法律)委员会成员一般是由有关领域的议员担任，其审议相当于立法会组成部门的初次审议①。三是常委会组成人员行使立法审议权缺乏资源保障。常委会组成人员没有辅助机构为其行使审议权提供辅助意见和建议。为其配备的法律助理，也因为时间不足、专业受限、经费有限等，其提供的法律意见的质量不尽人意。作为工作机构的各专委、工委（特别是法制委员会）由于介入立法较早，比较熟悉立法起草的背景及主要内容，其审议深度相对较深。而常委会组成人员在信息不对称的前提下，无法提出有力的反对理由，只要有关法规草案通过相关专委、工委的初审，并在人大常委会一审、二审完成修改后，法规草案基本可以顺利通过。即现行审议机构的设置形成常委会审议能力弱，而相关专委、工委审议能力强的局面。

2. 立法审议程序缺乏辩论和议决机制

辩论和议决机制是会议制度应有的制度设计。辩论是议决的前提，议决是辩论的结果。目前，我国各地各级人大常委会包括深圳市人大常委会普遍采取的是分组审议的方式，而非外国议会采取的辩论形式。实践中，常委会组成人员在分组审议时，不同界别、观点不同的常委会组成人员对立法中涉及的有关利益冲突，立法的必要性、可行性等问题，往往自由发言，论而不辩，立法有关问题不能在审议时解决。会后，由法制委员会搜集分组审议简报，对不同的意见进行斟酌处理，而因法制委员会的人员构成情况不同，他们对意见的取舍与人大常委会组成人员的真实审议意见可能存在差距。另外，人大常委会尚未建立议决机制，立法是否能进入一、二、三审，对重要问题的处理，主要由主任会议决定，而不是人大常委会，其做出的有关重要决定，能否代表常委会全体人员之多数人的意见值得商榷。《组织法》规定的人大常委会主任会议是一个实权机构，具有议案提起权

---

① 杜仲文：《香港立法会及台湾新北市立法会的运作及启示》，《人大研究》2011年第9期。

等权力，负责处理常委会日常重要事务。而在国外议会的组织机构中，主任会议则属于议会的指导机构①，主要负责议程安排、主持议会会议、组织辩论、维持会议秩序及处理议会行政事务。

3. 立法三次审议过程的重点不明，互有重复

国外议会对议案"三读"程序均有明确的审议重点，一读是介绍议案，讨论一般原则；二读是在听取委员会报告的基础上，对议案条款作详细审核；三读是对议案的一般原则进行最后审查，并付诸表决②。后一读不得改变前一读认定的事实和做出的决定。同时，议员在"三读"中的发言也都不得脱离相应的议题。《深圳市制定法规条例》对三次审议的内容作了规定③。深圳市人大常委会三审审议程序与国外议会的审议有异曲同工之处，但由于缺乏辩论和议决机制，往往在实践中发生第三次审议还在为立法的必要性和主要制度发表意见的情况。

（四）立法缺乏统筹，被动性随意性大

地方立法的整体性和长远性研究是地方法治建设的基础，对立法项目的选择、立法计划、立法的制定及实施具有非常重要的指导意义。从深圳市人大通过的立法情况看，存在的问题主要有以下几个。

1. 以部门需求为导向，政府议案居绝对主导地位

深圳市除了极少数法规是由人大有关专委或者工委在主任会议提请审议外，绝大多数都是政府议案④，占整个法规议案的95%左右

---

① 田穗生：《议会的组织机构——议会知识漫谈（4）》，《楚天主人》1995年第4期。
② 田穗生：《议会的立法过程——议会知识漫谈（8）》，《楚天主人》1995年第8期。
③ 深圳市制定法规条例第三十六条、第三十九条和第四十一条规定：常委会第一次分组审议"立法的必要性和立法形式；基本原则和主要制度；起草说明及初审报告中提出的主要问题"；第二次分组审议"修改说明中列举的主要问题；第一次审议意见较为集中或者分歧较大的问题"；第三次分组审议"审议结果报告提出的问题"。
④ 根据各国议会联盟对60个国家调查，52个国家政府提出的议案率超过70%。见注⑥。

(仅约10项为深圳市人大及其常委会有关机构提起)。人大及其常委会无法掌握社会经济发展对立法的需求情况,与政府各部门信息严重不对称,也很难主动提起有关立法议案,只能被动审议和修改政府提起的法规议案。而深圳市政府法制办下属法制研究所在实践中也只能发挥立法的辅助作用,没有能力对当前和未来的立法形势进行评估。与深圳一河之隔的香港地区则针对这种情况,成立了法律改革委员会[1]。

2. 立法项目论证不够,立法计划难以科学制定

由于深圳市人大及其常委会有关机构无力对列入立法计划的立法项目的必要性进行论证,只能主要依靠有关政府部门的决定,立法项目的部门利益倾向难以避免。另外,由于立法缺乏统筹,对立法需求、立法难度与立法实际完成能力没有进行研究,列入每年立法计划的立法项目数量基本上依靠协商,由常委会有关领导决定。立法计划执行中,项目调整现象时有发生。

3. 部分项目为政绩项目,立法权特别是特区立法权未能发挥应有的效用

特别是所谓的一些"软法"(深圳市人大及其常委会共通过14项有关"促进"的条例),因其主要制度基本上没有强制性,仅具有宣示性作用[2],可操作性较差,很可能将沦为今后法规清理的对象,浪费了立法资源。

(五)深圳市人大法制委员会工作机构力量单薄

当前的新形势一方面要求立法对社会和经济的需求做出及时反应,加快立法的制定和通过进程;另一方面要求立法更加专业化,提

---

[1] 董立坤:《香港上海立法制度比较》,《上海社会科学院学术季刊》1989年第4期。
[2] 《南方周末》2010年2月24日刊载文章《立法容易,不立法难——一位人大官员谈立法的幕后》,重庆市原市人大法制委员会主任俞荣根认为宣誓性立法作用不大。

高立法质量。当前深圳市人大法制委员会工作力量和机构设置显然与社会对立法的要求存在较大差距（见表1）。

表1　2008～2012年有关省市人大及其常委会通过的法规数量与法制工作机构情况

序号	有关省市	立法数量（不含批准下级人大立法）	法制工作委员会内设机构数	人员编制（个）	人均立法量（件）
1	北京	47	3处	13	3.6
2	上海	130	1办3处	21	6.2
3	天津	48	4处	12	4
4	广州	32	1办2处	14	2.3
5	广东省	130	1办4处	24	5.4
6	深圳	90	1办	11	8.2

注：各有关省市的法规数量来源于其人大常委会年度工作报告，各有关省市法制工作委员会下设机构人数不包括其领导职数，仅统计其有关处室工作人员人数。另外，有关数据不考虑其间人员增加和各地常委会立法审议次数不同因素。

通过对国内一线城市和广东省立法数量与工作力量配置的比较（排除其间人员增加和各地常委会立法审议次数不同因素），可以看到深圳市人大法制工作机构的人均立法数量远远超出其他地方。深圳市人大法制工作机构在发挥人的主观能动性方面做出了很大努力，但立法工作有其自身的规律性，在现有工作力量配置情况下，如果立法密度没有保持在一个合适的水平，其立法质量将难以保证。

二　加强深圳市人大常委会立法工作的意见和建议

（一）加强立法技术层面的规范与创新

1. 立法要有必要性和可行性报告

必要性是立法的基础，既有政治性要求，也有现实性要求。可行性是立法的底线，没有可行性立法，一切立法活动将流于形式。因此，立法必须要有必要性和完整的可行性报告。

2. 立法调研工作要规范

当前立法调研中存在的问题主要是不规范，不同部门调研方式不同，有的就稿论稿，要简单化处理；有的则相对深入。规范立法调研，首先需要穷尽和分析有关法律法规和规范性文件，确定立法项目应该调研的主要问题。其次，制定调研方案，确定主要问题需要在什么范围、就哪些对象开展调研。再次，调研的开展要听取不同利益相关方的意见和建议，避免偏听偏信。最后，根据调研结果形成有针对性和可行性的制度设计。

3. 立法工作程序要完善

现行有效的立法和工作程序规范要严格执行，尚未有规范的工作程序要思考完善，尽快研究编制深圳立法技术和工作程序规范。

（二）尽快明确深圳市人大、市人大常委会、市政府各自的立法权限

按照立法事项的重要程度，明确市人大、市人大常委会立法事项，可以考虑将规范市民基本权利和义务、商事主体设置、民商事关系、社会保障、行政区划调整、征收税费、国有资产管理体制、土地管理体制等经济和社会领域的法规列入市人大立法事项。另外，考虑到市人大的会议次数和会期等限制性因素，不利于对有关立法事项的深入审议，可以探索由人大常委会负责有关事项法规草案的第一次和第二次审议，第三次审议则交付市人大审议并表决。深圳市政府制定规章的权限应当严格限制在不违反上位法的条件下，对有关具体管理事项做出规定。这里值得注意的是，要对授权立法进行严格限定。概括来讲，限制如下：一是符合授权法的规定；二是只能就特定事项进行授权，授权的范围要明确，而不能一授了之；

三是市人大及其常委会的专属立法权不能授予行政机关，行政机关只能制定执行、施行或补充法律的规章。

（三）推进立法审议体制的改革和完善

切实提高当前人大常委会的审议能力，加强和完善人大常委会立法的审议权，是未来改革的方向。

1. 充分发挥人大常委会审议法规功能

立法草案初审委员会及法制委员会人员构成必须是人大常委会组成人员，要真正发挥人大常委会审议法规的功能。

2. 成立法制工作委员会或者类似机构

该机构的职责仅是负责法制委员会的会务、材料、联络及提供立法技术支持等辅助作用，不发表实质性审查意见。

3. 改革法制委员会会期制度

未来若法制委员会成员由常委会组成人员充任，为保障立法的审议，可以尝试每周召开一次法制委员会会议，会期为半天到一天。这样设置，一是便于对议案提出单位随时提交法规项目进行审议安排，基本做到随到随审；二是有利于人大常委会组成人员跟踪了解有关立法进展，并对其中涉及的重大问题及时提出意见和建议。

4. 推动人大常委会组成人员职业化改革

当前，人大常委会组成人员除小部分驻会外，大部分为兼职常委。客观上，人大常委的兼职化不利于人大常委会对立法议案的深入审议。因此，有必要尝试人大常委的职业化改革，增加驻会常委人数，并充实到法制委员会中。

5. 实行立法职能集中化，探索由法制委员会承担全部立法职能

市委应当根据人大自身职能设立立法、预算审查、监督、重大事项、选举等委员会，避免立法职能散落于各有关委员会，有利于立法力量的集中和立法的规范化。现行法制委员会仅负责人大常委会一审

和二审后的法规修改、修改情况说明等工作。未来，审议体制如发生变化，其他专委、工委的组成人员也将是人大常委会组成人员，没有必要再承担法规议案的初次审议工作。

（四）完善立法审查机制

现代民主法治的根本要求是："有权力就必须有制约，有授权就应当有监督。"《宪法》《组织法》都规定了人大及其常委会立法审查机制，特别是《立法法》在第五章"适用与备案"中作了比较详细的规定：一是地方性立法备案制度，二是地方立法审查制度。深圳市人大常委会目前也建立了有关立法审查机制：一是备案制度。人大常委会主任会议通过了《深圳市人民代表大会常务委员会规范性文件备案审查工作办法》，但其仅是工作规范，没有法律效力。二是执法检查制度。市人大常委会制定了《深圳市、区人民代表大会常务委员会执法检查条例》，但该条例存在着执法检查主体具有临时性、执法检查工作流程冗长、执法检查的次数较少等问题，难以使人大常委会对现行法规做出整体评估。主任会议通过的法规实施情况报告制度实施办法对法规实施单位有关报告的要求及后续处理作了规定，克服了执法检查的不稳定性。但从提交的报告来看，存在的问题是：各部门多从部门利益出发，对法规执行情况进行有选择地报告；如果有关事项报告后可能产生对其不利的后果，该部门很可能就回避有关问题。从当前整个立法审查机制看，基本情况是备案勉强做到，审查流于形式。

未来要在以下几个方面完善有关立法审查机制：一是设立专门的备案审查工作室，对法制委员会负责。二是明确备案审查的范围。需要备案的有：政府规章，政府对有关法律行政法规、地方性法规（含特区法规）确定政府职责做出调整的或者其做出的有普遍约束力的行政决定、命令，及本市各区人大及其常委会做出的决定或者决议。三是建立立法审查的处理机制。对不符合上位法的有关规章和政府行政决定等审查后，报经法制委员会决定，提交人大常委会审议，由人大常委会做出有关撤销决议，改变当前仅通报一府两院的做法。

（五）建立法制研究中心

随着深圳市经济社会向更高层次发展，社会对立法的需求也将进一步扩大，除依靠国家出台的有关法律法规外，也要根据深圳的具体情况，制订有针对性的法规和规章，进一步提升促进深圳长远发展的法治环境，这是提升深圳市未来竞争力的一个关键因素。深圳现在和未来需要哪些立法项目，立法项目的紧迫性如何，应当设立专门的研究机构进行研究，按照大小主次、轻重缓急的原则统筹安排，并将形成的有关研究报告和立法建议提交市人大或市政府，作为制定立法计划的依据，从而避免立法工作陷入"头痛医头，脚痛医脚"的被动式立法。该机构的设置可参照香港法律改革委员会，其成员应当涵盖政府部门、立法部门的成员及法学专家和深圳社会各界的代表。运作方式上，可独立运作，独立完成有关研究报告和立法建议，也可作为深圳市人大法制委员会的下设机构，直接为立法提供智力支持。上海市人大常委会在这方面已经做了有益尝试。2003年上海市人大常委会成立市立法研究所，开展立法理论研究和立法应用性研究。自成立以来，该研究所在金融立法、立法效果评估等多个领域做了大量调研和论证，为上海市人大常委会立法提供卓有成效的帮助。

（六）加强立法专业化水平及力量

1. 完善工作机构设置

法制工作委员会除下设办公室负责处理委员会日常事务外，可参照其他省和副省级城市的人大法制工作委员会机构设置，根据立法项目的不同属性，在法制委员会下设经济法规处、行政法规处和社会法规处、备案审查处等处室,并增加人员编制,提高立法的专业化水平,尽快改变当前仅靠办公室"包打天下"的局面。

2. 建立职业化立法队伍

立法工作属于知识密集型的专门化工作,立法人员既要具备专业知识,还要不断熟悉相关立法领域专门知识,其胜任立法工作需要一个长期培养过程。要加强立法队伍建设,首先,要实行专业化管理,立法工作人员需要具备法律专业技能,并接受立法业务的专项工作培训和实践。其次,实行职业化改革,研究建立职业化晋升通道,提高待遇,以达到吸引立法人才、留住立法人才的目的。

当前,从中央到地方各级人大常委会都在要求加强立法工作,提高立法质量[①]。这些要求指明了今后立法工作努力的方向。但应当认识到立法是一个系统性工程,立法质量的高低,是多个因素共同作用的结果,有些问题可以得到及时解决,有些问题则短期内难以解决,但无法绕开。因此,有关决策机关必须要根据立法工作面临的实际困难,找准改革着力点,下定决心,积极推进,方能真正加强地方立法工作。

---

① 2013年10月30日,全国人大常委会委员长张德江同志在全国人大常委会立法工作会议上发表关于提高立法质量落实立法规划的讲话;2013年11月16日,全国人大常委会副委员长兼秘书王晨同志在第十九次全国地方立法研讨会上的讲话。

B.3
深圳市房地产法治发展研究报告

钟 澄 刘梦丽*

摘　要： 深圳作为中国改革开放的先行先试者，在房地产法治方面一直进行着探索和创新，于1980~1986年初步建立了土地使用权有偿使用和商品房建设销售法律制度。随后，在全国率先构建了一套较完整的土地使用权出让及房地产登记、转让、租赁、监督和物业管理法律体系，但也出现了过分追求住房市场化导致的住房供应不均衡问题。1999年开始，深圳市的房地产政策和立法进行了新一轮的调整，土地交易、住房保障、商品房市场等法律制度不断完善。当前，深圳市面临新增土地量严重不足、历史遗留房地产数量庞大等问题，未来深圳将在土地二次利用、城市更新、历史遗留建筑处理和住房保障等方面加强立法探索。

关键词： 深圳　法治　房地产法律制度　土地法律制度

一　深圳房地产法治发展回顾

房地产作为基础产业，不仅关系到一个城市的未来，更关系着城

---

* 钟澄，深圳房地产评估研究中心副研究员、法学博士；刘梦丽，深圳大学民商法学硕士研究生。

市居民生活的方方面面；同时作为一个综合性产业，房地产涉及城市规划制度、土地制度、房产制度、金融制度、产业政策等多个领域。法律是由经济基础决定并服务于经济社会发展的上层建筑①，深圳在经济飞速发展的同时，房地产相关问题也在不断涌现，亟须房地产立法给出解决问题的法律依据，以对不断发展变化的经济社会关系进行有效规制和引导。因而，30多年来，深圳在房地产法治方面一直紧跟经济社会发展需要进行着探索和创新，大胆借鉴国内外先进经验，在多个领域进行了"先行先试"。将成熟的政策、实践和经验用法律的形式进行固化，再通过法律编纂的方式不断修正，反过来规范、引导房地产市场秩序，积极完善房地产法律制度，法治化水平不断提高，为房地产市场的繁荣发展提供了必要的法律保障。然而，在这30多年法治发展过程中也存在不足之处，需要在未来不断完善。

（一）深圳市房地产法治的起步阶段（1980～1986年）

1. 土地有偿使用制度的建立

1980年8月26日，第五届全国人大常委会第十五次会议通过《广东省经济特区条例》，通过法律在深圳、珠海、汕头三个市分别划出一定区域设立经济特区。其中第12条规定，客商用地按实际需要提供，使用年限、使用费数额和缴纳办法根据不同行业和用途给予优惠。这就为经济特区土地的有偿使用提供了国家层面的法律依据。

1981年11月17日广东省人大发布《深圳经济特区土地管理暂行规定》。此规定授权深圳市政府统一管理特区范围内的土地。经批准使用土地的单位和个人，仅对土地享有使用权，并无所有权，每一类用地都有相应的收费标准和使用年限。至此，深圳在全国率先实现

---

① 张文显：《法理学》，法律出版社，2009，第8页。

了土地有偿使用，并初步建立了相关制度，为现代化房地产的发展奠定了基础。

2. 商品房市场的建立

土地的有偿使用为商品房市场的建立提供了可能。深圳经济特区建立之初，房地产开发主要以政府投资基础建设为主。为了保护投资建设房屋的外商的利益，1983年11月15日广东省第六届人大常委会第四次会议通过《深圳经济特区商品房产管理规定》，在全国率先建立了商品房管理制度，包括房产预售、房产权转移、房产抵押、房产登记、房屋租赁等内容。该规定中房产权指房屋（上盖）所有权和该房屋所占用的土地使用权。可见，这部法律中已经表现出了将土地所有权和使用权分离的思路。

此外，该规定中的许多条文都体现了现代房地产法的思路，如要求预售款缴存设定专门账户，确认了房屋共有人的优先购买权；明确了房屋租赁期限；规定了承租人的转租限制和优先购买权；明确了商品房登记的种类等。在1986年我国第一部基本民事制度的法律《民法通则》施行前，《深圳经济特区商品房产管理规定》就有了以上超前的思路和较为成熟的条文，为日后国家《城市房地产管理法》的制定提供了许多有意义的参考。

3. 小结

在没有上位法基础的情况下，深圳市在建立经济特区之初就敢于创新，冒着一定的政治风险和社会风险，借鉴域外先进经验，在土地使用权有偿使用、商品房建设销售制度方面"摸着一块块的石头过河"，进行了十分有益的探索，为日后的特区发展及国家相关立法的制定都起到了重要的铺垫作用。

（二）深圳市房地产法治的发展阶段（1987～1998年）

20世纪90年代是深圳经济特区房地产的大发展时期，在此期间深圳房地产立法也有了进一步的发展。1992年深圳获得经济特区立法权后,制定了一系列在思路和具体规范方面都处于当时全国领先水平的法规和规章。

1. 土地市场法律制度进一步完善

(1) 土地管理制度改革及《深圳经济特区土地管理条例》发布。①原有土地管理制度的弊端。1984~1987年,深圳市按照《深圳经济特区土地管理暂行规定》实行行政审批、成片开发、分散经营、按用地对象收费的土地管理制度,对创造一个较好的投资环境起到了积极作用。但随着特区经济改革的深入和经济建设的发展,原来的管理体制逐渐暴露出不少问题:以行政手段审批用地,不能有效提高土地使用效能和合理配置土地资源,同时批地过程中的不正之风也难以克服;企业间用地机会不均等,拥有土地的多少和所拥有土地的地理位置不同带来的超额利润掩盖了企业的经营业绩;土地收费与土地划拨脱节;土地使用设计缺乏科学依据,只反映政府的产业政策,而不反映土地级差;土地的开发与供应同社会经济发展不相协调;缺乏强有力的经济杠杆和法律手段,缺乏监督和管理,违法违章占用土地、买卖和变相买卖土地、大地小用、优地劣用、早占晚用、占而不用、用而不讲效益等现象比较普遍。① ②土地管理制度改革思路和立法。深圳市人民政府在考察了香港的土地管理制度后,并总结《深圳经济特区土地管理暂行规定》施行几年的实践经验基础上,于1987年7月发布《深圳经济特区土地管理体制改革方案》,同年12月,广东省人大常委会通过了《深圳经济特区土地管理条例》,取代前述《深圳经济特区土地管理暂行规定》,率先在全国探索实行土地使用权的有期有偿出让和转让制度。这早于1988年《宪法修正案》确定的

---

① 《深圳经济特区年鉴》编辑委员会:《深圳经济特区年鉴(1988)》,深圳特区年鉴社,1989,第109页。

"土地使用权可以依照法律的规定转让"制度,① 开创了市场配置土地资源的先河。② 1991年5月10日,广东省第七届人大常委会通过了《广东省经济特区土地管理条例》,原《深圳经济特区土地管理条例》废止。新的"广东省条例"是在原"深圳条例"的基础上修改制定而成,将适用范围扩大到了珠海和汕头经济特区,在国有土地实行有偿使用制度方面基本保持一致。具体内容上更为完善:首先,明确了房地合一,房产权与土地使用权相结合的管理体制;其次,为土地使用权顺利出让、转让设置了专门的条件;再次,将土地使用权转让费改为土地增值费;复次,对征用、收回规定了相应的措施;最后,对不按规定办理登记手续的行为做出严格的处理规定。

(2) 土地出让制度完善及《深圳经济特区土地使用权出让条例》发布。为了进一步规范土地出让活动,根据《广东省经济特区土地管理条例》第十一条的授权,③ 深圳市人民政府于1992年6月3日发布了系统的《深圳经济特区土地使用权出让办法》,明确规定了土地使用权出让概念、地价的范围、土地使用权的最高使用年限等,④ 同时对多项协议方式出让土地的范围做出了严格限制⑤;1994年,土地使用权出让制度得到进一步完善,第一届深圳市人民代表大会常务委员会于6月18日通过了《深圳经济特区土地使用权出让条例》,将

---

① 1988年4月12日第七届全国人民代表大会第一次会议通过的《中华人民共和国宪法修正案》在1982年《宪法》"任何组织或者个人不得侵占、买卖、出租或者以其他形式非法转让土地"规定的基础上加上了该项规定。
② 深圳经济特区研究会:《深圳经济特区改革开放专题史》,海天出版社,2010,第93~94页。
③ "土地使用权出让的具体程序和办法,由市政府或管委会制定。"
④ (一) 工业用地三十年;(二) 商业、服务业用地三十年;(三) 住宅、办公用地五十年;(四) 教育、科学技术、医疗卫生用地五十年;(五) 旅游事业用地三十年;(六) 种植业、畜牧业、养殖业用地二十年。
⑤ (一) 高科技工业项目用地;(二) 不能使用标准厂房的工业用地;(三) 福利商品房用地;(四) 微利商品房用地;(五) 国家机关、部队、文化、教育、卫生、体育、科研和市政设施等非营利性用地;(六) 旧城旧村改造用地。

《深圳经济特区土地使用权出让办法》中规范的法律效力进一步提高，同时对土地使用权出让合同的订立和内容，土地使用权协议、招标、拍卖出让程序等做出了更加细致的规定。

1998年，第二届深圳市人大常委会对《深圳经济特区土地使用权出让条例》中的土地使用权年限、协议出让范围、闲置土地处罚等规定进行了修改。同年，深圳市政府发布了《深圳经济特区土地使用权招标、拍卖规定》，细化了具体流程。

（3）征地拆迁制度的初步形成与发展。随着深圳土地有偿使用制度的建立，迫切需要解决直接征地的遗留问题。但在城市建成区内也遗留了大片农民集体土地，不利于实现特区土地资源的优化配置。为此，深圳市政府于1989年发布了《关于深圳经济特区征地工作的若干规定》，由市政府依照法律的规定统一征用特区内农村集体所有土地。1991年市人民政府发布《深圳市房屋拆迁管理办法》，初步建立起深圳建设初期的房屋拆迁体系和模式；同年6月，市政府颁布了《关于深圳经济特区农村城市化的暂行规定》，将特区内的罗湖、福田和南山三个区的全部土地征为国有；1991年8月19日，市规划国土局向市委市政府报送《深圳经济特区农村城市化工作中有关规划、国土部分的实施细则》，规定对特区集体所有的、尚未被征用的土地，实行一次性征用。到1992年基本完成特区内所有农村集体土地的征用。

1989~1992年，深圳逐步完成经济特区的城市化。这一阶段，深圳征地拆迁工作承担着为特区建设提供用地保障，实现特区内第一轮农村城市化的重大历史使命。

2. 建立系统的房地产法律制度

在进行土地管理制度改革的同时，深圳市开始充分运用特区立法权，在没有上位法基础的情况下，大胆借鉴国外先进立法经验，结合深圳实际，逐步建立系统的房地产法律体系。

(1) 建立统一的房地产开发经营制度。

虽然《深圳经济特区商品房产管理规定》已经建立起了一套完整的商品房法律制度，但是由于80年代末房地产市场刚刚建立，管理措施一时跟不上，出现了一些混乱现象：地价房价上涨过猛；土地双轨供应，减免地价的太多；房地产二、三级市场不规范，导致转让、租赁、抵押无章可循，非法经营比较普遍；房地产登记发证工作未能适应管理的需要；政府和企业的管理机制与土地公开拍卖等房地产经营活动不相适应等。为此，深圳市人民政府于1989年发布了《关于加强深圳经济特区房地产市场管理的试行规定》，对各项管理实践中的问题进行了细化规定，对当时商品房开发和经营中产生的问题进行了有针对性的规范，通过法律的形式防范商品房开发经营中可能产生的社会风险。

1993年，深圳市人民政府又发布《深圳市房地产管理若干规定》，再次强调由市政府对辖区内的土地实行统一规划、征用、开发和出让，对房地产实行统一测绘查丈、市场管理，对合作建房的土地使用性质、出资方式进行了规定。

(2) 细化房地产市场管理各项制度。

①《深圳经济特区房地产登记条例》和房地产登记制度。为了规范房屋登记制度，深圳市房产管理局1988年发布《深圳市城镇房屋登记发证办法》。1989年深圳通过改革，将房产户和地产户合二为一，由市房地产权登记处管理，将"土地使用证"和"房屋所有权证"两证合一，改为"房地产证"，在全国先行一步。1992年深圳获得特区立法权后，为了进一步规范房地产登记制度，确认房地产权利，保障权利人的合法权益，深圳市第一届人大常委会第十三次会议通过了《深圳经济特区房地产登记条例》，明确了房地产登记种类、房地产登记内容、登记处效力、权利人类型、登记程序等。这些规定远早于2005年的《中华人民共和国物权法》，体

现了深圳先行一步通过特区立法的形式对不动产登记制度进行周密规定。

②《深圳经济特区房地产转让条例》和房地产转让制度。随着特区商品房市场的发展，商品房交易行为逐渐增多，为了规范房地产转让行为，深圳市第一届人民代表大会常务委员会第十七次会议于1993年7月24日通过了《深圳经济特区房地产转让条例》，该条例在《关于加强深圳经济特区房地产市场管理的试行规定》的基础上确立了"房屋所有权和土地使用权同时转移""划拨土地补足地价方可转移""权属争议或受限房产不得转移""境外受让人办理公证"等基本原则和规则。同时规定了房地产买卖合同的订立、内容与履行，房地产现售和预售的条件等。这一套完整的房地产交易法律制度也早于1994年的《中华人民共和国房地产管理法》。

③《深圳经济特区房地产租赁条例》和房地产租赁制度。1990年，为加强对特区内房屋租赁的管理，深圳市人民政府发布了《深圳经济特区房屋租赁管理规定》。1992年，在该规定内容的基础上，深圳市人大常委会通过了《深圳经济特区房屋租赁条例》，规定了租赁许可管理制度、出租人及承租人权利义务等内容。1993年深圳市人民政府发布了《〈深圳经济特区房屋租赁条例〉实施细则》，对《深圳经济特区房地产租赁条例》中的管理制度进行了细化。可见，早于1994年的《中华人民共和国房地产管理法》、1999年的《中华人民共和国合同法》和2010年国务院的《商品房屋租赁管理办法》，深圳市很早便对房屋租赁进行了较为完整的规定。

④《深圳经济特区住宅区物业管理条例》和物业管理制度。1994年6月18日，深圳市第一届人大常委会第二十三次会议通过了《深圳经济特区住宅区物业管理条例》，这是全国第一部地方性物业管理专项法规，条例规定了物业和业主的概念、住宅区管理模式、业主公约的制定等内容。1995年，为配合该条例的贯彻实施，深圳市

政府又草拟了《深圳经济特区住宅区物业管理条例实施细则》《业主公约》《业主管理委员会章程》等规范性文件。

⑤《深圳经济特区房地产行业管理条例》和行业管理制度。随着房地产市场的发展，房地产开发和中介行业日益壮大，对其执业行为进行规范，有利于维护房地产市场的基本秩序。1995年，深圳市第二届人大常委会第五次会议通过了《深圳经济特区房地产行业管理条例》，对在特区范围内从事房地产开发和房地产中介服务的行为进行了规范。

3. 小结

20世纪80年代末至90年代末，深圳在土地管理制度、房地产管理制度等方面进行了一系列的尝试和改革，先于全国构建起了一套较为完整的房地产法律体系，为特区的发展打下了良好的基础。当然，过于追求住房市场化，看重房地产市场的发展，导致深圳在对住房本质的认识和住房供应制度方面都出现了一些偏差。就连时任深圳市委书记的李灏同志也认为："20世纪90年代后期，住房制度改革走偏了，片面强调市场化。其实，当时搞住房改革的同志对住房完全推向市场早就感觉有问题，但抵挡不住大潮流。现在政府已经回到了住房保障性功能的思路上。"[①] 随着深圳市土地供应量的下降和住房问题的不断出现，从21世纪初开始，深圳市的房地产政策和立法开始了新一轮的调整。

（三）深圳市房地产立法的完善阶段（1999年至今）

1. 完善土地交易法律制度

（1）加强土地交易市场化管理，统一土地交易制度。1994年，深圳市成立了房地产交易中心，初步建立起统一的土地一级交易有形

[①] 深圳市史志办公室：《李灏深圳特区访谈录》，海天出版社，2010，第246页。

市场。为加强房地产市场管理和土地市场化，推进以市场方式配置土地资源，进一步调整深圳市房地产市场，深圳市政府于2001年7月发布了《深圳市人民政府关于加强土地市场化管理进一步搞活和规范房地产市场的决定》。同时，废止《关于印发深圳经济特区协议地价标准及减免的规定的通知》和《关于在特区范围内收取市政建设配套费的通知》，取消协议地价，至此，经营性用地基本需要通过土地交易市场实行招标、拍卖的方式进行出让，深圳市土地一级市场的法律制度已经比较完善。

相比于土地一级市场，深圳市对出让后的土地使用权的转让或租赁并无明确规定，因此土地交易规则体系存在漏洞，使得房产市场与土地市场分割，影响房地产市场体系的完整性和统一性。为规范土地使用权交易行为，建立公开、公平、公正的土地市场，2001年3月深圳市人民政府发布《深圳市土地交易市场管理规定》，这是深圳市继1987年率先在全国敲响土地拍卖第一槌以后，在土地使用制度上的"第二次革命"，是"中国第一部通过正式立法的土地有形市场交易的地方性政府规章"。[①]

实践证明，土地交易有形市场的建立，有利于进一步完善土地市场体系，保证城市规划的落实，为经济快速发展和城市建设提供巨大的资金支持，并为广大投资者提供投资发展的空间。

（2）注重土地的节约集约利用和二次开发。①强调土地节约集约利用。根据2013年度的土地利用变更调查，截至2013年12月31日，深圳市行政区土地总面积1996.78平方公里，其中：农用地909.35平方公里，占45.54%；建设用地945.07平方公里，占47.33%；未利用地142.36平方公里，占7.13%。深圳可用的未利用建设用地，逐年减少，已近乎耗尽，城市发展中的土地供给也越来

---

① 《深圳特区报》，2001年4月9日第25版。

成为深圳迎接新时期战略机遇的瓶颈和障碍。为此,深圳市政府开始探索土地节约集约利用和土地二次开发的新道路(见表1)。

表1 深圳市历年土地利用分类构成

单位:平方公里

深圳市2009~2013年土地利用分类构成				
年份	辖区面积	农用地	建设用地	未利用地
2009	1991.63	929.87	893.85	167.91
2010	1991.64	929.88	893.85	167.91
2011	1991.64	906.92	932.89	151.83
2012	1988.37	899.19	942.75	146.43
2013	1996.78	909.35	945.07	142.36

资料来源:《深圳房地产年鉴》编辑委员会:《深圳经济特区年鉴(2014)》,深圳报业集团出版社,2014,第119页。

2006年深圳市政府106号文件《深圳市人民政府关于进一步加强土地管理推进节约集约用地的意见》中明确提到通过地价手段鼓励对新建工业用地高强度开发利用和对旧工业用地追加投资、转型改造、提高容积率,鼓励使用存量土地,促进节约集约用地。

同时,深圳还加大了对于闲置土地的处理力度。深圳市政府2007年发布《深圳市闲置土地处置工作方案》,方案中对闲置土地进行了明确的界定,对处置方式、职责分工和程序等都做了详细的安排。随后,深圳市人民政府又于2008年和2011年分别发布了《深圳市土地闲置费征收管理办法》《深圳市贯彻执行〈闲置土地处置办法〉的实施意见》,可谓对土地管理制度进行了最为严格和全面的设计。

②大力推进土地二次开发。为完善城市功能,优化产业结构,改善人居环境,推进土地、能源、资源的节约集约利用,在"三旧"(旧城镇、旧厂房、旧村庄)改造的基础上发展而来的城市更新制度

是推动城市发展增量土地向存量土地二次开发转变的创新之举。2009年10月，深圳市政府正式发布《深圳市城市更新办法》并于同年12月1日正式施行，《深圳市城市更新办法》的出台标志着深圳城市更新制度的正式确立。该办法明确了"政府引导、市场运作、规划统筹、节约集约、保障权益、公众参与"的原则。城市更新包括综合整治、功能改变和拆除重建三类。其中，《深圳市城市更新办法》中规定的更新项目可以协议出让土地是对经营性用地招拍挂原则的突破，也是国家给予广东省的特殊政策。

2012年以来，城市更新工作进入完善推进阶段，为了将已经发布的政策上升为法律，2012年1月21日，市政府以2012年1号文的形式正式发布了《深圳市城市更新办法实施细则》，在2009年后针对城市更新发布的系列文件基础上，对《深圳市城市更新办法》中的规定进行了进一步详细规定，特别是对城市更新单元的划定条件、计划申报、审批流程、实施方式等进行了细化和补充，为规范城市更新市场秩序提供了必要的制度框架和法律保障。

目前，城市更新已经步入规范有序的运行轨道，实施成效显著。据统计，2013年共审批通过城市更新单元规划56项，涉及拆除用地面积约2.95平方公里；规划批准总建筑面积约1155万平方米（含保障性住房约45万平方米、产业研发用房约182万平方米）。规划配建中小学校（含九年一贯制）14所、幼儿园23所、社区健康服务中心24处、公交首末站17处及其他配套设施一批，各类配套设施总建筑面积约24万平方米。[①] 显然，城市更新法律制度的确立和完善对优化配置土地资源、提升城市形象、保障城市和谐稳定可持续发展具有重要意义。

[①]《深圳房地产年鉴》编辑委员会：《深圳经济特区年鉴（2014）》，深圳报业集团出版社，2014，第118页。

2. 完善商品房市场法律制度

（1）修改《深圳经济特区房地产登记条例》。该条例经深圳市第五届人民代表大会常务委员会第二十一次会议于2013年2月25日通过决定修改。其中深圳市房地产产权登记中心负责集中统一办理特区房地产登记，这就意味着房地产产权登记中心被授权作为法定登记机构。除授权外，修正案还对之前深圳市房地产权登记中心已核发的房产证的效力予以追认，这就明确了深圳之前存在的62万个房产证与更早前国土部门颁发的房产证，具有同等法律效力。

（2）修改《深圳经济特区房地产转让条例》。该条例于1999年6月30日经深圳市第二届人民代表大会常务委员会第三十三次会议审议通过修订。此次修改主要是针对房地产开发商在房地产交付使用时，应该向受让人提供住宅质量保证书和住宅使用说明书。同时还对房地产买卖合同中合同履行、适用合同解除的情形以及适用违约金的请求明确了具体的期限。

（3）修改《深圳经济特区房地产租赁条例》。《深圳经济特区房地产租赁条例》经历了2002年第二次、2004年第三次、2013年第四次的修改。为了规范深圳出租房屋的管理，2004年对于《深圳经济特区房地产租赁条例》的第三次修改规定了私有房屋的出租人除应缴纳综合税率为14.4%的租赁税外，还应按月租金的2%缴纳房屋租赁管理费。2013年《深圳经济特区房地产租赁条例》的第四次修改则取消了一直倍受关注的房屋租赁管理费。

（4）制定《深圳经济特区物业管理条例》。《深圳经济特区住宅区物业管理条例》自1994年公布实施后经历了1999年第一次、2004年第二次的修改。但随着《物权法》在我国法律体系中的确立，《深圳经济特区住宅区物业管理条例》需要与我国的《物权法》《物业管理条例》相衔接，在此背景下，2007年9月25日深圳市第四届人民代表大会常务委员会第十四次会议通过了《深圳经济特区物业管条例》。至此，特区内的物业管理适用《深圳经济特区物业管理条例》，《深圳经济特区住宅区物业管理条例》同时废止。《深圳经济特区物业管理条例》相较于此前的《深圳经济特区住宅区物业管理条例》有诸多创新之处，在全国首次实行物业管理行业"业必归会"，赋予了市物业管理协会加强对企业及从业人员的自律性监管的责任等。在保护广大业主权益方面，《深圳经济特区物业管理条例》与《物权法》相协调，对业主私有财产权给予了高度的尊重，赋予了全体业主更大的权利。

3. 住房保障制度建立完善

（1）制定《深圳市保障性住房条例》。2010年1月19日深圳市第四届人大常委会第三十五次会议通过《深圳市保障性住房条例》。这部目的在于改善住房困难群体居住条件的法律首次将保障性住房覆盖到非深圳户籍人口。2011年5月，《深圳市保障性住房条例》完成了第一次的修改。修改后的条例增加了将安居性商品房作为新的保障性住房形式。同时，加大对有关违法行为的处罚力度。

（2）制定《深圳市安居型商品房建设和管理暂行办法》。2011年4月深圳市政府发布《深圳市安居型商品房建设和管理暂行办法》，这标志着深圳安居型商品房建设正式启动。该办法的出台意味着深圳在加大保障性住房供应及创新保障模式、规范安居型商品房建设和管理方面，又迈出了实质性的一步。

（3）制定《深圳市人才安居暂行办法》。为加快实施人才强市战略，优化创新创业环境，提高城市竞争力，根据《深圳市保障性住房条例》及相关规定，深圳市政府第五届第二十九次常务会议审议通过《深圳市人才安居暂行办法》，自2011年6月1日起施行。

4. 完善征收征用制度

1999年深圳市人大常委会制定了《深圳市土地征用与收回条例》；2002年深圳市政府又针对该条例出台了《深圳市征用土地实施

办法》；同时，为加强对违规用地的处理，深圳市政府出台了一系列有关历史遗留问题处理的相关规定，形成比较完善的法规规章制度体系。2003年，深圳出台了《关于加快宝安龙岗两区城市化进程的意见》，正式启动宝安、龙岗两区的城市化转地工作；2004年出台了《深圳市宝安龙岗两区城市化土地管理办法》；2007年市政府颁布了《深圳市公共基础设施建设项目房屋拆迁管理办法》，标志着深圳市房屋拆迁有了制度保障。

2011年1月，国务院发布施行的《国有土地上房屋征收与补偿条例》正式废止了房屋拆迁制度。房屋征收作为房屋拆迁的替代制度，是土地整备的实施方式和重要手段之一，2011年7月，深圳市政府出台了《关于推进土地整备工作的若干意见》，从而将土地整备从局部试点向全市整体推进，在深圳高度城市化的形势下，开展土地整备工作已然成为破解深圳土地供求矛盾的必由之路。2013年3月，深圳市政府通过《深圳市房屋征收与补偿实施办法（试行）》。实施办法进一步明确了房屋征收与和安置标准，合理提高了补偿标准，细化了房屋征收评估及房屋测绘程序等，完善了深圳房屋征收补偿制度。

5. 小结

深圳市紧跟时代需要，继首次有偿转让土地使用权后建立了统一的土地二级、三级交易规则，对于此后房地产业的规范发展和土地的有效利用都具有积极意义，同时大力推进土地的二次开发；在房地产管理方面，随着市场的变化适时修改和制定了多项基本条例；在住房保障方面，制定了系统的《深圳市保障性住房条例》等用于解决户籍人口中的夹心层家庭和各类人才的住房困难问题，促进社会和谐和经济健康稳定发展；在房地产征收征用方面，出台了一系列的法规规章，实现了深圳的土地优化配置和集约利用，特别是在特区成立到2005年的几年间，深圳先后开展了两轮大规模的城市化运动，通过城市化转地、旧城改造和房屋拆迁等方式,实现了全市土地所有权一元化,大力推进了农村城市化进程。

二 展望

深圳自从改革开放以来经济飞速发展,短短30多年间,经历了若干次大移民、大起伏、大转折和大发展,经济蓬勃发展,人口数量不断攀升,城市规模快速扩大,综合实力逐年提升,逐渐发展成为现代化、国际化的大都市,创造了世界城市发展史上的奇迹。与之相适应,深圳房地产法治化也继续推进,并不断完善对房地产市场的有序管理。然而,正如2006年深圳市政府106号文件《深圳市人民政府关于进一步加强土地管理推进节约集约用地的意见》中提到的:深圳人多地少,土地资源十分紧缺,实施最严格的土地管理制度、推进节约和集约利用土地,具有极大的重要性和紧迫性。即在经济迅速跨越的背后,深圳面临着:土地、空间难以为继;能源、水资源短缺难以为继;人口重负难以为继;环境承载力难以为继的问题。其中土地资源难以为继成为首要问题,深圳市自建立经济特区以来在经济发展的同时,对土地的巨大需求导致城市土地资源过快消耗,而后备土地资源有限造成了土地资源的"难以为继"——成为阻碍城市发展、房地产业繁荣的瓶颈。

由此,如何在紧约束条件下求发展,全面发展循环经济,更好地将寸土寸金的土地合理利用、为城市经济的持续发展寻找新的空间是目前房地产法治发展亟待解决的紧要问题。

(一)完善城市更新相关法律制度

深圳市的面积仅为1952.84平方公里,人口密度大,土地资源尤为紧张,城市的发展用地十分稀缺。据调查,2008年,深圳市建设用地917平方公里，在生态环境约束和现行法律法规等限制条件下，全市未来新增建设用地潜力极限仅为142平方公里，如果以往年年均十几万平方公里的消耗速度，深圳将面临十年后或无地可用的困境，城市发展将面临土地空间、环境、人口、能源资源方面的瓶颈约束和巨大压力。[①] 深圳正处于快速城市化阶段，城市人口仍在急剧膨胀，城市存量可用建设用地匮乏，产业优化升级换代、产业用地"腾笼换鸟"等诸多产业发展问题也随之而来。因此，促进经济和社会的可持续发展的城市更新制度的完善任重道远。

自《深圳市城市更新办法》和《深圳市城市更新办法实施细则》实施以来，城市更新项目的开展和实施取得了明显成效。用地紧张局面得到缓解；促进了产业转型；推动了土地节约高效利用；完善了城市功能；加快了特区一体化进程；规范了城市更新市场；实现了多方共赢，提升了城市发展质量。面对上述土地困境，通过城市更新对存量土地空间资源进行潜力挖掘和优化调整，已然成为深圳破解资源瓶颈、盘活存量土地、拓展发展空间的必然选择。

2010年9月，深圳市人民政府公布《深圳市城市总体规划（2010～2020）》，规定将努力实现工作模式的两个根本性转变，首先就是"工作重点由增量空间建设向存量空间优化转变"，全市未来将严格控制新增建设用地规模，逐渐增加改造用地规模。第九条提出，2007年底全市城市建设用地规模为750平方公里。到2020年全市城市建设用地规模控制在890平方公里以内。第十条提出：规划期新增建设用地规模面积控制在140平方公里以内，规划期改造建设用地规模达190平方公里。此外，《深圳市土地利用总体规划（2006～2020）》中提出了"建设用地减量增长"的土地利用新模式。要采取逐年减少新增建设用地、逐年增加城市更新改造用地、开展建设用地

---

① 贺倩明主编《城市更新改造项目法律实务和操作指引》，法律出版社，2014，第4页。

清退等手段。由此可见，城市更新将成为深圳空间资源供应的主要来源，城市更新换代成为必然，城市的更新可对土地进行再分配，合理配置、盘活土地资源，从而使得土地得到最合理高效的利用。可以预见，未来城市更新在城市建设发展中的角色将越来越重要，将成为未来城市建设发展的主旋律。

在不断取得成效的同时，也应看到现存城市更新法律制度尚存在较大的提升完善空间。如近年来，在由城市更新造就"一夜暴富"效应的影响下，少数房屋所有权人滥用权利，即"钉子户"现象愈发普遍。在香港，针对开发商取得重新发展地段所有权益方面的困难，香港确立了"土地强制售卖制度"，并颁布法例《土地（为重新发展而强制售卖）条例》。规定开发商在不同情况下可取得物业权益的80%或90%，开发商成为"多数份数拥有人"后，可以申请土地审裁处，通过公开拍卖的方式强制售卖整个物业，进而获取物业所有权，同时也保证少数份数拥有人取得地段的发展利益。[①] 香港强制售卖制度对深圳具有重要的借鉴意义，但深圳市如何运用特区立法权制定符合本市实际情况、切实合理地为城市更新扫除法律障碍的相关制度是今后城市更新立法的重中之重。此外，在实践操作中处理违法建筑与城市更新缺乏衔接、补偿缺乏标准，导致市场混乱推高房价，"充分市场化"的改造模式是否合理等问题都有待思考。

上述问题出现的根本原因还是没有形成一套完善的法律制度体系，现行法律条文的可操作性大打折扣。因此，应确定城市更新立法总体思路，即制定《深圳经济特区城市更新条例》，规范城市更新项目的实施，以条例的形式加以规范，上升法律位阶，提高法条的可执行性和规范性，对城市更新行为进行更明确、更有操作性的指引和规

[①] 杨骏锴:《论城市房屋商业拆迁现象的法律规制现状与制度构建——从实体权利角度进行的考虑》，《改革与开放》2014年第2期。

范，推动城市更新活动的法治化，用法治手段破解现存法律实践操作中的障碍和难题。

（二）加大力度处理历史遗留的土地房产问题

深圳30多年的高速城市化进程中产生了大量历史遗留土地房产问题。原特区外的宝安、龙岗两区存在大量应转未转、应征未征、应补偿未补偿等手续不完善的历史遗留土地。[①] 深圳在城市化的过程中，土地政策变动频繁，特区内外规划、管理不统一、土地管制不严，使得特区内外土地及地上建筑物的管理和使用长期处于一种混乱无序的状态，违法抢建行为更是层出不穷；近几年城市更新掀起高潮后，很多业主希望获得更多的拆迁赔偿，拆建加建违法私房现象又掀高潮。而政府对于这些历史遗留问题的处理规定较为模糊分散，实施力度较小，由此产生了大量的历史遗留问题，违法建筑屡禁不止，抢建拆建愈演愈烈。据相关部门公布的数据，到2011年12月，深圳违法建筑达37.94万栋，建筑面积达4.05亿平方米，占全市总建筑面积的49.27%。[②]

历史遗留违法建筑的盛行不仅扰乱了房地产市场管理秩序，而且不利于符合确权条件的违法建筑业主解决产权问题。但是该违法建筑业主根据相关规定通过适当补交地价款和接受一定的处罚后，其违法建筑则合法化，结束不被法律所认可的状态，业主即可获得与普通商品房同样的合法产权，享受法律所规定的不动产上的权利如抵押、转让、继承等。处理历史遗留土地问题是利国利民之举，倘若对违法建筑不加遏制，它将继续无限蔓延开来，历史遗留问题就会积重难返，城市规划将难以实施，宏伟蓝图就只能是空想，无法将其构筑成美好

[①] 胡盈盈：《快速城市化地区城市更新用地管理研究——以深圳市坪山新区为例》，《理论研究》2012年第7期。
[②] 李新添：《深圳历史遗留违法建筑问题研究》，《特区实践与理论》2012年第6期。

的现实，因此，遏制违法建筑和采取有效办法妥善处理已然刻不容缓、势在必行。

为妥善处理历史遗留违法建筑难题，2002年实施的《深圳市经济特区处理历史遗留违法私房若干规定》《深圳经济特区处理历史遗留生产经营性违法建筑若干规定》（以下简称"两规"）对历史遗留违法建筑的处理进行了规定。尽管有关部门为推进"两规"的实施做了大量工作，在实践中取得了一定成效，然而，由于"两规"的可操作性不强，在土地管理方面存在诸多薄弱环节，历史遗留违法建筑处理进度缓慢，违法建筑仍然较多，处理效果不理想。为了全面清理农村城市化历史遗留违法建筑，强化土地资源管理，推进城市化进程，2013年12月30日，深圳市政府又出台了《〈深圳市人民代表大会常务委员会关于农村城市化历史遗留违法建筑的处理决定〉试点实施办法》，于2014年4月1日起施行，积极直面历史遗留问题，对试点区域的历史遗留非法建筑的处理进行了详细的规定，严格审查违法建筑的当事人，并在处理违法建筑过程中结合实际情况考虑不同情形予以区别对待，分类处理历史遗留土地问题，依法从严执法、宽严相济，积极推进历史遗留土地问题的处理。此外，由于这些历史遗留违法建筑均未履行基本建设程序，对其是否满足房屋安全标准，需要经过特别程序予以确认，而国家和地方目前均未有相关规定。为加强深圳市农村城市化历史遗留违法建筑房屋安全检测鉴定工作管理，依据《〈深圳市人民代表大会常务委员会关于农村城市化历史遗留违法建筑的处理决定〉试点实施办法》《深圳市建设工程质量管理条例》《建设工程质量检测管理办法》，2014年8月，深圳市住房和建设局制定了《深圳市农村城市化历史遗留违法建筑房屋安全检测鉴定管理暂行办法》，对历史遗留违法建筑房屋安全检测鉴定工作做出了明确的规范，为处理历史遗留土地问题提供了必要的法律制度保障。

但处理历史遗留土地问题是一项系统性的复杂工程，涉及方方面面，因此需要制定一系列的配套规范性文件、制度以及可操作的详细措施，处理历史遗留土地问题的制度建设也在不断修正过程中得以完善，以建立起处理历史遗留土地问题的长效机制——即坚持尊重历史、甄别主体、分类处理、统筹兼顾、公平合理的原则，方能妥善解决历史遗留问题。

（三）积极完善保障性住房制度

这几年深圳的商品房发展迅猛，房价也飞速上涨，商品房价格远远高于中低收入者的购买力，因此，居民购买力严重不足，住房问题已越发严峻，由此提出完善保障性住房制度具有紧迫性和必要性。《深圳市保障性住房条例》规定：住房保障的对象是具有本市户籍的住房困难家庭以及单身居民，保障方式是出租、出售保障性住房或者货币补贴。其中，对具有本市户籍的属于社会救助对象的住房困难家庭，通过提供廉租住房或者货币补贴的方式予以住房保障。保障性住房作为住房供应体系的重要部分，不仅可以为中、低收入家庭提供住房保障、促进和谐社会的建立，同时对于加快城市化进程、保持国民经济健康稳定发展，也具有重要的现实意义。《深圳市城市总体规划（2010～2020）》中第29条住房发展战略中提到要完善住房保障政策。"……重点加快发展公共租赁住房，扩大公共住房供应规模以满足中低收入居民家庭和人才安居需求，逐步提升公共住房占全市住房总量的比重。规划期内通过新建和回购存量社会住房等方式增加政策保障性住房的数量。"

住房问题是民生问题，也是发展问题。完善住房体系既是当前惠民利民政策中的基本保障工作，也是体现城市综合水平的重要指标，同时还是提高城市竞争力的有效途径，因此住房保障是社会保障的重要内容，是建立和谐社会的一项重要的基础性工作，保障居民基本居住需求是政府理应承担的责任。为解决现实生活中日益凸显的住房难题，应积极推进保障性安居工程的建设，缓解住房压力，提高居民居住水平，加快实现中低收入民众的安居梦想，确保符合条件的家庭受益，对于改善民生、促进社会和谐稳定、推动城市健康发展意义非凡。

虽然深圳构建起了住房供应体系的蓝图，但仍需不断完善，应根据当前商品房市场与住房保障的总体趋势，在现有的相关住房政策基础上进一步扩大保障性住房建设规模；加大对中低收入者的住房补贴扶助；建立灵活的差别化的保障性住房政策，综合现实中不同家庭的收入情况予以分配；抓紧建立保障性住房建设、运营、提供、使用、退出等管理制度，有效监管保障性住房市场；强化资格审查制度，提高公开透明度，使保障性住房制度在公开公平公正的"绿色"环境下健康成长。总而言之，解决问题的关键在于尽快颁布适应深圳实际情况的保障性住房实施细则及相关规范性文件，建立健全保障性住房供应机制，合理确定保障对象，以保障低收入居民居住为基础，提供有效保障，力求达到公平和效益的平衡。

B.4 深圳物业管理立法探讨

曾滔*

| 摘　要： | 物业管理是改革开放和社会主义市场经济的产物，是城市管理不可缺少的重要组成部分。经过30多年来的探索，深圳作为中国内地物业管理的诞生地，在中国内地物业管理发展历程中，不仅创造了物业管理行业的许多个第一，而且在的物业管理的模式创新、规范机制、市场运作、行业立法以及理论研究和探索中始终位于中国内地物业管理行业的前列。深圳物业管理立法发展与创新，对全国的物业管理行业进步、社区治理体制的探索有着重要的推动作用。|

| 关键词： | 物业管理　立法　业主 |

深圳是中国内地物业管理的起源地，也是中国内地第一家物业企业、第一部地方性物业法规、第一个业主委员会的诞生地，深入研究深圳物业管理立法对明晰全国行业性立法思路有着极其重要的意义。

---

* 曾滔，深圳市物业管理学会常务副会长兼秘书长，深圳市南山区新的社会阶层人士联合会执行主席。

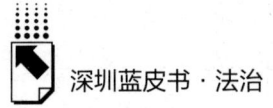

一 深圳经济特区物业管理立法历程

（一）初次立法背景

深圳经济特区设立后，房地产开发行业从无到有、勇于创新、突飞猛进。特区房地产公司大胆借鉴香港屋村管理的经验和模式，对其开发的两个涉外商品房住宅区进行特殊化管理，深圳市物业管理有限公司就是在这种背景下于1981年成立的。这种做法当时在深圳乃至全国都是独树一帜的，这一创举标志着物业管理在中国内地的诞生。经过数年的发展，深圳市房地产管理局认真总结了市物业服务企业的管理模式和经验，在1987年召开了第一次特区住宅区管理工作会议。会议提出"谁受益、谁出钱"的住宅区管理原则，实行"有偿服务"的政策，在物业服务企业的发展经营中推广"社会化、企业化、专业化"的综合管理模式。1988年深圳经济特区开始实行住房制度改革。配合房改，1989年深圳经济特区决定将原福利型住宅区由深圳政府管理转制为由企业承包经营管理。1990年莲花二村开始试点，探索实行"综合管理，全方位服务"的一体化管理模式。由此物业管理在全市住宅区蓬勃发展起来。1991年开始，深圳市政府采取了"放水养鱼"的鼓励政策，简化物业服务企业设立的审批手续，在短短的两三年时间内深圳涌现出100多家物业服务企业，物业管理开始成为深圳社会公认的一个新兴行业，第一批物业管理行业专业人士也正式出现。1993年初召开的全国住宅区管理工作会议，充分肯定了深圳经济特区物业管理的经验，并向深圳提出了新的要求和期望。同年6月28日，深圳市物业管理协会成立。物业管理行业的发展使物业管理立法的呼声越来越高。

（二）1994年颁布实施《深圳经济特区住宅区物业管理条例》

《深圳经济特区住宅区物业管理条例》颁布于1994年6月，是我国内地第一部地方性物业管理法规。

1.《深圳经济特区住宅区物业管理条例》的制定和颁布过程

如前所述，深圳市1988年开始进行住房改革。当年，住房制度改革办公室出台了《住宅区管理实施细则》，为公房转私房后的住宅管理定了规则。与此同时，物业管理的立法启动。原市房管局从1989年起草规章，先定名《住宅区管理办法》，后易名《深圳经济特区住宅区管理规定》。1992年深圳市人大获得立法权后，市人大和市政府都认为将"规定"上升为"条例"具有更大的执法力度，决定由机构改革后设立的住宅局负责条例的起草工作。1994年，历经六年，在充分吸收社会各界意见、几易其稿后，凝结深圳政府和物业服务企业集体智慧的《深圳经济特区住宅区管理条例》终于出台。

2.《深圳经济特区住宅区物业管理条例》的成果

对《深圳经济特区住宅区物业管理条例》颁布前后的效果进行比较，可以发现：在这部物业管理条例出台前，经过13年的发展，深圳市全市共有130家物业服务企业，管理覆盖面仅在40%左右；但在这部物业管理条例出台后，截至1999年6月的统计，仅仅5年时间，深圳全市正式注册的物业服务企业有430家，其他物业管理单位有714家；物业管理的从业人员超过15万人；管理着全市面积2万平方米以上的住宅区400多个、工业区400多个、高层大厦2000多座，物业管理覆盖面达到90%以上，覆盖近两亿平方米建筑面积的物业；截至1999年6月共有146个住宅区（大厦、工业区）获得"全国城市物业管理优秀小区"称号，占全国总数的1/5，并且其中70%以上为全国城市物业管理优秀示范小区；80多家物业服务企业获得ISO9002或ISO14000国际质量体系认证。同时，

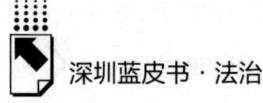

深圳也是中国内地第一个实现城镇化和物业管理全覆盖的城市,深圳企业和行业经验在全国物业管理行业中有着举足轻重的地位。

3.《深圳经济特区住宅区物业管理条例》的局限

由于时代的局限性以及理论研究的滞后性,《深圳经济特区住宅区物业管理条例》实施几年后,其不足之处日渐暴露,主要表现在以下几个方面。

(1)立法缺乏理论体系支持影响科学性。由于当时物业管理理论滞后实践,对物业管理缺乏系统深入的专业研究,还未形成强有力的、科学完整的物业管理理论体系,对"建筑物区分所有权"这个物业管理理论的根源还没有认识清楚,更谈不上把握,对物业管理法律之间的关系认识不清。因此,立法只能采取"摸着石头过河"的方式,从实用主义出发进行立规定矩。结果对物业管理活动的各方主体法律地位、权利义务等方面的规定存在不符合法理的现象,导致物业管理存在的一些老大难问题长期困扰着物业管理行业的发展。

(2)法规内部协调性不足。总体上,《深圳经济特区住宅区物业管理条例》立法体例比较笼统,法规的整体性不足,各部分之间关系的协调性不足,导致有些条文缺乏可操作性,甚至存在法律漏洞,法律责任的伸缩性过大,在实际运作时难以把握。这为后来政府无法有效监管物业管理行业、物业管理行业无法进入市场自行运作埋下明显的隐患。

(3)适用范围的局限性。《深圳经济特区住宅区物业管理条例》主要适用于住宅区的物业管理,虽然按条例规定写字楼、商住楼可以参照执行,但由于该条例没有概括集中各类物业建筑物的整体特点,在实践中往往难以按照该条例进行整体规范管理,这也为深圳物业服务企业的发展壮大制造了不必要的障碍。

(三)2007年颁布《深圳经济特区物业管理条例》

由于前述《深圳经济特区住宅区物业管理条例》的局限与不足,

在实施10年后,进行修订被提上议事日程。2007年9月,经过大修的物业管理条例以《深圳经济特区物业管理条例》的新名称重新发布,除住宅区外,写字楼、工业厂房、学校、政府等的物业均被纳入新条例的调整范围。

1. 《深圳经济特区物业管理条例》的创新

(1)业主自主管理。保障业主大会权力,限制业主委员会的权力。新条例初步理顺了业主大会与业主委员会的关系,明确了业主大会在物业管理中的权力和责任,物业服务费标准的确定、选聘解聘物业服务企业等重大事项由业主大会来决定。业主委员会为业主大会的执行机构,其权力受到严格限制。为了提高业主大会的效率,新条例根据深圳实际,做出了与会业主人数和与会业主投票权数"双过半""双三分之二"的规定,而不是国务院颁布条例中规定的全体业主的"双过半""双三分之二"标准。由于在深圳部分社区,出租房较多,所以召开的业主大会中,很多时候难以符合国家规定,这使得业主大会很难做出具体有效决议,因此《深圳经济特区物业管理条例》对此进行了突破。

(2)业必归会。强化行业自律监管。新条例规定物业服务企业必须取得职业资质证书,并应于取得资质证书之日起三个月内加入市物业管理协会。

(3)政府监管。街道办、工作站(居委会)介入物业管理。政府监管也是意在加强基层政府组织对物业管理活动的指导和监督。新条例把街道办和社区工作站作为政府监管的具体执行者纳入监管体系①,在国务院2007年修订的物业管理条例里也有类似规定,深圳经济特区的物业管理条例修订在先,国家新条例应该是参考了特区新条例的相关规定。

---

① 《深圳经济特区物业管理条例》第5条规定:街道办事处在区主管部门指导下,负责组织、协调业主大会成立及业主委员会的选举工作,指导、监督业主大会和业主委员会的日常活动。社区工作站协助街道办事处开展物业管理相关工作。街道办事处可以委托社区工作站办理物业管理相关事务。

（4）法律救济。保护业主和企业的合法权益。业主公约虽然是业主大会通过的，但也存在对部分业主不公平的可能性，为保障公约的公正性，新条例设置了临时管理规约和管理规约的救济制度，对于内容违反法律、法规规定或者显失公平的临时管理规约和管理规约，可以请求区主管部门予以撤销①。

（5）物业维修资金统一管理。针对以前物业维修资金放在物业服务企业，物业服务企业是经营单位，因而存在一定风险的情况，当时深圳已经在探索实行物业专项维修资金统一管理的办法，新条例对此进一步予以明确②。

（6）业主对物业共用设施和场地使用享有知情权和监督权。

（7）强制要求住宅物业管理必须公开招投标。

（8）物业服务企业应当协管公共秩序和治安。为保障业主在小区的生命和财产安全，新条例明确规定物业服务企业应协助有关部门维持物业管理区域内的公共秩序和治安秩序，实行必要的24小时定岗值班、全面巡逻制度。

2.《深圳经济特区物业管理条例》的不足

（1）业主委员会成员仅限于房产证注明的业主。房产证上载明的所有者因时间、精力问题无法参与，而实际房产共有的配偶，或者父母、子女有时间、精力却无资格参与竞选成为业主委员会委员，业主委员会成立的难度增加。

（2）缺乏业主委员会的回避制度。新条例主要考虑如何维护业主权利，明确业主所有权、物业服务、政府管理之间的关系。业主及

---

① 《深圳经济特区物业管理条例》规定：业主认为临时管理规约和管理规约的内容违反法律、法规规定或者显失公平的，可以请求区主管部门予以撤销；区主管部门可以撤销临时管理规约、管理规约中违反法律、法规规定和显失公平的内容，也可以决定临时管理规约、管理规约中对特定业主显失公平的内容对该特定业主无效。

② 《深圳经济特区物业管理条例》第86条规定：市主管部门应当在银行设立物业专项维修资金专户，对物业专项维修资金的收取、存储、使用、增值和查询等进行统一监督管理。

其房产权利的管理缺乏业主委员会的回避制度，即如何避免开发商和物业管理处工作人员或其亲属进入业主委员会，从而杜绝开发商变相控制物业管理事务。

此外，新条例没有设立邻里问题调解组织。

（四）2013年发布实施《〈深圳经济特区物业管理条例〉实施若干规定》

物权法颁布后，为做好与物权法及其司法解释要求的衔接工作，深圳一直在酝酿修改《深圳经济特区物业管理条例》或者制定这个条例的实施细则，但受限于一些具体问题争执不下，直到2013年11月才发布《〈深圳经济特区物业管理条例〉实施若干规定》（下文简称《若干规定》），历时六年之久。《若干规定》对物业管理招投标活动、物业专项维修资金管理费提取比例等极易引发物业服务企业与业主矛盾的焦点问题予以明确，同时在业主委员会换届选举等问题上做出了填补原条例空白的具体规定。

1.《〈深圳经济特区物业管理条例〉实施若干规定》的创新

该《若干规定》建立了物业管理领域社会稳定协调处理机制，要求市、区、街道三级设立物业管理联席会议；规定了业主大会、业主委员会活动经费、业主委员会委员津贴和执行秘书薪酬来源，规定了业主委员会委员制定津贴的最高标准[①]；明确了业主委员会委员、候补委员、执行秘书的廉洁要求[②]；提出采用电子投票方式进行选举

[①] 有条件的物业管理区域，业主大会可以根据业主委员会委员从事的公益性工作情况按月给予适当的津贴，但每月津贴总额不得超过本市最低工资标准。业主大会可自行决定从物业服务费或者其他合法资金来源中提取业主大会、业主委员会活动经费以及业主委员会委员津贴和执行秘书薪酬等费用的比例。

[②] 业主委员会委员、候补委员、执行秘书不能接受物业服务企业提供的物业服务费减免、停车费用减免以及其他物质、现金等不正当利益，不得采取挪用、欺骗等方式非法侵占物业专项维修资金、物业共有部分收益等属于相关业主共有的资金。

和表决，方便业主参与业主大会表决，提高投票表决参与率；对小区物业共用部位、设施设备的管理提出明确要求；明确了物业服务企业不得以停水、停电、停气的方式来催缴物业服务费。

2.《〈深圳经济特区物业管理条例〉实施若干规定》的不足

（1）关于业主身份的认定问题。对现有关于"买卖"①的规定可能产生的理解上的分歧，应该严格限定在"基于与建设单位之间的商品房买卖民事法律行为"，不应该扩大适用（即在二手房买卖中，尚未完成所有权转移登记的买受人不具备业主身份）。同时，在实践中出现的夫妻一方是房地产权利证书或者不动产登记簿记载的所有权人，另一方是否具备业主身份的问题该规定并没有解决。

（2）关于建设单位或者物业服务企业拒不参加筹备组的问题。《深圳经济特区物业管理条例》就有建设单位或者物业服务企业参加业主大会筹备组的规定②，但实践中建设单位或者物业服务企业拒不参加筹备组的情况非常普遍，他们为了自身的利益往往通过这种方式阻挠业主大会的成立和业主委员会的选举，主管部门面对这种情况也常常束手无策，而《若干规定》仍未对这一问题提出明确的解决方案③。建议实践中如果遇到此种情况，街道办事处应当坚持"筹备组成员拒不参加筹备工作的，不影响筹备工作的开展及筹备组工作会议所做出的会议决议"的原则，以弥补规定上的缺陷。

（3）部分条款表述不够严谨。语言表述是立法技术的核心，它

---

① 《〈深圳经济特区物业管理条例〉实施若干规定》第15条根据《物权法》及相关司法解释对符合业主身份的情形做出了列举，其中第二项规定为："尚未登记取得所有权，但基于买卖、赠予、拆迁补偿等旨在转移所有权的法律行为已经合法占有建筑物专有部分的人。"
② 《深圳经济特区物业管理条例》规定"筹备组由五至七名成员组成，其中社区工作站负责人一名、建设单位或者物业服务企业代表一名、业主代表三至五名"。
③ 《〈深圳经济特区物业管理条例〉实施若干规定》只是规定了"物业管理区域筹备召开首次业主大会时，建设单位或者物业服务企业应当予以配合，不得拒绝派出代表担任筹备组成员"。

不仅要准确将法律思想表达出来，还要有自身严格的规则。因此大到行文成篇，小到遣词用字都必须非常严谨。《若干规定》个别条款中的措辞有待商榷，比如"指导""监督""管理"并列使用、"撤销"和"内容"搭配使用、"决定"和"无效"搭配使用、"办理"和"备案事项"搭配使用，等等。有些可能换个专用词更为准确，比如"认定"和"无效"搭配、"受理"和"备案事项"搭配。个别相邻条款之间、个别条款中的概念表述之间缺乏有机联系，有为减少整个规定的篇幅刻意合并的痕迹。同时个别条款立法语言不够简练、表达不够清晰。以上可能造成在使用《若干规定》的过程中理解出现偏差，物业管理主体权责混乱，甚至成为以后物业管理活动中矛盾纠纷的焦点。

二 深圳物业管理相关的规章及规范性文件的概述

除前述法规规章外，20年中，深圳还制定了大量有关物业管理的规章和规范性文件。主要包括以下几方面。

1.《〈深圳经济特区住宅区物业管理条例〉实施细则》（深府〔2004〕135号）

于1996年9月20日发布施行、2004年修订的《〈深圳经济特区住宅区物业管理条例〉实施细则》共66条，分为"总则""业主大会及管委会""开发建设单位和物业服务企业""住宅区房屋及设施的使用与管理""住宅区维修养护的范围与责任""住宅区管理服务费""住宅区公用设施专用基金""住宅维修基金""法律责任""附则"10章。该细则明确规定了第一次业主大会召集的程序、管委会委员的产生办法、开发建设单位移交住宅区的程序及应承担的义务、物业管理资质证书等级及其申请程序、住宅区公用设施等。

2.《深圳经济特区物业管理行业管理办法》（深府令〔2004〕135号修正）

《深圳经济特区物业管理行业管理办法》于1998年7月20日由深圳市人民政府发布，2004年8月26日深圳市人民政府令第135号进行修订。该办法在加强对物业管理行业的监督管理、规范物业管理企业的行为、维护物业管理服务市场秩序、促进物业管理行业健康发展方面起到了积极作用。

3.《深圳市房屋本体维修基金管理规定》（深住〔1997〕39号）

为加强房屋本体维修基金管理、维护房屋本体共（公）用部位及设施、保障房屋安全使用，《深圳市房屋本体维修基金管理规定》对深圳物业本体维修基金的建立、使用及管理都做出了明确规定。

4.《深圳市物业管理资质证书管理规定》（深住〔2002〕38号）

《深圳市物业管理资质证书管理规定》对深圳市从事物业管理业务的单位实行资质等级管理，按等级标准核发物业管理资质证书，凡在深圳市辖区范围内从事物业管理业务的单位，必须取得资质证书，方能从事物业管理。资质证书分为一级、二级、三级三种。

5.《深圳市物业管理投诉处理暂行办法》（深住〔2003〕106号）

《深圳市物业管理投诉处理暂行办法》是深圳市物业管理行业的第一部信访工作管理办法，其主体分为总则、投诉的受理、投诉的办理及结果反馈、附则四部分。《深圳市物业管理投诉处理暂行办法》还附有由市住宅局统一印制的《物业管理投诉受理回执》《物业管理投诉处理意见书》《物业管理投诉复查意见书》三个规范文本。

6.《深圳市业主大会和业主委员会指导规则》（深府〔2005〕11号）

《深圳市业主大会和业主委员会指导规则》明确了业主委员会作为法律主体的地位，规范了业主大会、业主委员会的成立及其活动。

7.《深圳市住宅物业服务收费指导标准》（深价规〔2007〕1号）

《深圳市住宅物业服务收费指导标准》建立了"菜单式"的住宅物业收费指导标准，使深圳市物业收费向市场化方向迈出重要一步。

8.《深圳市物业专项维修资金管理规定》（深府〔2010〕121号）

《深圳市物业专项维修资金管理规定》加强了深圳市物业专项维修资金的管理，规范了物业专项维修资金的使用，较好地保障了物业专项维修资金所有人的合法权益。

9.《深圳市物业管理电子投票规则（试行）》（深建规〔2011〕9号）

物业管理电子投票系统不仅在市场监管方面实现突破，更重要的是为广大业主建立共同意愿表达机制，为业主大会、业主委员会的规范运作提供一个高效、便利的平台。《深圳市物业管理电子投票规则（试行）》对于规范物业管理电子投票行为、保护业主合法权益、促进社会和谐具有重要意义。

10. 市及各区物业管理活动中的示范文本

为规范当事人的签约行为和经营行为、保护其自身的合法权益，深圳市及各区物业管理主管部门制定了大量示范文本。比如：《深圳市物业服务合同》示范文本（深国房〔2008〕901号）、《深圳市物业管理规约》示范文本（深国房〔2008〕902号）、业主大会和业主委员会议事规则（范本）。示范文本对于提高履约率、强化管理、维护正常秩序起到重要作用。

三 完善深圳物业管理立法的建议

众所周知，我国的物业管理是改革开放和社会主义市场经济的产物，是城市管理的一个不可缺少的重要组成部分。经过特区30多年的探索，伴随着深圳经济特区的腾飞，作为我国物业管理发源地的深圳经济特区，在开拓和发展我国物业管理事业的过程中，不仅创造了物业管理行业中的众多个第一，而且在物业管理的模式创新、规范机制、市场运作、行业立法以及理论研究和探索中始终位于我国物业管理行业发展的最前列。但是，随着物业管理在全国的迅猛发展，深圳物业管理法制的不完善和不健全，造成深圳在取得物业管理辉煌成就的同时，也出现和沉淀了许多需要亟待解决的问题。深圳应当继续发挥深圳经济特区改革开放试验田和享有立法权的优势，重视物业管理的立法工作。为此提出如下几条建议。

（一）推动业主自主管理

探索实行新的物业管理模式，鼓励有条件、有能力的小区实行业主自主管理，选聘物业管理职业经理人代管小区物业，在物业管理职业经理人的统筹下，实行小区保洁、电梯维修等项目直接外包，减少中间环节，降低物业管理成本。通过外包，可使外包服务的提供商与接受商，均能专注于自己的核心业务及有竞争力的业务，通过双方的协作，提高物业服务的质量和业主的满意度。这将会促进国内物业市场的进一步扩大，有利于政府机关、学校、医院、企业、住宅、办公等单位的物业相区别，实现专业化、社会化物业管理。同时建立业主诚信档案，对于无正当理由长期拒付物业管理费、公共维修基金的业主，记入个人诚信记录。

（二）鼓励延伸物业管理企业服务范围

物业管理行业从事的主要是对不动产房屋及与之配套的设施设备、园林绿化及相关场地进行维护与管理的活动，其中不动产房屋概念的包含范围非常广泛。目前深圳市大部分物业服务企业只是停留在基础服务内容的住宅楼盘,广阔的业务发展空间还未被发掘出来,只是少数品质高、规模大的物业服务企业在延伸服务内容上做了一些有益的尝试与发展,增加了很多赢利方式,形成房地产行业资产管理的雏形。在当今经济社会发展形势下,物业服务企业要想争取更大的生存空间,深入挖掘高层次服务内容,并将其延伸是发展方向。

(三)简化业主大会和业主委员会运作程序

成立业主委员会报批手续烦琐和时限较长,要简化成立业主委员会的手续,缩短报批时限。对业主难以提供的一些材料,如竣工总平面图,单体建筑、结构、设备竣工图,配套设施、地下管网工程竣工图等竣工验收资料等,这些资料可以通过建设单位建成办证时报房管部门备案,并实现信息共享,以便物业处审批时作为备查材料,减少因资料获取难而增加业主委员会成立的难度,更加体现人性化管理。

(四)加强对物业管理企业的监督管理

严格实行资质准入制度和资质变更制度,如果无法严格执行,不如直接放开审批,下放权力,由建筑物所有权人自行选择服务企业;加强日常监管,实行日常核查制度。对有违规行为的企业做出不予核定资质、罚款、限制招投标、降低资质等级或取消资质的处罚。

(五)鼓励将物业服务项目外包给专业的服务公司

随着市民生活水平的提高和对生活品质要求的提高,对物业的日常管理维护保养的要求越来越高,物业服务公司的角色也正发生变化,从直接提供各项服务向以组织、调度、整合与分配资源为主转变。在这一过程中,也要转变物业管理服务外包的流程,实行所有外包项目必须由业主代表或业主委员会和物业管理方共同选择外包单位、共同对竞选的外包单位进行审核、共同确定外包项目费用的方式,以确保最终确定的服务单位服务质量高、保障能力强且费用合理。

(六)推动对物业管理区域进行精细化细分管理

根据"谁使用谁付费"的原则,对小区按照不同类型进行精细化细分管理。例如:小区停车场、游泳池、会所等非人人使用的设施,其管理支出实行单独核算,向相关使用者单独收费;小区内的不同功能区,如住宅区与商业区实行细分独立核算、分别收费;对部分人使用的其他公共场地、区域,也实行使用人按实际支出核算计费。

B.5
深圳市海域使用权市场化出让制度的法律与政策思考

邹 平*

摘　要： 市场是当前各种自然资源配置的重要场所。《海域使用管理法》等相关立法明确了海域使用权可采取招标、拍卖等市场化方式出让。但深圳作为沿海城市，目前尚未实现海域资源的市场化出让。本文结合深圳实际情况，分析了深圳建立海域使用权市场化出让法律制度的必要性以及应考量的主要问题，进而从出让方式、招拍挂制度、价值评估、交易平台等方面，提出建立海域使用权市场化出让法律制度的具体建议。

关键词： 海域使用权　海洋环境　资源配置　市场化出让

随着中国市场经济的发展完善，市场在资源配置中发挥了越来越重要的作用。党的十八大明确提出，要在"更大程度更广范围发挥市场在资源配置中的基础性作用"。海域作为一种重要的共有财产资源[①]，也应发挥市场作用，建立公开、公平、公正的海域使用权市

---

* 邹平，深圳市房地产评估研究中心助理研究员，法学硕士。
① 陈艳：《我国海域资源利用问题的根源剖析及解决途径》，《武汉科技大学学报》（社会科学版）2006年第6期。

场，以实现海域的物尽其用及海域物权的保值增值。但令人遗憾的是，深圳作为改革开放的先行城市，海域资源管理明显滞后。相较于土地资源完善的政策法规体系，其在海域管理方面不仅缺乏完善的政策法规支撑，而且在资源配置方面仍维持着计划经济体制下的行政审批模式。虽然这种模式可以强化政府对海域资源配置的宏观调控，但过多的人为干预不仅增加了交易成本，而且行政审批中蕴含大量的权力资源，容易滋生权力寻租等腐败行为，同时也有违国家"发挥市场配置资源作用"的政策导向。因此，如何通过立法尽快构建科学、合理的海域使用权市场化出让机制，成为当前深圳完善海域资源管理的重要课题。

一 海域使用权市场化出让制度的建立及深圳的实践情况

（一）海域使用权市场化出让制度的建立及实践

我国海域使用管理发展较为滞后。新中国成立初期，我国的海洋产业仍以传统的海盐生产、渔业捕捞和海洋航运为主，海域使用长期处于自由准入的状态，海域使用管理粗放，海域出现了无度、无序、无偿的局面。为加强海域的综合管理，保证海域的合理利用和持续开发，国务院财政部、国家海洋局于1993年制定出台了《国家海域使用管理暂行规定》，明确提出了"海域使用权"概念，实行海域许可制度和海域有偿使用制度，建立了海域使用的行政审批制度。受计划经济体制的影响，海域使用权管理表现出了浓厚的行政色彩。

随着社会主义市场经济的逐步发展，以及海洋科技力量的日益增强，中国海域开发利用从传统的渔业、盐业和交通领域逐步向旅游娱乐、围海造地、工矿、海洋工程等领域延伸。面对有限的海域资源，海域资源使用竞争日益激烈。单纯的行政审批已无法满足日益形成的海域资源市场。海域使用需求者对海域使用分配的公平性及公正性提出了更高的要求。发挥市场在海域资源配置中的基础性作用，逐渐成为共识。2001年10月，全国人大常委会审议通过了《中华人民共和国海域使用管理法》，首次以法律形式明确海域使用权可以通过招标、拍卖等市场化方式取得。海域使用权市场化出让制度得以建立。2006年10月，为贯彻落实《中华人民共和国海域使用管理法》，规范海域使用权管理，国家海洋局制定出台了《海域使用权管理规定》，进一步细化了海域使用权招标、拍卖的程序和条件等内容。自2011年以来，国家海洋局大力推进海域使用权市场化配置，将"发挥市场在海域资源配置中的作用"作为一项基本任务。在《2014年海域综合管理工作要点》中进一步强调要"全面推行海域使用权招拍挂出让"，"减少对海域资源的直接配置"。

此外，沿海省市也不断推进海域资源市场化配置工作。河北、天津、浙江、福建、山东、广东、广西等沿海省市在国家立法基础上，分别在其地方法规或政府规章中明确规定了海域使用权的市场化出让制度，并开展海域使用权招标、拍卖实践。福建省泉州、漳州、宁德等市专门成立了"海域资源市场化配置工作领导小组"，威海市出台了《威海市招标拍卖挂牌出让海域使用权办法》（威政办发〔2012〕8号），钦州市制定了《钦州市海域使用权招标拍卖挂牌出让暂行办法》（钦政办〔2012〕99号），河北省海洋局发布了《河北省招标拍卖挂牌出让海域使用权管理办法》（冀海发〔2013〕16号）等，极大地推动了海域资源市场化配置的实践发展。

尽管《中华人民共和国海域使用管理法》已实施十多年，我国海域使用权出让方式逐渐从行政审批的单一方式过渡到以行政审批为主、招拍挂为辅的混合方式。但自2005年开展海域使用权招拍挂的实践以来，将近99%的海域使用权通过审批出让的方式取得，海域使用权招拍挂占海域使用权出让总数的比例基本稳定在1%左右①。全国海域使用权招拍挂水平明显较低。

（二）深圳海域使用权市场化出让的实践情况

虽然深圳是改革开放的先锋城市，经过30多年的发展，在体制机制、经济发展、城市建设、资源管理、收入分配、社会保障、文化建设等领域获得了巨大成就，起到了先锋城市、模范城市的作用，但受"重陆轻海"理念影响以及海洋科技水平的限制，深圳改革开放的领域也主要集中于陆域资源、空间的开发与建设，海域管理制度建设较为滞后。在海域管理立法方面，深圳目前仅出台了《深圳市海上构筑物登记暂行办法》《深圳市海域使用初审、审核实施办法》（深规土〔2012〕608号），但海域使用规划、海域使用权出让、海域使用论证、海洋工程建设管理、海域使用流转、围填海造地等方面则缺乏相应的立法规范，海域使用管理的政策法规体系尚未建立。在海域使用权出让方面，自1999年开展海域使用管理以来，深圳也主要通过行政审批方式出让海域使用权，至今尚未采取招标、拍卖等方式，海域资源市场还有待培育。在海域使用价值评估方面，深圳目前没有专门从事海域价值评估的机构，且市场上的不动产评估机构基本上没有海域价值评估业务，海域价值评估实践几乎空白，海域价值评估基本处于起步阶段，无法为海域使用权市场化出让提供有力的技术支持。总体而言，深圳海域管理制度不完善，海域使用权市场化出让发展缓慢。

---

① 根据国家海洋局历年海域使用管理公报，按照用海宗数统计。

二 深圳建立海域使用权市场化出让法律制度的必要性

（一）作为共有财产资源，建立海域使用权市场化出让法律制度是确保海域资源配置公平、公正的必然选择

根据《中华人民共和国宪法》《中华人民共和国海域使用管理法》，海域为国家所有，即全民所有。可见，与大气、水、自然景观一样，海域资源也属于公共财产资源。任何人使用海域资源的同时都不能排除其他人对该资源的利用。对个人而言，海域资源是一种自由准入资源。根据哈丁的"公地悲剧"理论，从个人理性角度出发，在自由准入状态下，任何人都会按照成本最小化、收益最大化的原则使用海域资源，势必造成海域资源的滥用和无度使用，最终导致海域资源被破坏或枯竭。实践证明，对共有财产资源——海域进行政府管制（行政审批）或实施产权制度是解决"公地悲剧"的有效手段[1]。而产权制度实施的结果是，使用者享有海域资源的使用权。这也就意味着，在既定的一段时间内，使用人对海域资源享有占有、使用和收益的权利。因此，对海域资源的分配必须考虑公平原则。但政府管制实际上是以行政权力进行资源配置，容易出现低效率、权力集中、趋利行政等制度弊端，难以确保资源配置的公平性。而市场配置是通过市场价格和供求关系变化，以及经济主体之间的竞争，从而较为公平合理地将海域资源配置到能够降低成本、提高效率的竞争者中，实现海域资源的合理开发和可持续

---

[1] 韩立民、陈艳：《共有财产资源的产权特点与海域资源产权制度的构建》，《中国海洋大学学报》2004年第6期。

利用①。因此，通过市场方式将海域资源在不同使用主体间进行配置，是确保海域资源配置公平、公正的必然选择。但作为海域公共资源配置的重要方式，市场化配置海域资源涉及广大公众的切身利益，按照依法治国、依法行政的法治精神，必须通过立法明确海域资源市场化出让的条件和程序，构建完善的海域使用权市场化出让法律制度，维护海域使用权人的合法权益，为海域资源配置的公平、公正提供法律保障。

（二）深圳海洋产业发展空间大，建立海域使用权市场化出让法律制度是满足海洋经济发展需求的重要支撑

目前，深圳已形成了以海洋交通运输、滨海旅游和海洋油气三大产业为主导的海洋产业体系，拥有盐田港集团、中集集团、招商局国际、华侨城、中信海直、浪骑游艇会、海斯比、中海石油深圳分公司等涉海核心企业。此外，根据《深圳市海洋产业发展规划（2013~2020年）》确定的目标，到2015年，现代海洋产业体系初步建立，全市海洋生产总值达到1600亿元；到2020年，实现海洋电子信息、海洋高端装备、海洋生物、邮轮游艇等现代海洋产业快速发展，全市海洋生产总值达到3000亿元，建成规模宏大、技术领先的现代海洋产业群，跻身国内海洋产业发展先锋城市。因此，未来深圳对海域资源使用频率将越来越高，海域开发也将愈加密集，对海域资源的使用需求更加多样。但行政审批的出让方式显然无法满足不断变化且多样化的市场需求。而市场调节的开放性、竞争性以及灵活性正好可以弥补行政审批的不足。构建海域使用权市场化出让法律制度，扩大海域使用权获取渠道，不仅有利于规范海域使用权配置行为，提高海域资

---

① 曹英志、杨潇、朱凌、王琦：《我国海域资源配置机制的发展历程及特点分析》，《中国渔业经济》2014年第1期。

源的配置效率，而且对于培育海域资源市场、有效解决海洋经济发展过程中多样化的用海需求、促进海洋经济的快速发展具有重要的支撑作用。

（三）建立完善海域使用权市场化出让法律制度是落实国家、省有关海域使用权公开出让立法规范的必然要求

为推进海域使用权的市场化，《中华人民共和国海域使用管理法》以及《广东省海域使用管理条例》均明确规定了海域使用权可以通过招标、拍卖等公开出让方式取得。随着我国市场经济的不断发展完善，市场作为资源配置的重要手段，因其公开性、竞争性以及公平性，逐渐得到社会的广泛关注。十八届三中全会进一步明确了市场在资源配置中的基础性作用。但目前立法关于海域使用权市场化出让的规定略显笼统，难以为深圳开展海域使用权市场化出让提供明确的法律支持。因此，深圳应贯彻落实国家、省的上位法立法精神，结合本市海域使用情况，建立完善符合深圳实际的海域资源市场化出让法律制度，指导深圳海域使用权的招标、拍卖等市场化出让方式，加强深圳海域资源管理，促进海域资源可持续开发利用。

三 深圳建立海域使用权市场化出让制度的立法考量

海域与土地等其他自然资源类似，都具有公共财产资源属性。鉴于土地资源的市场化配置制度发展较为完善，建立海域资源市场化配置制度可吸收、借鉴土地资源的市场化配置制度建立的经验。但海域与土地在物理形态、使用方式等方面都存在巨大的差异，不能照搬照抄。开展海域使用权的市场化出让，要在充分吸收土地资源市场化配

置成功经验的同时，密切结合海域资源的特殊性，探索建立符合海域使用实际的市场化出让法律制度。具体而言，在开展海域使用权市场化出让立法时，应从以下几个方面进行考量。

（一）土地资源市场化配置机制存有弊端，不能直接复制

目前，在我国自然资源市场化配置方面起步最早、发展最为成熟、立法最为完备的当属土地资源的市场化配置。自1987年深圳"土地拍卖第一槌"以来，经过30多年的发展，土地资源市场化配置机制日趋完善，形成了以《土地管理法》《物权法》等国家基本法为基础，以国土资源部规范性文件及地方立法为配套的土地使用权市场化配置法律体系。由于土地、海域、矿产等自然资源都具有公共财产资源属性，在探索建立其他自然资源市场化配置机制时，通常会借鉴土地资源市场化配置制度的建立经验。所谓土地资源市场化配置，简单来说，就是通过招标、拍卖、挂牌等方式公开出让土地使用权的一种资源配置方式。经过30多年的实践，该制度的实施不仅强化了政府对土地资源使用的宏观调控，实现了统一、公平、规范有序土地市场的建立，以及土地资源的优化配置，同时也促进了土地资源的可持续利用。但土地资源市场化配置机制自身仍存在以下弊端。

1. 政府对土地资源配置干预过多，并非真正意义上的市场配置

城市土地归国家所有是我国土地管理的基本制度，国家是城市土地的唯一所有权人。在土地资源的市场化配置过程中，土地资源的供应量由政府决定。但土地的社会需求极为复杂，政府很难对土地市场上的各种投资需求进行充分调查、评估。在这种配置模式下，土地资源的供应是否符合市场需求，仍存在不确定性。更何况，在城市规划条件下，土地资源的供应通常都附带了规划指标，即对土地供应附加条件。但这些条件的设计本身蕴含了管理者对城市建设

的主观意愿，更加剧了土地供需关系的不平衡性。尽管土地资源的供应机制引进了招拍挂等公开出让的方式，具有市场竞争的特性，但政府作为土地资源的所有者、管理者对土地供应进行调控时，很难把握政府调控与市场配置之间的度，容易出现"逆市而为"的现象，甚至主导市场调节土地资源供应的方向。因此，当前的土地资源配置方式并非真正意义上的市场配置，难保资源配置的公平、公正。

2. "价高者得"的配置原则难以实现地尽其利

土地作为一种具有财产性的自然资源，随着城市建设和发展，其稀缺性日益凸显。因此，"价高者得"成为当前土地资源招拍挂市场化配置方式所遵循的主要原则。但土地资源同时也是一种社会资源。通过市场手段配置土地资源的制度价值，不仅仅是实现土地资源的增值收益，更重要的是发挥土地作为社会发展不可再生资源的基础性作用，促进社会生产与发展，实现更多的社会价值。但当前的土地资源市场化配置机制忽视了土地资源的社会资源属性，简单地按照"价高者得"原则进行出让，无异于将土地资源等同于一般商品，通过公开竞价实现经济价值。在土地资源日趋稀缺的形势下，按照此种配置模式，无疑会使开发商不理性地推高地价，进而推高房价。其资源配置的结果是将土地资源通过各种形式的竞价，出让给资金雄厚的使用者，而不是出让给能够提高资源使用的经济社会环境效益的使用者。其后果是造成土地资源的二次垄断，即土地资源被少数大经济体所控制，反而不利于土地资源的优化配置，难以实现地尽其利。

综上，招标、拍卖、挂牌等土地资源的市场化配置方式，目前已形成了比较成熟的做法。从实现资源配置的公开、公平目标考虑，这些方式可适用于海域资源的市场化配置。但在具体操作上，应更多发挥市场的配置功能，尽量减少政府的行政干预；同

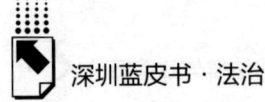

时，应弱化价格因素在资源配置中的地位，建立多重的资源配置标准。

（二）强化市场对海域资源配置的主导作用，回归政府作为管理者的角色

虽然海域属于国家所有，但深圳海域已经面临海洋环境大面积污染的威胁，政府不能按照调控土地资源的思路来主导海域资源的使用，而应更大程度地发挥市场在资源配置中的基础性作用，根据市场的需求而不是政府的战略、规划、计划、目标等"需求"，通过适当的干预，提高海域资源配置的合理性和科学性。具体而言，海域的使用应由需求者提出，政府作为管理者，应本着保护海洋环境的宗旨，严格执行海域使用论证、海洋环境评价等监管机制。当同一海域存在多个需求者时，应通过招标、拍卖、挂牌等市场竞争手段，按照更有利于海洋环境保护目标的原则，公平、公正地配置海域资源，将海域资源出让给能够最好地保护海洋环境且实现海域资源社会经济效益的使用人。同时，政府也应以资源所有者的身份，加强海域资源使用中的环境保护监管，弥补市场手段在海洋环境保护方面的"失灵"。

（三）根据海域资源的特殊性，以海洋环境保护作为海域资源市场化出让的主要衡量标准

随着土地资源的紧约束，社会经济的增长点将逐步转向海洋。但西方发达国家工业化发展史证明：经济的发展总是伴随着环境先恶化后改善。与陆地相比，海洋具有多层次、复合性等特性，同一海域在水面、水体、海底可以同时作为航道、养殖场及进行油气矿产开发等，因此，海洋承受着全方位的、多角度的环境威胁。此外，海洋还具有流动性、关联性等特性。流动的海水可以把不同的海域连接成

片。某一海域的开发利用除了会对所在海域的生态环境造成影响外，通过海水运动，也会直接或间接影响到邻近海域乃至更大范围海域的生态环境，甚至造成海洋环境的不可逆。更何况，海洋开发必然意味着海洋环境在某种程度上被破坏。尽管海洋具有巨大的扩散、稀释、氧化、还原、生物降解等净化能力，但海洋的环境容量终究有限。面对浩瀚的海洋，海洋环境一旦遭到污染或破坏，必然要花费比陆地环境污染更大的治理成本。因此，对海洋资源的开发不能像对土地资源进行高频率、高密度的开发一样，而应更加注重采取先保护后开发的战略，加强海洋开发管理，控制海域资源的使用。

就深圳而言，近年来海洋环境监测结果显示，受陆源污染物排放、大气污染物沉降、海洋自源性污染等因素影响，整个西部海域（珠江口及深圳湾海域）近660平方公里（约占全市海域面积的57.64%）的海域水质及沉积物污染严重，水质长期处于劣四类海水水质标准[①]（见图1），大鹏湾、大亚湾水质均有所下降，大亚湾生物多样性下降明显。总体而言，深圳近岸海域环境现状压力巨大。面对未来海洋产业的规划目标，深圳不能以"拓荒"的思路来落实海洋战略，而应加强海洋环境保护力度，全面践行"先保护后开发"原则，严格控制海域资源的开发力度与强度，在推进资源、环境与社会的协调发展的同时，实现海域资源经济价值。因此，在构建深圳海域使用权市场化出让法律制度时，应从保护海洋环境出发，以最小限度损害海洋环境为标准选择海域使用权的出让方式。

---

① 依据《海水水质标准》（GB3097-1997），按照海域的不同使用功能和保护目标，海水水质分为四类。第一类：适用于海洋渔业水域，海上自然保护区和珍稀濒危生物；第二类：适用于水产养殖区，海浴场人体直接直触的水上运动或娱乐以及与类食有关的工业用水区；第三类：适用于一般工业用水区，滨海风景旅游；第四类：适用于海洋港口水域，开发作业区。劣四类水质指达不到第四类标准的水质。

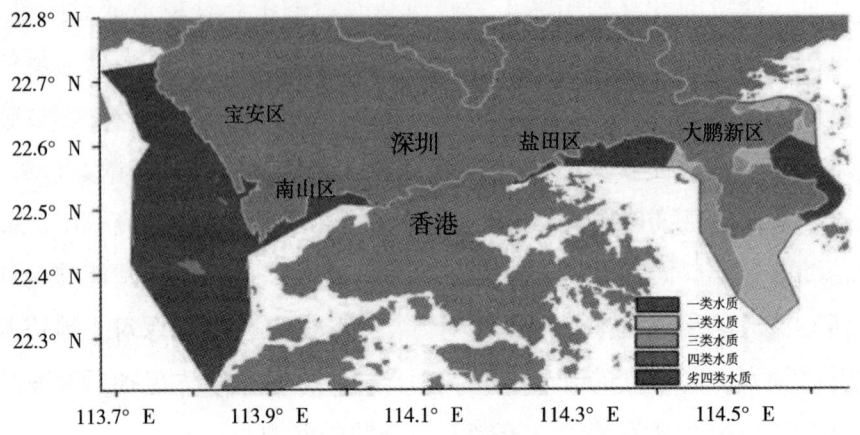

图 1　深圳海域海水水质整体呈现东优西劣

资料来源：深圳市规划和国土资源委员会（海洋局）网站。

四　对深圳建立海域使用权市场化出让法律制度的具体建议

深圳作为改革开放的前沿城市，经过30多年的快速发展，土地资源紧约束形势愈加严峻。向海洋要资源、要环境、要空间已成为深圳进一步拓展城市发展空间的重要途径。合理配置利用海域资源是大势所趋。海域使用权招拍挂作为海域资源配置的重要方式之一，是海域使用管理制度顺应市场经济发展需要的重要手段。作为一种公共财产性资源，海域使用权的市场化出让不是简单的商品交易。海域使用权的市场化出让涉及环境保护、价值评估、出让方式选择、合同管理、交易平台、市场培育等诸多方面。因此，建立海域使用权市场化出让法律制度，推进海域资源市场化出让的法治化、规范化，可通过以下制度机制进行完善。

（一）建立海域使用权公告出让制度

随着国家经略海洋的战略部署逐步展开，海洋作为一种战略性资源，逐渐得到社会的广泛关注。引入市场手段、保障海域资源配置的公平公正是当下促进海域资源优化配置的必然选择。具体而言，可探索建立以市场需求为主导的海域使用权公告出让制度，对同一海域有两个以上用海意向人的，采取公开出让的方式确定海域使用权人。一是用海申请。任何人需要使用海域的，应依法向海洋主管部门提出用海申请。二是出让公告。对符合用海规划等条件的，海洋主管部门应结合用海意向人的用海申请，拟定海域使用权出让方案，报市人民政府批准。出让方案经市人民政府批准的，主管部门应发布海域使用权出让公告。公告包括出让人、海域情况、出让条件、产业准入条件、出让价格、第三人异议及处理、保证金、公告期限等内容。三是确定出让方式。公告期内第三人提出异议，经海洋主管部门审核，符合出让条件的，应依法组织海域使用权招标、拍卖或挂牌出让；公告期内无人提出异议的，由海洋主管部门依法按照行政审批的有关规定办理海域使用权相关手续。

（二）结合海域资源特性，改良现行招拍挂制度

由于海洋的包容性、流动性以及强大的自净能力，长期以来，海洋被作为陆源污染物的受纳场。相较于土地资源，海洋承担了更大的环境压力。如前文所述，30多年的城市建设，使得深圳海洋环境（尤其是西部海域）不堪重负，不仅海水水质变差，而且海岸线、海底地形均发生巨大变化，严重影响了西部海域海水的流动性以及水动力条件，极大地削弱了海洋的自净能力。如果不加改良地借鉴土地资源市场化出让的做法，不顾海洋的环境容量和承载力，实行价高者得的竞争准则，那么，基于降低成本、提高经济价值的考虑，将来的海

域使用人也必然会以各种方式和手段用足、用尽所取得的海域资源。其结果不仅会进一步恶化深圳海洋生态环境,且也将极大地增加治理难度。因此,在对海域使用权进行市场化出让时,应强化海域资源的社会、环境价值,而弱化海域资源的经济价值,废弃"价高者得"的竞争准则。具体而言,对于海域使用权招标而言,要建立海域使用权综合招标指标体系,从社会、环境、经济等方面设置多个指标进行衡量,降低海域价格在海域使用权公开竞争中的权重,推行综合条件最优者得的综合评标方式;对于海域使用权拍卖、挂牌而言,海洋部门作为海域的直接管理者,在开展海域使用权拍卖或挂牌出让前,应对海域进行详细调查和科学论证,严格开展海洋环境影响评价,并根据论证、评价结果,从有利于海洋环境保护的原则,严格设置海域使用权竞买的准入条件和资质要求。

(三)建立健全海域价值评估机制

海域价值评估不仅是保证海域有偿使用制度顺利实施的基础性工作,也是推动海域市场化运作的重要技术支撑。在市场经济条件下,通过价格公正、公平地体现海域价值,须以科学的理论和评估方法为前提。但深圳目前还没有专门从事海域价值评估的评估机构,也未建立起海域价值评估制度,海域价值评估市场几乎空白。作为改革开放的起源城市,深圳可在国家海域分类定级、海域价值评估规范的基础上,借鉴土地等资源性资产评估的方法和理论,结合海域的立体性、流动性、整体性等特性,探索建立科学的海域价值评估机制。一是根据深圳海域的区位、自然环境条件、资源条件、科学技术条件、社会经济发展状况、开发利用效益等因素的差异,结合海域资源公开出让需求,进一步细化当前的海域分类和定级,并将其作为评估海域价值的标准。二是应进一步明确海域价值评估机构的准入和管理,制定完善海域价值评估技术标准,大力培育海域价值评估市场,为海域资源的市场化出让提供技术支持。三是建立海域基准价格和宗海价格机制。海洋主管部门应组织开展海域基准价格评估,及时、客观反映一定时期海域资源的平均价格水平,从宏观上实现对海域资源价格的调控。

(四)构建海域使用权市场化出让的交易平台

平等、公开的市场竞争环境是海域资源市场化出让的客观要求。因此应建立统一、规范的交易平台,广泛传递海域使用权公开出让的信息资讯,并及时公开资源配置的程序、过程和结果,使市场主体能够方便、快捷地获取交易信息,提高资源配置的透明度。作为土地管理制度改革的先锋城市,深圳已在土地、矿产资源方面搭建了功能齐全、运作顺畅的交易平台。2012年2月,深圳市政府进一步深化大部制改革,将原市农业和渔业局(海洋局)承担的海洋规划、海洋资源管理及海洋环境保护等职责划入国土委规划,有力推进了国土海洋的统一管理。因此,深圳应抓住这一机遇,充分发挥土地、矿产资源交易平台的作用,将海域资源交易纳入其中,加强对海域资源配置过程的监管,形成公平、有序的市场竞争环境。

(五)完善深圳海域使用权市场化出让的相关配套法律制度

一是要根据国家、省相关立法,结合深圳实际,制定出台海域使用权公告出让管理办法,明确海域使用权公告出让的范围、方式、程序以及监管等内容;二是要根据国家海域价值评估技术规范,借鉴土地资产价值评估方法和理论,制定出台深圳海域价值评估技术指引,明确海域价值评估的技术要点与标准,规范海域价值评估行为,建立健全海域价值评估市场;三是要针对深圳海洋环境污染的各种源头以及海域使用情况,根据海洋环境保护的上位法立法原则,充分运用特区立法权，进一步细化完善深圳海洋环境保护与治理的管理规定，明确陆源污染、船舶污染、海洋倾废等各种海洋环境污染的防治措施，加强海域使用监管，强化海洋生态环境的保护；四是建立健全海域使用的合同制管理制度，起草制定统一的海域使用权出让合同，规范海域用途、使用期限、使用金、使用条件及限制、海域收回等内容，促进海域使用权市场化出让的规范化。

B.6 深圳市家庭暴力现状及反家庭暴力立法探讨

蔡巧玉[*]

摘　要：	近年深圳连续发生恶性家庭暴力事件，有的甚至完全超越道德底线。家庭暴力既是家庭问题更是社会问题，已经成为破坏家庭和社会稳定、影响深圳文明进步发展的社会因素。因此，有必要为预防和惩治家庭暴力提供必要的法律支持和社会保障。
关键词：	家庭暴力　反家庭暴力　立法

家庭暴力既是一个全球性的问题，也是深圳文明进步中不和谐的因素。它不仅给亲人造成伤害，导致家庭解体，还可能诱发犯罪，危害社会。因此，有必要为预防和惩治家庭暴力提供必要的法律支持和社会保障。2014年6月，深圳市人大已将《反家庭暴力条例》列入立法计划调研项目，努力为消除家庭暴力提供有力的法律武器。

一　深圳市家庭暴力的现状

为深入了解深圳家庭暴力的状况，2012年、2014年深圳市妇联开展了专项调研，结果显示，深圳家庭暴力有以下特点。

---

[*] 蔡巧玉，深圳市妇联副主席、深圳市妇女发展研究会会长。

（一）家庭暴力现象比较普遍

2014年深圳市妇联与深圳大学法学院社会学系合作开展的问卷调查显示：被访者中44.5%的家庭没有出现过暴力现象，由此推断，可能55.5%的家庭曾经出现过暴力行为。问卷调查还显示，被访者对配偶的肢体暴力以推搡、用力抓、用脚踢对方，以及拉扯对方、向对方丢东西等几种方式为主。

（二）恶性家庭暴力个案频发

根据对家庭暴力典型案例的分析，受害者多为妇女，且多发生在深圳非户籍家庭，施暴形式多样。轻者语言伤害、拳打脚踢，重则棍棒相加、持刀残害，造成受害者肉体和精神双重伤害。2012~2013年，深圳市先后发生34起类似的恶性事件，件件骇人听闻、令人发指。"母亲打死8岁女儿焚尸""丈夫浇汽油烧妻子""父亲用皮带打死儿子"等案件，手段极为残忍，影响极为恶劣，或死或重伤，酿成无可挽回的人间悲剧。

（三）施暴者人群既集中又分散

施暴者多在28~50岁，其中85.8%的家庭暴力发生在夫妻之间，而在夫妻间发生的家庭暴力案件中，丈夫对妻子施暴占93.9%。施暴者多为低收入者，大多居住在出租屋，文化素质较低，但也有施暴者是大学本科学历的。从职业分布看，以农民工居多，其次是个体经营者，也有机关干部和专业技术人员等。

（四）引发家庭暴力的导火线具有多面性

引发家庭暴力的导火线主要有五类：一是夫有外遇，以暴力迫妻离婚；二是重男轻女，因生育女孩心怀不满而实施家庭暴力；三是赌博、酗酒引起家庭暴力；四是收入低、压力大，殴妻发泄；五是多疑、自私，以暴泄愤。

（五）针对老年人及儿童的家庭暴力不容忽视

调查显示，近6%的老人之间存在嘲讽、侮辱、威胁、殴打等暴力行为。4%～5%的家庭存在子女及其他成员对老人施暴现象。近两成的被访者及其配偶对孩子有过家暴行为，其他家庭成员对孩子进行过家暴行为的比例也在5%左右。曾经有一个满身伤痕的小学生来到反家暴组织求助，称父亲对其管教十分严厉，贪玩、逃课、考试成绩不好都会把他吊起来暴打，一吊就是两个多钟头，母亲对他也很失望，并不对此加以制止，吓得他连家都不敢回。

（六）性暴力问题凸显

4%～10%的配偶之间存在不同形式的性暴力，一年发生的次数多在1～2次。其中，以不理会对方戴安全套的要求，以及以非武力方式强制对方与其发生性行为两种方式为主。但仍然有4%～5%的配偶以威胁或武力方式强迫对方与其发生性行为。2013年，周女士因拒绝与丈夫发生性关系，被丈夫用刀挑断手脚筋事件被媒体报道，让市民震惊。

二 反家庭暴力存在的主要问题和困难

遏制家庭暴力在全社会基本达成共识。2001年，《婚姻法》修正案中禁止对妇女实施家庭暴力的规定首次从法律上确立了国家的反家庭暴力立场，明确了相关部门在反家庭暴力中的职责。2013年1月1日，深圳市出台《深圳经济特区性别平等促进条例》，对加强公权干预做了具体的规定，成为深圳反家庭暴力有力的法律武器。但由于反家庭暴力工作是一个系统工程，仍存在不少问题和困难亟须解决。

（一）法律、法规缺乏可操作性

我国对家庭暴力并非"无法可依"，《刑法》《民法》《继承法》《妇女权益保障法》《治安管理处罚条例》等对此都有相关规定，但过于笼统，在具体操作中存在认定难、执行难、处罚难、起诉难等问题。《深圳经济特区性别平等促进条例》作为我国内地第一部性别平等法规，明确了预防和制定家庭暴力的可操作性措施。如赋予受害人向人民法院申请"人身安全保护令"的权利，以此防止轻微伤家庭暴力的发生；赋予受害人申请庇护权以及向民政、公安、妇联等部门申请临时庇护的权利等。然而，"徒法不足以自行"，作为实施《深圳经济特区性别平等促进条例》的执法主体——深圳市性别平等促进工作机构仍未成立、相关部门的配套措施依然缺乏或滞后，使《深圳经济特区性别平等促进条例》在具体操作上存在一定阻力。

（二）社会救助措施不到位

随着市场化、法治化和国际化的不断推进，受害妇女的求助方式逐渐由向所在单位求助转向寻求社会支持。然而，目前的社会救助渠道大多集中在妇联、工会等群团组织，缺乏针对受害人群的综合救助体系，无法提供隔离、处置施暴者，为受虐者提供庇护，为受害家庭中的未成年人提供全面救助等服务。如2007年成立的深圳市家庭暴力庇护中心，因挂靠在市救助站，饮食住宿条件、医疗救助设施、子女照顾和心理帮扶以及经济救助延续等配套措施未跟上，提供的庇护服务有限。

（三）公权力介入不够

随着全社会对家庭暴力案件的不断重视，公权力在干预家庭暴力案件中逐步增强，但也遇到很多困难，如公安立案不及时、家庭暴力案件取证难、家庭暴力精神损害赔偿少、施暴者事后制裁渠道窄、受害者救济范围小等。尤其在监管和惩治施暴者方面，个别司法机关或社会组织在一定程度上存在不愿介入的现象，社会公众往往将"家庭暴力"视作隐私而"视而不见"，导致家庭暴力案件升级。

（四）舆论宣传导向力度不够

良好的舆论环境是预防和制止家庭暴力的重要内容。中国历经漫长的封建社会，陈旧的观念使得家庭暴力反复性与循环性并存。受害人法律意识淡漠，不愿意主动寻求保护，使得各级保护妇女权益的组织得不到有效信息。同时，社会信息不对称，使受害人无法及时获取救助信息，无法及时和相关的救助部门取得联系等。

（五）对家庭暴力的社会认知存在偏差

问卷调查显示：53.7%的被访者认为家庭暴力属于家务事应该自行处理，男性比女性更倾向于认为家庭暴力是家务事，不需社会干涉。而认为家庭暴力属于社会事应由社会力量介入的只有46.3%。22.3%的被访者表示不知道家人之间嘲讽、侮辱、威胁、殴打、性强迫等行为属于家庭暴力。

三 深圳市妇联强力推动反家庭暴力工作

为推进反家庭暴力工作，深圳市妇联一直不遗余力，努力探索，定期开展专题调研，举办"两岸四地"论坛，借助媒体热议百姓关注的问题，建立了反家庭暴力制度保障、司法保护、行政干预和社会救助的工作机制，取得了初步成效。

（一）强化制度保障

2006年，深圳市妇联联合市人大、市政法委、公检法司等18个部门下发了《深圳市维护妇女儿童合法权益协调小组关于预防和制止家庭暴力的意见》，对各职能部门预防和制止家庭暴力进行职责分工。定期召开联席会议，商讨解决家庭暴力的热点难点问题。通过市政府《信息快报》提出预防和制止家庭暴力的工作意见和立法建议。2013年又将预防和制止家庭暴力纳入全国首部性别平等法律《深圳经济特区性别平等促进条例》，主要规定了三项措施：一是人身安全保护措施；二是临时庇护措施，包括给予法律援助、贫困救助、心理辅导等；三是及时制止措施。通过这些措施，力求从制度上有效预防和制止家庭暴力。

（二）强化司法保护

一是建立人身安全保护裁定协作机制。深圳市中级人民法院依据《深圳经济特区性别平等促进条例》建立了人身安全保护裁定协作机制。包括禁止施暴令、禁止骚扰令、禁止监护或探望令、远离令、限制搬出令等。保护令还分长期和短期，短期为30天，长期3~6个月，可以延长到12个月。2014年，人身安全保护令已在全市铺开实施，有很好的震慑作用。二是建立妇女儿童法律援助机构。2000年，深圳市妇联联合市司法局，在各级妇联建立妇女儿童法律援助机构，对权益受侵害者，包括妇女和儿童，免费提供法律援助。截至2014年底，已为50多名因家庭暴力受害的妇女和儿童提供了法律援助。

（三）强化行政干预

一是建立"家庭暴力报案点"和"妇女儿童家庭暴力伤情鉴定委托受理中心"。为了加大对家庭暴力案件的处理力度，2002年，深圳市妇联和市公安部门联手行动，联合下发了《关于加强打击侵害妇女合法权益违法犯罪工作的通知》，决定联合在社区设立家庭暴力投诉点、在市区妇联建立深圳市妇女儿童家庭暴力伤情鉴定委托受理中心。经过努力，全市已有600多个社区建立了"家庭暴力报案点"，南山、罗湖两区妇联还成立了"妇女儿童家庭暴力伤情鉴定委托受理中心"。二是成立"深圳市家庭暴力庇护中心"。2007年11月，深圳市妇联联合市民政局、市公安局成立"深圳市家庭暴力庇护中心"。中心设在市救助管理站，主要职责是为遭受家庭暴力伤害、自身无力解决食宿、无亲友投靠的受害人，提供临时的免费住宿、饮食等生活保障和人身安全保障。求助人除可以直接到庇护中心申请入住外，还可以通过公安机关或各级妇联组织申请。同时，中心还为因家庭暴力受害妇女儿童开展心理辅导，提供法律咨询和法律援助。而早在2003年，罗湖区妇联协调该区政法委、公检法司等8个职能部门就已建立"家庭暴力防护中心"。该中心在街道、社区建立防护网，把家庭暴力防护工作延伸至社区、家庭。

（四）强化社会保护

2000年，市妇联募集社会资金100万元，设立"深圳贫困妇女儿童救助金"，专门针对有需求的贫困妇女儿童实施救助。2008年3月，深圳市妇联筹集资金近200万元，在深圳市慈善会建立冠名基金——"深圳市妇联贫困妇女儿童救助基金"。截至2014年7月，救助人数达563人次，发放救助金81.2万元。

（五）积极推动反家庭暴力立法

深圳市妇联充分发挥组织优势开展反家庭暴力宣传教育、调查研究和专业化维权服务，2014年6月推动深圳市人大将《深圳经济特区反家庭暴力条例》正式列入立法计划调研项目。8月中旬，联合中国妇女发展基金会、深圳市政协社会法制和民族宗教委员会举办"2014深圳反家庭暴力立法研讨会"，各地专家学者及相关部门代表在会上就国内外反家庭暴力立法状况进行充分交流，研讨深圳家庭暴力的现状和对策,并就《深圳经济特区反家庭暴力条例》展开了热烈的讨论。媒体报道40多篇次,在社会上引起广泛反响。9月,组织召开专家研讨会,邀请市内专家学者对《深圳经济特区反家庭暴力条例》继续研讨,就立法思路、立法原则、调整范围、主体及相关制度建设等达成了共识。10月至2014年底又对"草案修改稿"先后4次进行讨论修改。11月向市人大申报,提议人大常委会在2015年将《深圳经济特区反家庭暴力条例》列入立法预备项目。

四 深圳出台反家庭暴力地方法规势在必行

家庭暴力行为作为一个复杂的社会问题,已经引起国际社会的高度关注。在中国,党和政府也高度重视,《婚姻法》《妇女权益保障法》《未成年人保护法》《老年人权益保障法》《残疾人保障法》等多部法律都规定了遏制家庭暴力的内容。但由于这些法律中涉及家庭暴力的条款,都较为笼统,操作性不强,因此很有必要通过地方性法规在具体操作和运用等方面给予细化。

(一)反家庭暴力地方立法是深圳社会建设的迫切需要

深圳市妇联系统信访数据显示,2011~2014年全市妇联系统受理的信访投诉件逐年增加(从近5000件增加到近6000件),其中婚姻家庭类占六成以上;家庭暴力、离婚投诉、家庭纠纷等成为投诉的主要问题,分别占18.3%、26.8%、19.6%,还有一些隐藏在家庭内部未暴露出来的家庭暴力行为,其数量无疑远远超过这个数据。同时,深圳因家庭暴力引发的恶性案件近年来也呈增加趋势,已发生的命案中由恋爱婚姻家庭而引发的占比非常高,与深圳争当社会建设、法治建设排头兵的目标相距甚远。制定反家庭暴力地方法规将对深圳加强社会建设发挥重要作用。

（二）反家庭暴力地方立法是一流法治城市建设的重要内容

随着家庭暴力事件的日益严重化以及政府和社会对家庭暴力的日益关注，社会上对家庭暴力立法的呼声越来越高，全国有22个省已先后出台了反家庭暴力地方性法规。2013年，十二届全国人大常委会将反家庭暴力法列入立法规划，2014年，国务院法制办就《反家庭暴力法（草案）》公开征求意见，标志着中国反家庭暴力工作取得突破性进展。深圳作为中国改革开放的窗口和试验田，也是城市化和现代化程度最高的地区，制定反家庭暴力的地方性法规是法治城市建设不可缺少的内容，先行先试，法治先行是深圳义不容辞的使命。为贯彻落实党的十八大和十八届三中四中全会关于大力加强法治建设的精神，让一流的法治成为深圳经济特区新时期更为显著的城市特质，成为深圳最具竞争力的创新创业环境，成为建设现代化国际化先进城市的坚强保障[①]，有必要吸取特区预防和治理家庭暴力工作的经验，及时制定既符合国家发展潮流又适合市情，同时也能够为市民所接受的反家庭暴力条例，是一流法治建设不可缺少的重要内容。

（三）反家庭暴力地方立法是符合城市发展需求的民心工程

深圳家庭暴力案件逐年增加和家暴恶性事件在媒体频频曝光，使公众对家庭暴力的认识不断深化。深圳市妇联2014年5月委托深圳大学社会学系在全市范围内开展的"深圳市家庭暴力情况调查问卷"数据显示：92.3%的被访者赞同建立家庭暴力庇护中心，对受暴者进

[①] 王荣：《深入贯彻三中全会精神加快建成一流法治城市》，《深圳特区报》2013年12月3日第A01版。

行救助;91.7%的被访者赞同开设家庭暴力求助热线;90.3%的被访者赞同建立专项资金,为受暴者提供经济救助;89.9%的被访者赞同对受暴者提供人身、精神及经济等方面的保护。这说明制定反家庭暴力地方法规,是解民情、顺民意的民心工程,是深圳用好特区立法权造福深圳人的重要举措。

五 预防和遏制家庭暴力的其他几点建议

通过立法从源头上预防和遏制家庭暴力是最有力、最具有持续性的保障措施。但遏制家庭暴力是一个系统工程,需要全体社会成员的高度重视和积极参与。

(一)建立政府协调机制

2013年1月1日开始实施的《深圳经济特区性别平等促进条例》明确了深圳市性别平等促进工作机构是实施该条例的执法主体地位。同时,深圳市性别平等促进工作机构具有受理临时庇护、法律援助、医疗救治、心理咨询等服务申请及会同公安、司法、卫生、民政、妇联等有关单位建立工作协调机制等多方面的职能。深圳市妇联正在积极推动反家庭暴力协调机制尽快建立,保证反家庭暴力工作可持续推进。

(二)加大公权干预力度

惩治家庭暴力犯罪行为是家庭暴力发生后社会应该采取的治标行为,要从以下几个方面加大对家庭暴力案件的公权干预力度:一是将家庭暴力干预纳入"110"指挥中心和社区警察的工作范畴,在"110"报警系统中开设"家庭暴力"统计专栏;二是规定公安机关在处理家庭暴力时调查取证和提供证据的责任,遇到家庭暴力报警案件迅速出警,及时制止正在发生的暴力行为;三是开展针对社区警员的专项知识培训，学习掌握家庭暴力案件的专业处置方法，包括疏导情绪、调查取证、案件转介等方面的专业知识。

（三）构筑多元化社会支持系统

深圳家庭暴力状况，充分体现了建立多元化社会支持系统的重要性和迫切性。一是设立救助基金，为受害者提供经济"空间"；二是完善庇护场所，为受害者提供安全港湾；三是培养社会组织，壮大专业队伍，提供专业化、个性化、社会化服务；同时，可以在社区综合服务中心试点，设立反家暴项目，成立家庭暴力情感关爱室，加大社工对家庭暴力案件的介入、支持和治疗，建立家庭暴力当事人与司法、公安、医疗和街道社区等相关机构的互动桥梁。

（四）加大宣传，营造舆论环境

通过舆论宣传，推动全社会认识到家庭暴力不仅危害个人，也是严重危害社会的违法犯罪行为。比如：通过大众传媒的舆论导向、公益广告。丰富多彩的群众性活动等加大宣传。对涉及家庭暴力的重大案件要旗帜鲜明地维护受害者权益，深化全社会对家庭暴力危害性的认识，强化社会反家庭暴力的意识和应对能力。

法治政府篇

The Law – Based Government

B.7
深圳法治政府建设的现状及对策

刘婉华　林　影*

摘　要：　深圳法治政府建设领先于全国，在法治政府建设方面做了许多有益的尝试并积累了许多成功的经验，为建设现代法治城市奠定了良好的基础。但是，深圳在法治政府建设方面仍然存在着种种问题和不足，要达到国际先进城市的法治水平，为中国特色社会主义法治建设提供范例，深圳仍需努力。深圳法治政府建设的下一步工作重点应致力于促进政府职能转变，严格规范行政执法行为，强化完善权力监督体系建设，大力推动法治政府考评体系建设，并通过建立健全一系列

---

* 刘婉华，深圳市社会科学院副研究员；林影，华南农业大学讲师。

配套制度和措施，努力建设服务型、效能型、守法政府，率先探索出一条法治政府建设的"深圳之路"。

关键词： 法治 法治政府 深圳市

深圳地处我国改革开放的前沿，市场经济发育较早，发展程度较高，相应的法治建设的意识较强，要求也较高。改革开放30多年来，深圳历届市委市政府都高度重视法治建设，依靠法治推动深圳改革开放和经济社会发展，是深圳发展的一条重要经验。在法治政府建设方面，深圳扎实推进科学立法、依法行政、公正司法等方面的工作，取得了显著的成效。然而，要深入贯彻落实党的十八届四中全会关于全面推进依法治国的精神，实现把深圳建设成为现代法治城市的目标，深圳依然任重而道远。本文拟在分析深圳法治政府建设现状的基础上，对深圳法治政府建设的未来发展提出若干有针对性的对策和建议。

一 深圳法治政府建设现状

（一）深圳法治政府建设起步较早、发展较快，为全国提供了许多可借鉴的经验

深圳的法治政府建设进程，创下了多个全国第一：自1992年取得经济特区立法权至今，深圳市制定出台法规逾200项，成为全国地方立法最多的城市。在深圳市制定出台的法律法规中，有1/3以上属于先行性、创制性立法。

2004年，国务院出台的《全面推进依法行政实施纲要》，正式提

出"经过十年左右坚持不懈的努力,基本实现建设法治政府的目标";到2014年,党的十八届四中全会提出"到2020年基本建成法治政府"的目标。而对于什么是法治政府,法治政府的标准是什么,自"法治政府"的概念及目标提出以来,在国家层面上并没有完整的指标体系可供借鉴,各地方政府都仍在摸索当中。深圳对"法治政府"的研究和探索早于全国很多地区和城市。早在2006年,深圳就开始研究"法治政府指标"。2008年,国务院法制办与深圳市签订《关于推进深圳市加快建设法治政府的合作协议》。以协议方式支持地方法治政府建设,这是国务院法制办的创举。2008年12月,深圳市委、市政府在全国率先制定并试行《深圳市法治政府建设指标体系》。在法治政府建设的进程和路径上,深圳以经济特区先行先试的勇气和魄力,不断开拓创新,为全国提供了有益的借鉴和宝贵的经验。

(二)深圳政府法治意识较强,依法行政能力较强,有效制约与监督权力,提高反腐倡廉制度化水平

一是领导干部学法常态化。2012年初,深圳市4万名公务员参加了《行政强制法》网上培训考试,合格率达99.82%。深圳市还将法律培训与干部提拔挂钩,凡提请市人大常委会任命的干部,必须参加法律知识考试。二是重大事项决策规范化。深圳市推行重大决策法律顾问和专家咨询制度,实行实施后评价和责任追究制度,有效增强决策科学及合法性。三是依法执政保障法治化。深圳市委出台重要政策之前,对具体工作事项的法治保障予以充分考虑。支持市人大常委会依法行使立法权,把有利于推动深圳发展的政策措施通过立法的形式转化为全市人民的共同意志。四是领导干部廉政监督制度化。出台《深圳市党政领导干部问责暂行规定》《关于建设廉洁城市的决定》等文件,规定"一把手"不能具体直管人事、财务等刚性措施,规范各级领导班子和领导干部行为,有效制约权力滥用,有效提高了反

腐倡廉制度化水平。五是加大人大、政协监督力度。深圳市人大常委会定期或不定期听取和审议"一府两院"工作报告，开展视察、专题调研等活动，深圳市政协常委会组织开展各类专题通报会、专题协商会、社会建设"风景林工程"视察等活动，有效监督政府公权力的使用。

（三）深圳深入推进法治政府建设，着力打造高效、透明、廉洁的法治政府，奠定了法治城市建设的良好基础和条件

2008年12月，深圳市委、市政府在全国率先制定并试行《深圳市法治政府建设指标体系》。2012年12月，"深圳市法治政府建设指标体系（试行）"获第二届"中国法治政府奖"，在全国大中城市中名列第一。2009年，深圳市政府出台"1号文件"《关于加快法治政府建设的若干意见》，体现了深圳市政府在面对国际金融危机的困难时期加强法治政府建设，以法治建设推动经济发展的睿智和决心。"深圳政府在线"在中国政府网站绩效评估中实现"三连冠"。法治政府建设在推进政府职能转变、加大行政审批制度改革力度、完善政府依法决策机制、实现行政权力科学配置改革、推动政府信息公开制度建设、法治政府指标体系建设和考评等方面取得六个新突破。

二 深圳法治政府建设的不足与问题

深圳法治政府建设虽然起步较早，发展较快，成效显著，但总体而言仍然存在着一些不足和问题，具体体现在以下几个方面。

（一）对法治政府建设的重要性认识不足

某些领导干部对法治政府建设的重要性认识不到位，只是停留在喊口号的层面，未能真正理解法治政府建设的目标和意义，依法行政

的意识不强。一些政府部门和工作人员还存在着计划经济体制下形成的"无限政府"的观念，法律意识淡漠，在职能、权力和行为方式上不愿受法律法规制约，以权代法、以言压法的现象依然存在。

（二）行政决策法治化机制有待健全

行政决策缺乏有效的法制约束，听证、风险评估与必要性论证等机制不健全。特别是涉及群众切身利益的事项、花费公共财政资金的事项等，公众参与程度仍然不足，行政决策的合法性和科学性难以得到保证，对决策风险、决策绩效缺乏客观健全的评估机制，对决策失误也缺乏相应的法律法规进行监督、问责和处罚机制，行政决策的随意性较大。

（三）行政执法存在失范现象

一是行政执法的依据比较混乱。有些行政执法部门以尚未明确的法律、法规和规章作为行政执法的依据，某些法律、法规、规章之间缺乏相互协调和统一，有些法律、法规的条款不严谨，影响执行，如《深圳经济特区制止牟取暴利规定》由于对暴利等概念缺乏科学的定性、定量规定，可操作性差，在管理实践中无法执行。二是有法不依现象依然存在，有些法规如《深圳市养犬管理条例》《深圳经济特区控制吸烟条例》等执行情况不佳，给群众造成有法不依、执法不严的印象。三是有些法律、法规对某些行政机关设置的职权过大，且未规定公民权益受侵害后的法律责任，加之少数行政执法人员执法不严、裁量失当和选择性执法的现象时有发生，这些行政权力不当使用的现象损害了法律权威，也给执法腐败提供了操作空间。

（四）法治政府建设指标体系有待完善

尽管深圳在全国率先建立法治政府建设指标体系，在推进法治政府建设方面积累了许多成功经验,但是深圳的法治政府建设指标体系本身,仍然有很大的完善空间。例如,目前的指标体系通过设置12个大项44个子项和225个细项,对建设法治政府的方方面面做了细致的规定,然而,在实际操作中,每年一度的指标考核如果对所有指标进行全面考核必然费时费力,使各部门疲于应付,但是如果只选取个别指标进行考核,又不利于法治政府建设工作全面推进,这是一个两难问题。目前的指标体系并未设定分值,"指标"的认知和评价功能缺失。指标体系并未被引入社会公众满意度评价,仅用于体制内的自我评估,由上级政府(或党委)主导,且单向性特点明显,自上而下形成体制内的权威与压力,客观性和可信度不足。以上这些因素,都表明法治政府建设指标体系有待完善。

当然,深圳法治政府建设进程中存在的种种不足与问题,并不是深圳所特有的,而是在全国范围内具有共性的。特别是在我们这个具有数千年中央集权专制主义传统的国家,官本位意识、人治氛围浓厚,正如有学者指出的,我国的国情甚至决定了"党和政府的权威性文件、政策、指示,以及各级党政领导的讲话、报告、批示,还有政治生活中的种种'潜规则'在实际的治理活动中仍然起着巨大的作用"。[①] 因此,必须认识到,法治政府建设是一个漫长的、渐进的过程,并不是一蹴而就的。而身处改革开放前沿的深圳,有责任率先探索出一条法治政府建设的"深圳之路"。

三 深圳法治政府建设思路

目前,深圳的法治政府建设之路已取得了突破和阶段性成果。随着深圳建设一流法治城市目标的确定,法治政府建设将面临新的更高

---

① 俞可平:《中国治理变迁30年》,《吉林大学社会科学学报》2008年第1期。

的起点和更高的要求。法治政府建设并不是某一阶段的任务，而是深圳长期努力的方向和始终贯彻坚持的目标。深圳法治政府建设，可以从以下三个方面探索取得新的突破。

（一）制定完善有关法治政府建设的法律法规

法治政府建设，首先要解决"有法可依"的问题，也就是政府机构的设立、职权的产生、范围及其使用都有法律依据，以立法的形式从根本上改变政府机构改革随意性大、变动频繁等不利于政府机构和权力运行规范化的现状。同时，制定符合民意和科学规律的法律法规，为政府依法行政提供完善的法律标准，也是从根本上解决部门利益法治化、部门职权扩大化、行政法规泛滥化等失常现象的必要方法，使法治政府建设不仅有法可依，而且有"良法"可依，为法治政府建设提供坚实的法律基础。

（二）严格依法行政

良法既立，还必须确保政府机构的设立、职权的产生、范围及其使用严格执行法律的规定。否则法律法规再多，体系再完善，执行不力也难以达到理想的效果。而针对行政执法领域仍然存在的有法不依、执法不严、选择性执法等现象，当务之急是政府机构、领导干部和工作人员必须转变行政管理观念、改革行政管理体制，转换政府职能，建立起一系列促进依法行政的工作体制和运行机制，为法治政府建设提供充足的制度保障。

（三）及时发现和有效纠正政府的违法行为

制度建设相对漫长的过程与社会纠纷爆发式增长的矛盾日益显著，现有的行政复议、行政诉讼、行政监察、信访机制等纠纷化解机制过于单薄和脆弱，不能满足及时有效化解行政纠纷的需要。必须改革完善现有的纠纷化解机制，提高纠纷处理效率，畅通法律投诉和救济途径，研究建立新的纠纷解决机制，加强社会舆论监督，完善权力监督体系建设，有效制止权力滥用，把权力关进制度的笼子，为法治政府建设扫除障碍、保驾护航。

法治政府建设是一个全面、系统的工程，贯穿并体现于政府机构设立、职权设定和权力运用的全过程，事前规定、事中审查、事后问责，缺一不可。

四 深圳法治政府建设的工作重点

（一）大力促进政府职能转变，建设有限有为的服务型政府

定期组织行政机关公职人员特别是行政执法人员深入学习贯彻行政法律规范，全面提升行政机关和公职人员法律素养，促进公职人员带头遵法、学法、依法、用法，从主观上转变行政管理理念，提高法治认识水平，消除人治、官本位、无限政府等思想观念对行政行为的不良影响，树立以人为本、市场、社会优先的谦抑政府理念。处理好政府管理与市场运行机制、企业自主经营、社会自主管理的关系。推进新一轮政府机构改革。大胆探索、先行先试，以深化行政审批制度改革为突破口，进一步简政放权，大力转变政府职能，全面加强事中、事后监管，推进清单式管理与服务；加大行政审批和行政服务事项清理力度，进一步完善事项管理制度；总结行政审批标准化试点工作经验，逐步扩大标准化建设范围。积极培育社会组织，通过购买服务，把本属于社会和市场的职能还给社会和市场。继续开展行政服务事项清理和规范工作，改革梳理流程，防止部门利益影响，将清理后确定的行政服务项目向社会公开。改进工作方式和服务形式，将政府职能从对经济活动的直接干预转变到经济调节、市场监管、社会管

理、公共服务上来，切实保障市场主体的合法权益，从根本上改变政府职能越位、缺位、错位的问题，建设有限有为的服务型政府。

（二）严格规范行政执法行为，建设公正文明的效能型政府

把"深圳质量""深圳标准"的理念贯彻落实在行政执法和公共服务行为中，建立起权责统一、高效权威的行政执法体制，切实提升行政执法和公共服务水平，既要严格、公正、规范执法，又要理性、平和、文明执法，建设公正文明的效能型政府。贯彻执行《深圳市规范行政处罚裁量权若干规定》，督促市级行政执法部门结合新法出台、职能调整等实际情况，及时修改、报备本系统行政处罚裁量权实施标准。积极借鉴国外先进法治城市的做法，鼓励各级行政执法部门根据实际工作需要制定各种执法指南，以图示等通俗易懂的形式阐明行政执法行为的基本规则、适用方法和操作规程，确保执法行为既要合法合规，又要合情合理。整合执法主体和执法资源，推进相对集中执法和跨部门跨行业综合执法，健全街道城市管理相对集中执法权体制，减少行政执法层级，解决权责交叉、多层执法问题，提高基层执法能力。加强行政执法调研，创新工作思路，加大执法协调力度，规范执法行为、减少执法争议、提高执法效率。加强行政执法队伍管理，鼓励公众监督行政执法人员的执法行为，指导督促各行政执法部门建立本系统执法人员的定期培训和抽测制度。

（三）强化完善权力监督体系，建设廉洁规范的守法政府

严格执行党政领导干部廉政监督工作制度，落实政府部门主要领导不直管人事、财务等刚性要求，探索推行风险岗位廉能管理，建立健全风险岗位廉能管理工作机制，健全监察机关与检察机关的联动监督机制，加强行政问责和政府绩效管理监察，严肃查处违法违纪人

员，加强政府行政机关廉政勤政建设。完善考核制度，将公务员依法决策、依法管理、依法办事纳入公务员年度考核，考核结果作为公务员任免、奖惩的重要依据。进一步完善行政主体内部的层级监督体制，采取执法监督、视察调研、建章立制、专题询问等综合手段，定期检查法律法规的落实执行情况；通过提案督办、专题协商等广泛多层次制度化的协商民主形式，提高工作质量和效率。完善行政执法电子监察系统，逐步扩大纳入电子监察系统的行政执法事项范围，加大监察力度，并将电子监察系统中每季度的绩效测评结果纳入市政府绩效评估系统。进一步拓宽权力监督的渠道。落实《深圳市人民代表大会常委会讨论决定重大事项规定》，建立健全市政府向市人大、市政协通报重大事项工作制度，建立定期向人大常委会述职制度，形成市政府主动接受市人大、市政协民主监督的长效机制，促进政府工作作风转变。加强群众监督和新闻舆论监督，引导和规范群众监督的途径和方式，支持新闻媒体客观曝光各类违法违纪行为，客观对待网络监督，善于运用网络手段访民意、察民情，对群众检举、新闻媒体曝光以及网络反映的问题及时依法处理并公布处理结果。加强行政工作流程监察力度。借鉴香港廉政公署防止贪污处的做法，加强对各政府部门工作常规及程序的监督，及时发现并建议修订容易导致行政权力滥用的工作方法及程序，推动工作流程再造，减少行政运行中的摩擦，缩小自由裁量空间，促进工作流程更顺畅，从客观上压缩贪腐懈怠空间。

（四）大力推动法治政府考评体系建设，有序推进法治政府建设

根据建设一流法治城市的目标要求，总结深圳近年来开展法治政府建设考评的经验，把握科学性、实用性、可比性、多元性原则，修订完善《深圳市法治政府建设指标体系（试行）》，及时调整法治政府建设标准，充分发挥法治政府指标体系的认知和评价功能，为法治政府建设确定刚性、量化标准，通过量化的指标测评、考核、评估体系，促进政府职权法授、程序法定、行为法限、责任法定，增强法治政府建设的科学性、针对性和可操作性。积极稳妥推进法治政府建设考评，完善法治政府建设考评工作机制，探索采取内部考评与社会评议相结合，上级考评与被考评对象自查相结合，书面审查和实地考察相结合，定性评价与定量评价相结合等多元化考评方式，鼓励通过网上测评、问卷调查、征求意见等方式对考评对象的依法行政状况进行社会评议，鼓励邀请人大代表、政协委员、专家学者、新闻媒体和其他方面的代表参加内部考评，大力推行独立第三方评估机制。将法治政府建设考评纳入政府绩效考核，根据每年的政府工作部署统筹安排，适时调整法治政府建设考评在市政府绩效考核中的权重，并向社会公布考核结果。

五 深圳法治政府建设的主要配套制度

（一）全面推行政府权力清单制度

全面推行市、区政府及其工作部门权力清单制度，开展清理行政职权和编制权责清单工作。组织全市政府部门全面梳理行政许可、行政处罚、行政强制、行政征收、行政裁决、行政检查、行政确认、行政给付、行政指导、其他等10类行政职权，全面清理行政行为依据、界定行政职能、明确行政责任，并按法律、法规、规章规定的程序和内部操作流程，对每项行政职权逐一编制外部、内部行政职权流程图，明确受理、审查、批准、办结等各环节的步骤、顺序、时限、形式和标准，全面推进行政职权的法定化、公开化、透明化，为规范依法行政行为奠定坚实基础。

（二）建立健全依法决策机制

建立健全依法科学民主决策机制，依法确定行政决策权限，界定重大行政决策事项范围，制定重大行政决策出台的法定程序：征求意见、专家论证、风险评估、合法性审查、公示听证、集体讨论、结果公布。健全完善重大决策公开征求意见制度，通过媒体、网络等途径广泛征求社会公众意见，通过召开座谈会、调研会等形式咨询有关人士或社会组织的意见，在重大决策提交集体讨论前，对征集意见情况进行公示，并举行听证会，再次听取公众意见。健全完善重大决策专家论证制度，重视专家、学者和专业人士的决策咨询作用，着力培育能够提供决策咨询和决策建议的公益组织或团体，积极吸纳社会专业力量参与决策研究和论证，在重大决策制定过程中适时组织专家座谈会、论证会，认真听取专业人士的意见和建议。健全完善重大决策风险评估制度，积极借鉴美国、欧盟的做法，对决策对经济、社会和环境可能产生的重大影响、成本和收益尽可能进行精确的量化评估，对定性的、难以量化的价值，要解释其不能量化的原因。对政策的制度安排及措施和方法的不确定性、风险及可能遇见的困难，也要进行评估分析。

（三）健全完善依法行政工作报告制度

建立完善依法行政年度计划与报告制度。市政府各部门、各区政府（新区管委会）每年向市政府书面报告本年度依法行政工作情况，各区政府分别向市政府和区人大常委会书面报告本区推进依法行政工作的情况。报告内容包括本地区、本部门本年度推进依法行政工作的安排意见、工作重点、目标要求和所采取的措施、取得的成效、存在的问题以及对依法行政工作情况的检查总结，推进依法行政工作中出现的新情况、新问题等。同时，各有关单位应当将书面报告设置于本

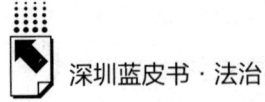

单位工作网站中的醒目位置，便于社会公众查询，并提供接受意见或建议的渠道或联系方式。探索建立法治政府建设蓝皮书制度，每年定期发布全市法治政府建设的工作指引，指导市政府各部门、各区政府（新区管委会）开展依法行政工作。

（四）健全完善规范性文件管理制度

严格落实规范性文件管理"统一要求、统一审查、统一发布、统一编号、统一有效期、统一查询"制度，加强规范性文件管理。强化部门规范性文件前置审查、政府规范性文件法治审核以及区政府规范性文件备案审查力度，防止部门利益法定化，控制文件数量，提高文件质量。开展规范性文件实施效果评估工作，由文件原牵头起草单位负责组织评估，全面分析已实施规范性文件的执行效果，提出其存在的问题及解决思路，有针对性地提出废改建议。建立完善规范性文件检索系统，在市区政府在线网站开设"规范性文件"专栏，建立规范性文件查询系统，将市、区政府及部门、街道现行有效的规范性文件在系统中公开发布，方便市民随时查阅、复制、下载。加强市政府对各部门、各区政府（新区管委会）规范性文件管理工作的指导。坚持"立、改、废"相统一，建立完善规范性文件动态化、常态化清理机制，按"谁制定谁清理"原则，对与地方性法规相冲突的、与上位法规和规范性文件重复率高的、不适应经济社会发展需要的、未能充分体现本单位工作实际的、可操作性不强的规范性文件定期开展清理工作，在规范性文件遇到投诉较多、上位法变动或司法建议等特殊情形时，适时启动修改、废止程序。

（五）健全完善政府信息公开制度

全面修订2006年出台的《深圳市政府信息公开规定》，完善配套制度，进一步明确政府信息公开的主体、范围、程序等，规范政府信息公开程序，提升政府信息公开工作质量。根据国家、广东省有关文件要求，扎实推进深圳市行政权力运行、财政资金、公共资源配置、公共服务、公共监管等重点领域的信息公开工作。通过政府公报、网络、媒体等便于公众知晓的方式，适时公布依法应当公开的信息。建立政府各部门信息共享机制，提升政府信息资源的内部共享利用水平；创新政府信息公开渠道和方式，增强公众获取政府信息的便捷性，提升政府信息资源的外部集中服务水平。充分发挥政府信息依法申请公开对保障公众权利和政府依法行政的积极促进作用。完善深圳市政府信息公开绩效评估指标体系，优化评分标准。开展市政府信息公开年度社会评议，加强社会监督。建立市政府信息公开工作意见投诉及责任追究制度。

司法篇

Administration of Justice

B.8
深圳司法改革报告（2012~2014）

黄海波*

摘　要：	深圳司法机关按照先行先试、总结经验、全面铺开的原则，在全国率先启动法官、检察官职业化改革和审判权、检察权运行机制改革。深圳司法改革符合司法运行的规律，适应法治国家建设的要求，已取得良好的改革效果，但改革遭遇的困惑和问题也亟须厘清并解决。
关键词：	司法改革　深圳　法院　检察院

深圳司法机关秉持敢于改革、善于创新的特区精神，针对司法领

---

* 黄海波，深圳市罗湖区人民检察院检察员、法学博士。

域长期存在的案多人少、权责不一、行政化管理、职业前景不明、薪酬待遇不高等问题，在全国率先启动法官、检察官职业化改革和审判权、检察权运行机制改革，打造更彰显专业化、职业化特征，更契合司法逻辑规律的司法队伍，为深圳建设一流法治城市提供可靠的司法保障，为全国司法改革探索提供可资借鉴的经验。

司法改革一直是建设法治国家的核心内容之一。深圳司法机关从来就不缺乏改革的动力和能力，始终引领全国司法改革的潮流。最高人民法院 2013 年 10 月确定深圳市、区两级人民法院是全国九个审判权运行机制改革试点法院之一，而深圳检察机关也在最高人民检察院、广东省人民检察院指导下，在宪法和法律框架内积极探索检察权运行的改革路径，由此推动深圳司法改革全面深入开展。

一 法院改革

（一）深圳法院改革的试点先行

1. 法院改革的盐田模式

深圳市盐田区人民法院坚持系统改革、整体改革思路，全面推进法院人员改革和管理改革，即司法人员分类管理改革和审判权运行机制改革，探索法官职业化建设路径。

盐田区人民法院法官职业化改革的基本内容是实现法官的非公务员化，将法官从行政管理系统中独立出来进行单列管理；管理改革，主要内容是建立合乎审判独立、司法民主要求的公正审判制度。自 2012 年 7 月起，盐田法院在区委、区政府支持下，扎实推进司法改革，经过充分论证和反复推敲，制定了《法院人员分类管理和法官职业化改革方案》。2013 年 4 月，盐田法院正式试行该方案。该方案把法官与审判辅助人员、司法行政人员区分开来，分别设计不同的职业发展前景，其中法官作为依法行使国家审判权的审判人员，按照严准入、严要求、严监管同时给予相对较高待遇保障的"三严一高"思路实行独立管理，法官工资待遇与法官等级对接，打造专业化、职业化法官队伍。该方案不仅提高了法官职业标准和经济待遇，使法官居于法院工作的核心位置，而且使法官权利义务更加统一，法官荣誉和尊严得到全面尊重。

盐田法院的专业化改革还包括法官助理的专业化。2013年10月30日，盐田法院开全国先例，率先对聘用制法官助理实行单独职务序列管理，建立"以岗聘用、以岗定酬、能上能下、能进能出"的法官助理管理制度，将法官助理岗位分五级并实行等级升降管理，工资待遇与等级挂钩，法官助理薪级水平大幅提升，一级法官助理的工资待遇可以达到正科级干部水平，大大提高法官助理的工作积极主动性，进一步提升司法保障水平。

在法官和法官助理的职业化改革基础上，盐田法院全面推进审判权运行机制改革。经过科学评估，盐田法院在全院竞争选拔了15名办案能力突出的主审法官。2014年4月17日，盐田法院全面推行1名主审法官配备1名法官助理的"1+1"办案模式，主审法官依法独立审理案件、独立裁判、独立签发并对案件负责。改革推行以来，案件审判质量明显提高，办案的社会效果和法律效果俱佳。截至2014年11月，盐田法院结案收案比达到101%，同比提高23%；法官人均月结案率同比提高80%，案件上诉率同比降低40%。

2. 法院改革的福田经验

从2012年7月起，福田法院针对审判资源短缺、审判职权配置不均等问题，以推行审判长负责制改革为抓手，探索审判权运行机制改革路径。

福田法院审判长负责制改革主要吸收了"项目团队"这一管理

学理念，按照"审者自审、权责统一"原则，组建以审判长（主审法官）为中心，以法官助理为辅助的审判团队，明确法官职权及法官责任，真正实现法官权利义务相统一，在追求中立司法和公正司法的道路上迈出划时代式的坚定一步，为司法改革的顶层设计提供了可资参考的鲜活经验。审判长负责制的主要内容包括：一是按照"1+2+3+4"模式，打造独立裁判的新型审判团队，其中"1"（一名审判长）居于团队核心，"2"（两名普通法官）、"3"（三位法官助理）和"4"（四位其他司法辅助人员）积极配合，将案件分配、人员调配、文书签发、业务管理等职权授予审判长行使，使审判长拥有职业意义上的独立审判权；二是明确审判团队责任，界定审判团队是审判办案的基本单元，既是办案责任主体也是审判管理个体，审判长是审判团队的核心，减少庭长、副庭长管理科层，审判长直接对主管副院长、院长和审委会负责并接受监督，形成扁平化的审判管理结构；三是公开选任审判长，由社会各界人士和法院代表组成选任委员会，在全市公开遴选35名德才兼备的审判长（其中院内32名、院外3名），确保审判长的专业水平和精英化，以高素质队伍保障高质量案件；四是保障审判团队的科学监督，确保审判团队的公正、中立和独立裁判。

审判长负责制的实施，初步实现了审、判合一，审者自审，实现了审判管理的去行政化，审判权运行结构更加合理，更加契合司法逻辑，办案效果也更加突出。

（二）深圳法院改革的全面铺开

早在2012年初，深圳市中级人民法院就编制了《深圳法院改革创新规划（2012~2014）》，开始探索审判权运行机制改革试点工作，指定福田区人民法院先行试点，2012年福田法院在全国率先实行审判长负责制改革。

2014年2月21日，在自发探索、总结经验、充分论证的基础上，深圳制定发布了《深圳市法院工作人员分类管理和法官职业化改革方案》，宣布深圳法院全系统整体改革全面起航，并在2014年7月正式对法官工资薪级进行了套转。这是我国正式施行的第一个法院工作人员独立序列管理规定，也是落实推行的第一个法官职业化改革文件，在我国司法制度的历史上具有里程碑式意义。

1. 改革的基本原则

一是坚持人员科学分类管理，对法官实行单独职务序列管理。根据不同的职能属性和责任定位，把法院内部工作人员区别为法官、审判辅助人员及司法行政人员三类，并突出法官职业特性，建立独立的法官管理体制。

二是实现法官去行政化，法官从参照公务员管理体系中脱离出来，完全摒弃行政化职级和工资待遇，实行独立序列管理，法官薪酬收入与法官的等级相关联，法官等级逐次提升，法官薪酬收入有较大的增长空间。

三是强化法官职业保障，吸引和留住优秀法律人才。实行独立的法官薪酬体系，加强法官工资福利待遇保障；建立法官等级晋升制度，打通法官职业通道；优化资源配置，充实审判业务力量。

四是促进司法公正，建立健全符合法官职业特点的管理制度。建立健全法官员额、薪酬、选拔、考核、晋升、监督等制度，严格法官的职业准入条件，强化法官的职业责任，规范法官的职业行为，强化法官的业绩考核，加强对法官的管理，推动司法公正。

2. 法院改革涉及的内容

①实现法院工作人员的科学分类。依据法院工作人员工作性质尤其是依据其工作是否具有司法属性，分为法官、审判辅助人员和司法行政人员三类，其中法官是行使审判权的主体，实行单独职务序列管理，法官包括院长、副院长、审判委员会委员、庭长、副庭长以及审

判员、助理审判员,其中法官可以是院长、副院长及立案、审判、执行、审判监督、法律研究等审判业务部门的领导,也可以是办案岗位的审判人员,但不能是人事管理、政务管理、后勤保障、纪检监察等行政综合部门的领导或人员;而法官助理、书记员和司法警察则属于审判辅助人员,行政部门人员属于司法行政人员,其中司法行政人员、法官助理和书记员参照综合管理类公务员进行管理,司法警察则参照人民警察序列进行管理。

②推行法官的员额制度。按照法官精英化要求,根据审判工作需求,确定合理科学的法官员额制度。其中市中级人民法院法官的员额不能超过市中级人民法院政法编制的60%,而区法院法官的员额则不能超过区法院政法编制的65%。

③科学设置法官等级。市中级人民法院和各区法院分别确定法官等级。市中级人民法院由低到高设置从四级法官到一级高级法官的共八个等级,其中助理审判员可以是四级、三级和二级法官,庭长、副庭长和审判员可以是一级法官和四级高级法官、三级高级法官,审判委员会委员是三级高级法官,副院长可以是三级高级法官和二级高级法官,院长则为一级高级法官。区法院也自低到高设置五级法官到二级高级法官共八个等级,其中助理审判员可以是五级和四级法官,审判员可以是三级、二级、一级法官以及四级高级法官,审判委员会委员可以是二级法官、一级法官和四级高级法官,副院长可以是四级高级法官和三级高级法官,院长则为三级高级法官或者二级高级法官。

④合理限制法官职数。根据审判工作需要界定市中级人民法院和各区法院法官的职数。市中级人民法院一级以下法官符合条件即可任命或晋升,不受职数限制,而四级高级法官和三级高级法官(包括副院长)的人数不能超过法官人数总和的35%,但副院长的三级高级法官和二级高级法官职数依据相应职位设定,一名一级高级法官只能是院长。区法院二级以下法官依需要设置也不受限定,一级法官不

能超过法官总职数的25%，四级高级法官和三级高级法官的总人数不能超过法官总职数的28%，二级高级法官只能是院长。法官的等级按照法律的规定予以晋升，等级晋升必须综合考量法官的任职年限、能力要求、考核结果等条件，对市中级人民法院一级以下法官和区法院二级以下法官等不受职数控制的等级，则每年依据80%的比例从达到晋升要求的法官中选任。

⑤大力保障法官职业薪酬。法官的工资、住房、医疗、退休保障和其他福利待遇与法官等级挂钩，并确保法官等级和薪酬有较好的发展前景。

⑥严格选任法官。从严界定法官选任条件，法官只能是通过国家统一司法考试而具备法律职业资格，通过又接受过审判技能培训并有较丰富法律工作经验的法院工作人员；拓宽法官选任渠道，法官员额出现缺额需要补充的，主要从符合条件的法官助理中择优选任，并逐步加大从基层法院遴选上级法院法官的力度；探索从高校教师、检察官、律师和其他法律工作者中选拔优秀人才担任法官的途径；强化法官选任的程序公正性，由具有广泛代表性的法官选任委员会按照规定的选任条件选任法官，法官的选任应当经过考评、培训等程序，按照相关规定任命。

⑦实行法官交流制。如果是市内法官的交流则法官等级不变。若法官放弃法官职务后改为从事审判辅助和司法行政工作，则按照综合管理类公务员为其重新确定职务，三级以下法官（含三级法官）为科员，二级法官最高为副科，一级法官最高为正科，四级高级法官最高为副处，三级高级法官最高为正处。各职级人员的任职时间按交流前法官等级的任职时间计算，确定为科员级别的，按任法官时间计算任职时间。

⑧强化法官考核和监督。要制定规范科学的法官考核和监督制度。法官考核要全面考察法官的业务素质和工作业绩，考核结果要纳

入法官职务等级晋升评价体系并作为其晋升与否的重要参考指标，且法官等级可升可降，法官资格可进可退，不称职的法官要相应降低其等级，不合格的法官要将其剔除法官队伍。要进一步健全审判质量管理、审判效率管理、审判流程管理等内部监督制约机制；进一步健全法官自律机制，充分发挥诉讼制度本身的监督制约作用，确保司法公正、廉洁、高效、权威。健全接受党委领导、人大监督的机制，完善依法接受法律监督、民主监督和舆论监督等机制；健全信访申诉、投诉举报制度，完善人民陪审员和司法监督员等工作制度。

⑨强化法官教育培训。加强法官任职、晋级、续职资格培训。拟任法官或担任院长、副院长之前，必须接受任职培训。晋升高级法官之前，必须接受晋级资格培训。法官每三年必须参加一次续职资格培训。加强法官思想政治和职业行为规范教育。切实加强法官职业道德、行为规范和党风廉政建设方面的教育培训，确保法官队伍政治方向正确，公正、文明、廉洁司法。加强法官司法能力培训。坚持理论联系实际、学以致用、按需施教、讲求实效的原则，完善法官年度培训、法官轮岗交流等制度，不断提高法官理论水平和司法技能，丰富法官的司法实践经验和社会阅历。

3. 审判权运行机制改革的主要内容

①按照司法亲历性原则，确保法官和合议庭独立审判。科学界定独任法官、合议庭和审判委员会各自的权责范围，除法律明确规定由审判委员会讨论决定的案件外，其他案件均由独任法官或合议庭审理并决定，矫正"审者不判、判者不审"痼疾，确保审与判相统一。

②实行扁平化管理，促进司法去行政化。审判团队各自独立履职，各业务庭及其庭长、副庭长没有对其他审判团队的审判管理权限，审判团队成为最基本的办案单元和审判管理单元，审批环节大大减少，管理链条大大缩短，办案效率大大提高。

③规范审判监督，确保公正审判。为保证独立、中立审判，防止

不当干扰，规定院领导及庭长不得干预审判团队的审判过程和结果，只能通过审判委员会、审判长联席会议进行审判监督，且审判长联席会议的案件讨论结果仅具有咨询、指导、参考作用，对审判团队不具有强制约束力。

④明晰法官权责，落实办案责任。改革裁判文书签发机制，属于独任法官职权范围的案件，由其自行签发；属于合议庭职权范围的案件，合议庭成员依次签署即可付印送达当事人；院长、副院长、庭长、副庭长无权签发未参加合议审理的案件的裁判文书。同时细化追责条款事项，界定责任承担主体，规定责任判定标准，建立科学规范的责任追究制度。完善法官责任追究制度，设置法官惩戒委员会，强化审判监督，促进司法公正，对违纪违法不能继续任职的，依据相关程序免除其法官职务。

二　检察改革

（一）深圳检察改革的福田探索

福田区人民检察院自2012年3月19日起启动检察权运行机制改革，同年7月31日正式实施。2013年12月，福田区检察院被广东省人民检察院列为全省检察官办案责任制改革的试点单位。

福田区人民检察院着眼于探索建立以检察官为中心、职权配置科学、办案责任明确的检察权运行机制。其改革的主要内容包括以下几方面。

1. 科学配置职权

按照"大部制"模式和"决策—执行—监督"的权力配置模型，形成"343"格局，3个决策机构，即党组会、检察长办公会和检察委员会；4个业务部，即整合组建刑事犯罪检控、诉讼监督、职务犯罪侦查及犯罪预防和社会建设促进部；3个监督机构，即设立纪检监察、政令督查、案件管理3个涵盖党务、政务、业务的内部监督体系。党务、政工、行政、后勤等机构也进行相应调整，精简内设机构。原有15个内设机构精简为8个，精减幅度达46.7%，且决策更加民主，执行更加高效，监督更加有力。

2. 强化执法办案

即打破行政束缚，整合检察业务，按照自侦业务、检控业务、诉讼监督、犯罪预防及社会建设等业务条块进行归类，分别设立职务犯罪侦查部、刑事犯罪检控部、诉讼监督部、犯罪预防和社会建设促进部及案件管理部，将原有11个业务科整合重组为24类40个主办检察官团队。职务犯罪侦查部设置6类12个办案主办检察官团队，其中"侦查指挥团队"3个，"侦查实施团队"5个，"情报信息团队""账目审查团队""结案预审团队""案件协查团队"各1个；刑事犯罪检控部设置6类7个办案主办检察官团队，其中"疑难复杂案件检控团队"2个，"职务犯罪检控团队""侵犯人身权利犯罪检控团队""诈骗犯罪检控团队""知识产权犯罪检控团队""未成年人犯罪检控团队"各1个；诉讼监督部设置7类11个办案主办检察官团队，其中"疑难复杂案件监督团队"2个，"侦查监督团队"4个，"审判监督团队""执行监督团队""监所监督团队""控申监督团队""案件调查团队"各1个；犯罪预防和社会建设促进部设置4类9个主办检察官团队，其中"社会建设促进团队"2个，"犯罪预防团队""代表委员联络团队"各1个，"派驻街道检察室团队"5个；案件管理部设置1类，1个主办检察官团队，即"案件管理团队"。

3. 明确办案权责

赋予检察官办案权力，规范检察官办案责任，是福田检察院改革的重心。福田检察院以主办检察官为中心设立相对独立的办案团队，将除法律规定必须由检察长或检委会决定的事项外，其他案件处理权均交由主办检察官；取消案件的行政审批程序，将188项原属副检察长、科长的案件审批权限交由主办检察官行使；主办检察官对本团队工作和人员行使领导和管理权。同时，建立"谁决定、谁负责"的办案终身负责制，确保责任到团队、责任到人。

（二）深圳检察体制改革的全面铺开

深圳市区两级检察院均被广东省人民检察院纳入全省检察体制改革试点单位的范围。深圳检察机关在广东省检察改革方案的制度构架内，敢于探索，敢于实践，主动引领检察改革新进程。2014年7月，深圳市专门设立检察改革工作领导小组，作为全面推动检察机关人员改革和机制改革的领导机构。2014年12月17日，深圳市发布《深圳市改革检察权运行机制完善检察官办案责任制实施方案》《深圳市检察机关工作人员分类管理和检察官职业化改革方案》《深圳市法检系统司法警察分类管理改革实施方案》三个改革指导文件。同年12月22日，深圳市召开全市检察人员大会，对检察改革进行动员部署。这标志着以检察官职业化、专业化改革为基本内容、以强化检察官办案责任制为重点的深圳检察改革已经全面展开。

深圳检察改革的目的是建立以主任检察官为核心的办案组织结构，理顺检察权运行机制，建立责权明晰、各司其职、各负其责的检察官办案责任制度，确保检察权公正、独立、高效运行。

深圳检察改革的主要内容包括以下几方面。

1. 实行检察官单独职务序列管理

科学界定检察人员属性，把检察人员划分为检察官、检察辅助人员和司法行政人员，其中检察官只能是依法行使检察权的检察人员；检察官不再参照公务员序列管理，而是实行以检察官等级为依据的独立职务序列管理，并建立与检察官等级相对应的工资薪酬待遇，从五级检察官至二级高级检察官等8个检察官等级，共对应共57

(12~68)个薪级,检察官按照各自薪级享受薪酬待遇。检察辅助人员(包括书记员和司法警察)和司法行政人员享受综合管理类公务员待遇,而司法警察则依据人民警察职务薪级进行管理。

2. 实行检察官员额制

深圳市、区两级检察院也实行精英化的检察官员额限制,其中办案任务较重的区检察院检察官总数不得超过其政法编制的65%,而市检察院检察官总数则不得超过其政法编制的60%。

3. 实行主任检察官制度

深圳市检察机关按照检察官员额数的1/3左右选任主任检察官,并实行任期制,每个检察官任期3年。以主任检察官为核心,配备若干名检察官和检察辅助人员,建立更符合司法规律更具备司法属性的主任检察官办案组织,赋予主任检察官检察事务管理权和案件审核权,并终身承担办案责任,直接对分管检察长负责,实现从检察长直接到主任检察官的扁平化管理模式,摒弃改革前层层报批的行政办案制。

4. 优化检察权配置

检察机关对现有下设部门进行优化重组。市检察院整合人力资源,根据工作属性分别组建公诉部、诉讼监督部、职务犯罪侦查部(对外保留反贪局名义)、业务管理部、业务保障部五个业务部门以及政治部、综合管理部两个辅助保障部门,并在公诉、诉讼监督、职务犯罪侦查部三个主要业务部分别设立事务处(属司法行政部门,专门负责司法行政事务以及检察辅助人员管理)。部门整合后,市检察院内设职能部门由24个精简为11个,减少一半多;区检察院内设职能部门精简率也大致如此,检察权运行更加高效畅顺。

三 深圳司法改革的困惑

深圳通过人员分离和机制再造,建设高素质的司法队伍,建立责权统一的司法机制,改革的思路明晰、措施得力、效果明显,得到了国家层面的高度肯定,为全国司法改革提供了有益的特区经验。司法改革推行以来,深圳司法机关办案质量得到提高、司法人员精神面貌焕然一新、司法的权威和公信力不断提升,改革效果初步显现。但是,司法改革是纷繁复杂的系统工程,不仅涉及司法人员和司法机关,而且涉及社会的方方面面,改革不可能一蹴而就,更不可能一步到位。作为走在前面的先行先试者,对深圳司法改革遭遇的一些问题需要予以重视。

(一)特区改革探索与国家顶层设计如何衔接

深圳司法人员分类管理和职业化改革的核心是法官、检察官的去行政化,即把法官、检察官从公务员行政管理体系中独立出来予以单独职务序列管理。虽然深圳改革初步实现了法官、检察官的独立序列管理,但由于在国家层面关于法官、检察官单独职务序列管理的纲要性、概括性文件规定比较粗糙,有的还互相矛盾,而配套的具体细则付之阙如,无法参照引用,因此深圳市即自行制定了诸如法官检察官等级与工资薪级的套改细则、法官检察官等级与公务员级别的转任规定等文件来指导司法改革的推进,这些规定将来能否与国家规定完全对接还是个未知数,这也使得深圳司法改革充满变数。又如,国家关于司法改革的推进还处在宏观规划、地方试点的阶段,尚无全国性的具有可操作性的改革规程,深圳改革的经验不一定被照搬复制至全国,深圳自主摸索的改革与将来国家改革战略必然存有一定差异和冲突,将来也面临着再调整再改革甚至被推倒重来的风险。

国家应当加强对司法改革的宏观指导,对改革探索中成功的做法和具体制度应当先行确定,成熟一个确定一个,例如法官检察官单独职务序列管理制度、法官检察官等级评定套改细则等,都可以制定出台。

（二）司法人员员额与案多人少矛盾如何化解

目前法官检察官员额在市级不超过其政法专项编制的60%、区级不超过其政法编制65%，虽然这个比例似乎大大超过上海方案的33%和广东省方案的45%（广东省要求5年内逐步减少到政法专项编制数的39%），但与深圳实际办案量相比仍然严重不足。以检察机关为例，深圳检察机关每年的批捕、起诉人数已超过北京、广州，接近上海，检察官人均办案数位居全国前列，但检察机关实有政法编制仅为北京、上海的1/3，广州的2/3，检察官短缺现象十分突出。改革实施后，由于检察官员额有限，案多人少矛盾将更加突出。

国家推进司法改革必须综合考量地域差异，尤其是各地案件总量和司法人员数量的比例，合理确定法官检察官员额，适当增加案多人少矛盾突出地方的员额数量，并允许一定弹性的超员，切实为办案提供充足的人力资源支持和智力保障。

（三）司法工作吸引力与司法队伍稳定如何协调

深圳司法改革对法官检察官实行单独序列管理，工资薪酬待遇有所提高，但提高幅度有限，仅在10%~20%，同时对办案能力、办案质量和办案责任提出了更高的要求，在待遇提高幅度不大、执法风险"倍增"的情况，少部分法官检察官对自身职业的未来持悲观失望态度，部分法官检察官调离、辞职或者提前退休，影响队伍稳定。此外，法官、检察官员额的严重稀缺且还要进一步减少，使得审判辅助人员和检察辅助人员中的青年干警进入法官检察官序列变得十分困难，有些基层司法机关年轻人甚至在未来五到十年内没有机会成为法官检察官，年轻人人心思动，工作积极性受挫，司法机关招录优秀人才的困难更大。

应当加强教育宣传，引导法官检察官既要认识到本次改革对于促进公正司法、树立司法权威的历史意义,又要认识到改革对提升司法职业荣誉和法官检察官自身价值的现实意义,积极投身改革,服务法治建设。改革要以基层为重心,改革政策适度向基层司法机关倾斜,在法官员额、法官等级和职数、套转政策等方面给予优惠,使改革更有益于办案。同时,无论员额控制多么严格,都必须为年轻司法人员保留晋升的空间,才能保证司法工作的可持续发展和勃勃生机。

(四)司法辅助工作与司法业务如何平衡

案件的复杂性和办案的规范性,决定了法官检察官仅凭个人智慧和能力已经无法独自应对,需要司法辅助人员的协助。但深圳司法改革涉及法院和检察院司法辅助人员改革的内容不多,对司法辅助人员继续沿用原有的综合类公务员或者雇员管理模式,他们的工资待遇没有变化,内心难免失落失衡,工作积极性有所降低,不利于队伍的稳定,况且改革对司法辅助人员的招录标准和考核要求等深层次问题没有提及,司法辅助工作的质量难以提升。而随着大量原本从事技术、案件管理、监察、人事管理等司法辅助工作但又具备法官、检察官职称的司法人员选择重返司法岗位,司法辅助人员的数量和工作质量有所下降,已经影响了司法机关整体工作的全面开展。

应当尽快出台关于司法辅助人员的改革方案和配套激励措施,保障司法辅助人员的职业发展前景,提高司法辅助工作质量。同时,探索成立专业司法政务保障机构,为司法业务提供优质保障。

深圳司法改革虽刚刚开始,但改革的方向很清晰。深圳以人员改革和机制创新为手段,理顺权力运行,落实办案责任,推动建立以审判为中心的现代诉讼制度,提高和保证司法审判的质量。深圳司法改革不仅是特区司法机关"敢为天下先"的地方实验,而且必将为国家法治建设找寻中国特色道路提供可资参照的经验样本。

B.9
深化深圳司法改革的思路与建议

李朝晖　王庆恩*

摘　要： 深圳司法改革已率先在全国迈出一大步，但仍有许多需要进一步完善的方面。下一步深化司法改革，要注意从重建司法公信为出发，以促进司法公正、提高司法效率、树立司法权威为直接目标，以保持司法工作连续性和司法队伍稳定性为基础，尊重司法规律，明晰司法理念。要以去行政化为重点，以维护司法机关独立行使司法权为核心，以发挥司法体系运行机制为根本，以司法公开为必要手段，构建精致司法。重点深化法官检察官职业化改革，建立科学的司法人员配比制度，完善审判权、检察权运行机制改革，完善司法体系运行机制，完善社会监督、舆论监督机制。

关键词： 司法改革　去行政化　职业化改革　精致司法

2014年深圳率先在全国拉开司法改革的帷幕，6月底基本完成对全市所有具有法官资格人员的岗位选择等相关工作，7月全新的扁平化的审判工作团队基本组建完成，12月底全市检察机关完成人员分流工作。深圳司法改革迈出一大步，为全省乃至全国深化司法体制改革起到了先行

---

* 李朝晖、王庆恩，深圳市社会科学院。

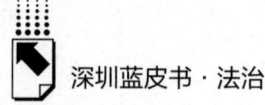

探路的效果。但是，这只是司法改革工作的起步，许多具体配套制度还在研究制定中，已经实行的司法改革措施有些也还有待进一步完善。

一 深圳司法改革有待进一步完善的方面

（一）法官检察官职业化改革仍需深化

法官、检察官职业化改革并未彻底消除法官、检察官管理的行政化痕迹，存在以原行政级别确定法官、检察官职级，以官员人数设定高级法官职数的现象。改革理念上，强调对法官、检察官实行单独职务序列管理和薪级工资制度，强调法官、检察官作为单独职务序列与普通公务员的区别，以及适当解决法官、检察官待遇过低问题。但在改革的具体方案和法院、检察院工作人员身份转换过程中，以行政级别确定法官、检察官职级，以官员人数设定高级法官职数，以及在法官、检察官与公务员岗位交流中确定职务的规定都表明，这一次改革主要按行政级别确定身份待遇。当然，在改革初期，这种方式有利于人员平稳过渡、改革顺利推进。但在改革之后，新晋法官、检察官的遴选，法官、检察官职级的晋升等，如果仍按现在的管理体制和管理方式，在法官、检察官这一序列内部很可能会形成新的科层制度，但实际上还是行政化的管理方式，只是待遇稍微高于普通公务员罢了。

（二）司法审判权运行机制仍需进一步完善

一是审判权独立性不足。各种监督干预过多过滥，政法委对案件的协调，制约了检察机关和审判机关独立行使职权，个别领导干预案件，人大代表、政协委员个人过问案件等都会影响司法机关独立行使职权。还存在媒体审判、媒体监督缺乏规范的问题，媒体在报道正在审理中的案件过程中，有时过多的评判，甚至会引发非理性舆论，影响司法权的正常行使。司法系统行政化仍较严重,上下级法院过度强化监督管理,考核、问责,强化请示、汇报等制度,使下级法院审判独立性受到影响。二是司法审判权的功能定位严重失衡。目前对司法机关的工作过分强调化解矛盾的功能,导致调、判关系错位,过分强调调解,忽视裁判的功能,导致裁判的引导作用、规范作用弱化,法治意识、规则意识更加淡化。此外,近些年的涉诉信访政策完全打破了程序、规则、证据时限,一审、二审、再审、上访,没完没了,对审级制度,两审终审,裁判的终局性、稳定性都是极大的冲击。案件之所以出现"翻烧饼"现象,是由于没有原则,没有标准,使得法官不知道该如何办案,甚至还提出以当事人满意为办案标准,导致司法审判权运行困难重重。

(三)检察权运行机制有待改革

目前检察权与审判权一样存在独立性不足问题,各种监督干预过多过滥现象同样存在,而且检察机关的工作链条长,从侦查、批捕、起诉到案件审理,直至刑罚执行和管理的监督,各环节都可能面临干预,在职权履行中往往困扰不断。在行政化方面,检察机关也是内部实行科层管理,影响了检察工作的独立性和专业化。检察机关在运行机制方面,还存在监督作用发挥不足问题,总体上,对审判的监督作用发挥较好,但对立案和侦查的监督、对刑罚执行和管理的监督作用还有待进一步发挥。

(四)司法工作功能有待进一步回归

一段时间来,人们对司法的认识较为模糊,甚至存在错误,政府期待司法在化解矛盾方面发挥更大作用,这种期待超越了司法的本来功能,导致司法的裁判规制功能弱化,影响了司法的公信与权威。当前的司法改革对这一点认识还不充分。

二 深化司法改革必须坚持的原则

（一）司法改革要以重建司法公信为出发点

当前我国司法的最大问题是缺乏司法公信力，司法不受信任，没有成为社会公平正义的最后保障。很多人遇纠纷不愿意通过司法途径解决，有的选择上访，试图通过行政方式解决；有的选择暴力，以非理性方式解决；有的虽然选择了司法途径解决，但对司法自始至终抱怀疑态度；不执行生效判决的也大有所在。由于司法缺乏公信力，社会没有一个统一的矛盾纠纷最终解决机制，社会危机潜伏各处，随时爆发。因此，要从重建司法公信出发，通过司法改革，建立公正高效权威的司法体系，使人们信任司法、尊重司法判决，从而为社会筑起公平正义的最后屏障。

（二）司法改革要以促进司法公正、提高司法效率、树立司法权威为目标

任何改革都要有一个目标和价值取向，不能为改革而改革。司法改革主要是针对当前存在的司法不公、效率低下、缺乏权威等突出问题，对产生这些问题的体制机制进行变革，消除产生这些问题的因素，促进司法公正、提高司法效率，树立司法权威，建设公正高效权威的社会主义司法制度。

影响司法公正、效率和权威的因素主要包括四个方面：一是司法机关设置及其关系。包括三个方面：横向方面，公、检、法、司各机关职能职责定位、权限范围及相互关系；纵向方面，上下级司法机关司法权的配置和相互关系；司法机关内部方面，内设机构及审判组织的组成形式、职责及运行机制。二是司法权运行程序、运行流程、运

行规则、审判管理以及案件流程管理及接点控制等。三是司法资源尤其是人力资源的优化配置，包括司法机关部门的科学设置和人员的科学配置。四是司法权的监督和违法行使司法权的责任追究，即监督制约机制。必须从这些方面找出影响司法公正、效率、权威的因素，通过改革予以完善。

（三）司法改革要以保持司法工作连续性和队伍稳定性为基础

当前司法工作虽然存在问题，但在作为法律的守护者、社会公平正义的最后屏障方面还是发挥了重要作用。司法改革是改革影响司法公正、效率和权威的因素和环节，不是推倒重来，不能阻断司法工作的连续性，不能打击司法人员的工作积极性，否则将使罪犯得不到及时审判，纠纷得不到及时裁定，法律权威得不到捍卫、社会公平正义得不到保障，社会将陷入混乱。因此，司法改革必须以保持司法工作的连续性和队伍的稳定性为基础，在司法权运行机制改革中，要保障改革前后工作的衔接；在人员分类改革中，兼顾各类人员的利益，充分调动各类人员的工作积极性，达到平稳过渡。

（四）司法改革要尊重司法规律

国际经验和我国司法实践证明，司法具有自己的规律，只有尊重这些规律，司法的功能才能得到充分发挥。司法规律的一般内容包括司法的独立性、公正性、公开性、效率性、消极性、专业性等。司法改革不能背离司法的这些基本规律，追求片面的价值，而要充分尊重司法的这些规律特性。过去由于对司法领域存在的不公、低效等问题主要采取加强外部监督的方式，结果过多的监督和管理影响了审判组织的独立性，扰乱了司法的一些规律，由此产生司法的不公和低效，形成恶性循环；加强司法的人民性主要采取法官能动司法、法官普法等方式，背离司法消极性特点，结果消解了法官的独立性，影响了司法权威。司法改革要避免再出现这种目标与路径背离的选择，从司法本身规律特性出发，选择符合司法自身内在逻辑发展的改革路径和措施。总体而言，就是要有利于司法机关和司法官独立行使职权，要有利于促进司法公正，要有利于司法公开的实现，要有利于提高司法效率，要有利于保持司法消极性的特点，要有利于提高司法的专业化水平。这些规律特性不是单取其一，而是要同时兼顾，才能切实发挥司法的功能。

（五）司法改革要明晰司法理念

明晰司法理念必须明确目前司法工作中存在的四个关系。一是正确把握司法的法律效果与社会效果的关系，以法律效果优先。司法要兼顾法律效果和社会效果，但当法律效果与社会效果出现冲突时，法官、检察官作为法治的守护人，只能在法治的框架内寻求社会效果，而不应当将社会效果即所谓的大局要求作为突破法治的借口[1]，社会效果应留待立法予以完善解决。二是平衡能动司法与谦抑性司法的关系，以司法谦抑性优先。能动司法是近年来对司法提出的新要求。能动司法在英美法系国家本指在司法职能之内，法官在裁判案件时适用法律或在司法审查时对政府政策宽严把握的态度，主要限定在司法的政策制定功能及审查行政权力的宽严程度方面。但在我国的司法实践中则要求司法"为大局服务""为地方经济发展服务"，甚至搞"为企业保驾护航"等。在这种理念指导下，法官脱下法袍，走出法庭，深入厂矿企业，深入街道乡村，送法上门，把矛盾纠纷化解在萌芽状态。这些做法一定程度上预防化解了一些矛盾纠纷。但这种做法模糊了司法与行政以及与社会的边界，违背了司法的谦抑性、消极性特

---

[1] 龙宗智：《"和而不同"的两岸检察》，《检察日报》2013年8月6日第A03版。

点，应予纠正。三是明晰司法定纷止争与矛盾化解功能的关系，应以定纷止争为主。司法的主要功能本是通过裁判定纷止争、规范秩序、引领行为，但近些年，由于社会矛盾突出，为构建和谐社会，司法更强调矛盾化解职能，体现在着重调解，优先调解，司法裁判的功能弱化。同时，注重案结事了，判前释法，判后答疑，甚至提出以罢访息诉、当事人满意为案件质量的评价标准。这些做法与法治的规范、常态要求，及司法的基本功能明显不符，也导致司法效率、权威降低，法律尊严受损，必须引起重视。改革中要重视恢复司法的主要功能，准确定位司法的功能，使司法裁判具有明确的可预测性、权威性，从而促进调解。要调整调判关系，确立"宜调则调、当判则判、调判结合"原则，以去除调解优先。四是明晰司法专业化、职业化与司法大众化、民主化的关系，以专业化、职业化优先。当前司法改革的很重要的内容是要以符合司法规律的方式管理司法人员，基于我国目前司法专业化、职业化和大众化、民主化双向不足的现状，司法改革应当兼顾专业化、职业化与大众化、民主化，但基于专业化和职业化是司法发挥功能更为基础性和本质性的要求，应以专业化、职业化优先，兼顾大众化、民主化。明晰了上述关系，在司法改革中突出司法的主要功能，同时发挥其他的功能，让属于司法范畴的归司法，属于社会范畴的归社会，实现司法功能的理性回归。

三 深化司法改革的基本思路

（一）深化司法去行政化改革，保障法院和法官独立行使职权

目前审判组织运行的行政化仍很明显。司法机关内部及上下级司法机关之间管理的行政化色彩仍较浓厚；群众"信访"不"信法"

的现象还较严重，涉访涉诉案件的处理方式（维稳制度、信访制度等）使司法的社会矛盾终端解决机制作用受到破坏；过多的监督和管理影响了审判组织的独立性，扰乱了司法的一些规律，由此产生司法的不公和低效，形成恶性循环。例如，在法院内部，目前已经启动的审判权运行机制改革和法官职业化改革在一定程度上减少了司法的行政化影响，但法官职业化改革中行政化痕迹仍较明显，存在以行政级别确定法官职级、以官员人数设定高级法官职数的现象。改革理念上，强调对法官实行单独职务序列管理和薪级工资制度。更多地强调法官作为单独职务序列与普通公务员的区别，以及适当解决法官待遇过低问题。但在改革的具体方案和法院工作人员身份转换过程中，以行政级别确定法官职级、以官员人数设定高级法官职数，法官交流中以法官职级定行政级别，这些规定都表明，这一次改革主要按行政级别确定身份待遇。当然，在改革初期，这种方式有利于人员的平稳过渡、改革的顺利推进。但在改革之后，新晋法官的遴选，法官职级的晋升等，如果继续沿用现在的管理体制和管理方式，很可能在法官这一序列内部形成新的科层制度，实际上还是行政化的管理方式，只是待遇稍微高于普通公务员罢了。旧的行政化的考核体系还没有打破，考核的许多内容与方式仍是按行政行为而非按司法行为特点设定。这些都需要通过深化改革进一步去行政化，使司法权的运作真正能够符合司法规律、法官能够真正独立行使审判权。

（二）完善司法体系运行机制，实现权力分置、相互监督制约

目前改革的主要目光都集中于法院、检察院内部运行机制的完善，较少关注整体司法体系运行机制的完善和作用的发挥。世界各国的司法权运行机制在大框架上基本相似，即权力分置、相互监督。司法各机构之间存在相互制约的机制：一般刑事案件由警察部门行使侦查权、

检察机关行使批捕权和公诉权、法院行使审判权（也有检察机关行使侦查权，则法院行使批捕权），建立律师制度，代表当事人。在司法权运行中，在刑事案件方面，批捕权和公诉权形成对侦查权的制约、审判权形成对公诉权的制约、检察权形成对审判权的监督、辩护权形成对侦查权、公诉权的制约；在民商事案件中，通过庭审抗辩形成对审判权的监督；二审终审（有的国家三审终审）制度形成审级监督；另外建立申诉制度进行纠错；律师制度可弥补普通当事人法律知识的欠缺问题。在我国，检察院通过批捕、受理公安侦办案件方式监督公安机关工作；检察院起诉到法院的案件通过法庭审理才能定罪形成对检察院工作的制约，而检察院的抗诉对法院形成监督制约；律师通过法庭辩论对法官权力进行制约从而形成公检法司相互制约的机制；同时实行两审终审制度，进行审级监督；当事人还可以通过申诉，进行监督和维护权益。这样的司法体系运行机制，如果运作良好，无须太多外部监督，已经基本能够保证司法的公正性。律师功能的充分发挥、审判公开、司法说理、法庭对抗式论辩等系统性制度是防范司法腐败、促进司法公正的最可靠制度。其中律师监督是动机最强烈、成本最小、监督最有力的制度形式，优化配置司法监督制度必须从律师功能与作用的发挥开始[①]。媒体监督、人民监督只需起辅助作用，其他体系外的体制性监督实属多余，往往成为行政干扰，反而因为破坏司法体系本身的运行机制而影响司法效率和权威，甚至导致司法不公。因此，司法体系运行机制的完善是与司法权独立行使并重的改革，司法体系的整体运行机制不完善，其他改革的效果都要大打折扣。

（三）促进司法公开，提高司法公信力

信息对称是信任产生的重要基础。当前司法公信力不足，有司法

---

① 秦前红：《司法改革必须处理的几种关系》，《中国党政干部论坛》2014年第11期。

腐败问题、司法公正问题、司法效率问题、司法权威问题，还有一个很重要的原因是司法公开不足。因为不公开，总给人以存在不可告人的秘密的感觉，公众企盼公平正义倒逼司法公开透明，特别是在社会信任几近崩溃的当今中国社会，这种怀疑很自然很普遍。其实近年来，深圳在司法公开方面也进行了很多创新和探索，如案件流程公开、裁判文书公开、执行信息公开等，较好地保障了当事人的知情权，也起到很好的监督作用。但对于人民大众来说，由于受大环境影响，特别是其他地方一些恶性事件影响，对司法的信任并没有相应提高。当然，一个很重要的方面是目前司法公开还有许多需要继续完善的方面。千万不能把司法公开当作门面秀，选择一些案件，精心策划后在网络、微博、微信中露脸亮相，这种选择性公开只会造成公众对司法的越发不信任。司法公开就应当全面公开，只要不涉及国家秘密、商业秘密、个人隐私，没有法律的特别规定，都要公开，就跟政府信息公开一样，以公开为原则，以不公开为例外。同时，司法公开不能仅为公开而公开、为透明而透明，公开也罢，透明也罢，目标都是为了把司法置于阳光之下，真正直面现实、直面监督，防止腐败，提高司法公信力。因此，在公开的方式上，要便于公众获取信息，还要方便公众取用，既起到知情监督作用，也起到普法、培养法律信仰作用。

（四）构建精致司法，从细节上保障司法公正

司法作为社会公平正义的最后防线，深刻影响着公民的权利和利益，因此司法行为要时刻保持谨慎克制，司法机关要以高度负责任的态度，以精密细致的方式，开展司法活动。深圳司法体制改革走在全国前列，在法官职业化改革、司法人员分类管理改革、司法运行机制改革等方面已经迈出重要一步，而近年来深圳已在家事审判、未成年人刑事案件审判、简易案件审判、裁判文书改革、司法信息公开、案

件管理等许多细节方面进行了大量探索,司法运行机制越来越从精细方面予以优化,使司法公正、效率、权威等方面都得到较大改善,但离群众的期望还有一定距离,需要继续从细节上优化司法运行机制,构建精致司法[①],更好地维护公众的合法权益,更好地维护社会公平和正义。

四 深化司法改革的具体建议

(一)深化法官、检察官职业化改革

1. 实行法官、检察官薪级制

在取消法官、检察官行政级别之后,要防止法官、检察官的职级形成新的科层,长远看还应当取消法官、检察官职级,只实行薪级,使同一法院的法官,除少数有行政管理职能的院长、庭长外,同一检察院的检察官,除检察长、主任检察官外,没有职级差别,只有薪级高低差别。

2. 改革法官、检察官遴选制度

基层法官原则上从法官助理中遴选,中级人民法院法官从基层法官中遴选。法官助理、检察官助理必须任职达一定年限才有资格参与基层法官、基层检察官的遴选,一般以3~5年为宜(法学专业本科毕业5年、研究生及以上学历毕业3年),一方面,3~5年资历的法官助理对审判业务足够熟悉,一般能够具备相应的业务能力;另一方面,3~5年时间不太长可以让优秀的人才愿意在等待中成长、在成长中等待,从而能够保障新晋法官、检察官的素质。基层法官必须任

---

① "精致的司法"是台湾检察界近年来提出的一个概念。参见龙宗智《"和而不同"的两岸检察》,《检察日报》2013年8月6日第A03版。

职满5年才有资格参与遴选中级人民法院法官，基层检察官必须任职满5年才有资格参与遴选市检察院的检察官。探索实行直接从律师、法学专家中遴选法官、检察官。但从现实情况看，近期不可能成为主流，毕竟从薪酬待遇到职业尊荣，法官、检察官都不具有很强的吸引力，吸引大量律师、法学学者转任法官的可能性很小，但可以尝试。

3. 建立相对独立的法官、检察官遴选委员会

由来自各级法院、法学界、律师界、人大、政协、检察系统、政法委的代表组成遴选委员会，并通过席位比例保证遴选委员会成员的代表性。法官遴选委员会成员以法院系统为主，且须有足够的席位是来自基层法院的成员；检察官遴选委员会成员以检察系统为主，并根据检察工作性质以检察机关领导占较高比例，兼有普通检察官。两个遴选委员会成员均可确定为13人。建议法官遴选委员会办公室设在中级人民法院，中级人民法院院长为当然成员和遴选委员会会议主席，其他成员包括：政法委副书记1名、中院法官2名、基层法院法官3名、检察官1名、律师2名、学者1名、人大代表1名、政协委员1名。检察官遴选委员会办公室设在市检察院，市检察院检察长为当然成员和遴选委员会会议主席，其他成员包括：政法委副书记1名、市检察院副检察长1名、区检察院检察长2名、检察官3名、法官1名、律师1名、学者1名、人大代表1名、政协委员1名。除中级人民法院院长、市检察院检察长分别为法官遴选委员会、检察官遴选委员会当然成员和会议主席外，其他成员任期为2年，可以连任1次。遴选委员会各领域代表由各自领域制定产生办法，并公布。遴选委员会为非常设机构，每年至少召开一次遴选工作会议，可以根据法官、检察官增补需要增加一次遴选工作会议。

4. 改革法官、检察官考核制度

突出司法的主要功能，压缩法院、检察院内部的数目化管理，剥离法官、检察官参与社会活动的功能，删减对法官、检察官有关普

法、宣传等与案件审理无关的考核要求，减少总结、调研、案例报送等非审判职能本身需求的考核指标，仅保留与案件审理直接相关的指标，实现以专业化标准管理法官、检察官，让法官专注于审判工作，检察官专注于检察工作，不越位不缺位。剥离出来的这些工作如果一定要由法院、检察院承担，可以由法官助理、检察官助理来完成，或者由法院、检察院的行政部门完成。在错案追究上，要尊重司法规律，从制度层面保障法官严格按照法律程序进行裁判案件。法官根据现有证据和法律进行适法，只要能够根据已有证据和法律事实充分证明适用法律无误，不应该按照时过境迁后新收集证据重新进行对涉案司法人员进行追责，除非能够证明相关司法人员在原判决过程中存在徇私舞弊或因故意或重大过失而导致枉法裁判等情形。①

（二）建立科学的司法机关人员配比制度

1. 制定常住人口数量、案件数量、案件类型与法官数量、检察官数量的配比标准

法官、检察官职业化改革的一个很重要举措是实行员额制，但员额怎么定，目前没有一套科学的计算方式。目前许多地方的改革是硬性规定一个比例，上海的方案规定为政法编制的33%，这一比例的依据是什么，不太明确。而深圳的法官、检察官职业化改革是现有法官、检察官只要选择在审判岗位上，基本上都保留了其法官、检察官身份，这有利于队伍的稳定和工作的连续性。但是这只是过渡期的做法，因为人口会发生变化，案件数量、案件类型都会随着经济社会的发展发生变化，员额不可能一成不变，还是要制定一个标准，使以后法官、检察官遴选启动工作有据可依。从目前一些法治国家的做法看，主要根据人口数量和案件数量、案件类型来确定法官、检察官员

---

① 沈国明：《司法改革应设定阶段性目标》，《东方法学》2014年第5期。

额。深圳市也应当尽快研究制定法官、检察官的合理配比标准。

2. 制定法官、助理法官、书记员的配比标准和检察官、检察辅助人员的配比标准

法官员额确定后，从事司法辅助工作的法官助理、书记员配备要跟上，就像医院有医生护士的标准配比，才能保证护理工作跟上诊疗工作，否则医生再高明，病人得不到很好照顾，还是达不到治病救人的目的。法官配足了，法官助理和书记员如果没配足，或者法官等着助理，或者法官不得不干助理的活，都会影响效率，并且浪费了法官资源。目前英美法系国家法官少，各种辅助人员配比高，法院工作人员几乎是法官的十倍；而大陆法系国家法官人数较多，大多法官助理数量与法官数量大体相当，书记员数量略多。深圳应该根据本市的案件情况，研究一个比较合适配比方案，确定下来。在目前的案件处理方式下，建议法官、法官助理、书记员的比例可以设置为1∶1∶1.5。但未来如果实行立案登记制，需要配备更多的法官助理和书记员来处理各类无须进入庭审的案件。而检察官职业化改革、检察机关工作人员分类改革中，也面临同样的问题，同样需要建立起检察官和检察辅助人员的配比制度。

（三）深化审判权、检察权运行机制改革

1. 落实"不参与审理就不审批案件"的原则

通过相关的制度安排，把法院、检察院领导编入审判团队、检察工作团队，直接参与办案，使院领导逐步将主要精力放到办案上来，并通过参与办案、参与案件讨论行使监督职责。

2. 改革审判委员会、检察委员会的职权定位和运作方式

审判委员会主要讨论重大、复杂、疑难案件的裁判思路和法律适用问题，就此提出指导性意见，以充分尊重审判团队和审判组织依法独立办案的权利，进一步实现审和判、权和责的统一；试行审委会委

员组成合议庭审理重大、复杂案件。检察委员会主要研究检察工作中的新情况、新问题，审议、决定重大、疑难、复杂案件，一般具体案件则由检察工作队伍依法独立办案。

3. 探索实行立案登记制

改革立案制度，实现从审查制向登记制转变，解决立案难问题。

4. 探索实行案件分类处理

实行法官只负责需要进入庭审的案件的制度，即法官只在案件进入庭审程序后才介入。根据这样的制度可将案件区分三类，第一类为被告没有抗辩的案件，直接由法官助理负责处理；第二类是在应诉、答辩阶段通过协商或双方律师协调解决的案件，包括原告撤诉或双方达成和解的案件，也是在法官助理介入后处理完成的；第三类是进入庭审的案件，由法官进行审理。这样可以把有限的高端司法资源（法官资源）用于处理真正复杂的案件，而简单的案件由法官助理解决，既可以节约司法资源，又可以提高司法效率。

（四）完善司法体系运行机制

1. 完善司法机关之间相互制约监督的机制

在完善法院内部、检察院内部权利配置、责任确定、监督机制的同时，要重视在政法单位及人员之间形成相互制约监督的机制，规范法院和检察院之间分工负责、互相制约的内容、形式、程序，在工作流程上进一步加强衔接的同时，要强化制约，重点加强检察机关对公安机关侦查、法院审判和执行等环节的法律监督，确保侦查权、审判权、执行权不被滥用。在上下级政法单位之间要进一步规范领导、指导、监督的权限及范围，大幅减少案件请示汇报的情形，确保各层级政法单位依法独立公正办案。特别是要通过制度保障不同审级之间的关系，防止其异化为行政上的上下级关系，要保障下级法院独立的审判权。

2. 探索实行庭审中心主义

要改变当前主要依靠管理保障审判质量的做法，实行主要依靠程序保障审判质量，推行"庭审中心主义"，把庭审作为保障案件审判质量的一个重要阶段和机制。特别是刑事诉讼案件的审处，要从以侦查为中心向以司法审判为中心转变，以侦查卷宗为中心向以法庭质证抗辩为中心转变，充分发挥刑事诉讼法建立起诉辩护对抗机制、抗辩式诉讼的作用，增加辩护律师的介入比率，强化律师的辩护职能，增强律师辩护的有效性。当然，从侦查中心主义向司法审判为中心转变，需要进一步完善非法证据排除、证据规则实施、证人出庭作证等制度，确立申请排除非法证据的自由证明标准，建立审前非法证据排除程序与实体审判的阻断机制等，使侦查机关、检察机关的权力受到更有效制约，人权得到更切实保障。

（五）完善社会监督、舆论监督机制

1. 完善人民陪审制度

必须完善人民陪审制度，充分发挥人民陪审制度在司法监督和法制宣传中的作用。目前由于人民陪审案件的范围不明确，程序不明确，存在一定的随意性。在司法大众化、民主化、公开化的要求下，应当规范人民陪审制度，制定人民陪审制度的细化规程，明确人民陪审案件的范围、人民陪审员参与陪审程序及其权利义务等。如果条件允许，还可以向中央申请改革人民陪审制度，学习借鉴国外陪审制度，使人民陪审不仅是权利，而且成为义务，通过让更多人参与审判工作，了解司法、信任司法，既监督了司法工作，又强化了人们的法律信仰。

2. 建立司法机关与媒体之间的协调机制

为充分发挥新闻监督作用，但又为防止出现媒体审判和其他因为过度报道而产生的负面影响，应重视控制司法案件报道尺度，建立司法机关与媒体之间的协调机制。可以借鉴英国新闻咨询评议会①和美国媒体与司法机关签订协议②等做法和经验③，成立新闻咨询评议会和实行媒体与司法机关签订协议的制度。

成立新闻咨询评议会。由新闻界、新闻主管部门、与新闻界有广泛联系的社会组织代表、市民代表组成，对有争议的新闻报道进行评议。对于认为报道没什么错误的，出面消除误解；对于发现报道确有错误的，将及时告知原报道新闻机构、评议提出者及其他新闻机构，并提供补救意见和解决办法，如果存在故意违反新闻工作准则和媒体道德的行为，要给予适当制裁。

媒体与司法机关签订协议。新闻单位在自愿的基础上与司法机关签订一份双方均可接受的协议，用于指导涉及公安、法院、检察院等司法机关的新闻报道。签订协议者享有在获取新闻素材方面的一定的便利性，但新闻单位必须承诺在案件开始审理前要尽最大努力防止发表具有偏见的报道，不能就被告是否有罪或清白无辜发表评介意见，也不能发表有关供词、证人证词与证据之间矛盾争议等方面的内容，以确保新闻报道及其产生的舆论不会影响法官判案。

（六）建立司法改革检审和微调机制

司法是一项非常精细的工作，司法改革既涉及运行机制，又涉及人员管理，是一个系统工程，无论哪一环节出现问题，都会造成较大影响。在改革过程中要不断检审改革政策推出后司法体系的运作情

---

① 英国1949年建立新闻咨询评议会。这一机构由新闻界，以及与新闻界有较为广泛的联系的公共事务官员和市民团体成员组成。当涉及司法的报道存在争议时，由该评议会进行调查评议并出具意见，该意见虽不具强制执行效力，但绝大多数受到有关人员的尊重。
② 20世纪60年代开始，美国出现各新闻单位在自愿基础上与法庭签署一个双方都能接受的协议，用来指导涉及警察、检察及法院等领域的报道活动的做法。这一做法仅几年时间就被20多个州采用。
③ 陈泰志：《美国怎样协调司法与新闻的关系》，《新闻记者》1993年第11期。

况，分析出现问题的原因，是政策本身问题，还是配套措施没跟上。如果是政策本身问题，要根据改革目标及时进行微调；如果是配套措施没跟上，抓紧制定配套措施；如果是细节不完善，及时完善细节。这种检审和微调必须是非常谨慎的，不可盲动，也不可懈怠。盲动可能偏离改革目标，懈怠可能扩大问题的影响，导致否定改革。因此，每一项司法改革方案制定后，不是一推了之。应当建立改革领导小组定期会议制度，了解改革推进情况、改革中出现的问题，并提出解决方案；重大问题还可以召开专门的研讨会、咨询会，力促问题及时得到解决。

B.10
2014年深圳法院工作情况及2015年展望

深圳市中级人民法院课题组

摘　要： 2014年，深圳全市法院忠实履行宪法和法律赋予的职责，狠抓执法办案第一要务，全年受理各类案件225400件，办结207700件，同比分别上升19.88%和16.1%。大力推进重点司法改革，人员分类管理、法官职业保障制度、审判权运行机制等改革项目取得重大进展，协助市委积极争取最高法院第一巡回法庭落户深圳，前海法院顺利获批。进一步加强司法公开和信息化建设工作，深化完善审判流程公开、裁判文书公开、执行信息公开三大平台建设，全年上网公布生效裁判文书突破10万份，其中在中国裁判文书网公布8万余份，上网数量位居全国前列、全省排名第一。队伍建设得到切实加强，全市法院以不到全省法院1/10的法官人数办结全省法院1/5的案件。

关键词： 审判　执行　法院改革

一　2014年深圳法院审判执行工作情况

2014年深圳全市法院全年共受理各类案件225400件，办结

207700件，同比分别上升19.88%和16.1%。其中，市中院全年受理各类案件40060件，办结35015件，同比分别上升22.58%和25.53%。

1. 依法打击刑事犯罪

积极参与"平安深圳"建设，全市法院共办结各类刑事案件21963件，判处罪犯31058人。加大对黑恶势力犯罪、严重暴力犯罪及毒品犯罪的打击力度，一审判处五年以上有期徒刑直至死刑的被告人2415人。严惩涉民生犯罪，审结制售假药劣药、危害食品安全案件735件780人，保障民生权益。严惩经济领域的犯罪，审结走私、金融诈骗、偷税骗税案件745件。严惩职务犯罪，审结贪污、贿赂、渎职等职务犯罪案件166件205人。坚持宽严相济刑事政策，对具有从宽处罚情节的被告人坚持依法从宽量刑，加大非监禁刑罚的适用力度，对4977名被告人判处缓刑、对52名被告人判处管制，最大限度地减少社会对立面。加强人权司法保障，市中级人民法院与市公安局联合发文禁止刑事在押被告人穿着囚服等具有监管机构标识的服装出庭受审，并于12月4日首个宪法日在全市法院正式实施该规定；对12名被告人依法宣告无罪，确保无罪的人不受刑事追究。

2. 妥善审理民商事纠纷

依法平衡利益关系，全市法院共办结各类民商事案件123209件，同比上升14.46%。重视与人民群众切身利益密切相关案件的审理，一审审结民间借贷、侵权权属纠纷案件39789件。加强商事审判，维护市场秩序，一审审结各类商事合同纠纷59983件，审结涉外涉港澳台案件1181件。成功审结平安保险与其18936名员工之间的股东资格确认纠纷系列案等重大案件，妥善化解了纠纷。审理唯冠科技破产清算案等一批有影响的破产案件，全年实现破产债权及重整债权清偿57.6亿元。加强民生保障，完善涉民生案件"绿色通道"，一审审结劳动争议案件12208件，结案标的6.52亿元。

3. 依法化解行政争议

坚持监督与支持并举，支持行政机关依法行政，保护行政相对人合法权益，对关系民生的行政案件，积极运用协调和解方式化解争议。全市法院一审审结行政诉讼案件3438件，其中维持或确认具体行政行为合法的1751件，撤销、变更具体行政行为或确认违法的364件，以协调撤诉等方式结案1323件。充分发挥司法对公权力规范行使的监督制约作用，审结国家赔偿案件38件。加强司法与行政的沟通互动，通过开展案例点评会、发布典型行政案例、选派法官培训行政执法人员等形式，帮助行政机关进一步完善行政执法程序、统一执法尺度，促进依法行政，全年为行政机关开展专题培训44场。

4. 大力加强执行工作

围绕"率先基本解决执行难"这一目标，进一步加大执行力度，全年共执结案件50998件，执结标的金额86.42亿元。进一步升级扩容法院查控网，与腾讯公司签署协议增加查询被执行人"财付通"理财产品信息功能，在全国率先将外资银行纳入司法协助查询网络，法院查控网协作单位达40家，全年处理财产查询任务47.7万余宗，财产控制任务6.4万余宗，查控银行存款19.34亿元。开展车辆路面查扣联合行动、打击拒执专项行动、金融案件专项清理活动，加大失信被执行人信用惩戒、人身强制力度，按月将失信被执行人名单在网上披露，扩大执行威慑力。

二 深圳法院案件结构和审判工作特点

深圳特殊的区位优势和三十余年的率先发展，使深圳法院的案件结构和审判工作呈现一定特殊性。

1. 案件基数大

2010年以来，深圳全市法院每年受理案件数量在20万件左右，持续处于高位运行态势。2010年,全市法院受理各类案件220833件,办结209859件,均首次突破20万件,同比分别上升15.2%和21.6%;2011年,全市法院受理各类案件204320件,办结193319件;2012年,全市法院受理案件188774件,办结178315件;2013年,全市法院受理各类案件188015件,办结178894件;2014年,全市法院共受理各类案件225400件,办结207700件,同比分别上升19.88%和16.1%;其中,市中级人民法院共受理各类案件40060件,办结35015件,同比分别上升22.58%和25.53%。

2. 知识产权案件较多

深圳是我国高新技术产业的重要基地,涉及知识产权的案件数量快速增长,在全省、全国占较大比重。2010年全市法院受理各类知识产权案件4473件,同比上升106.9%,占全省的47.3%;2011年全市法院审结知识产权案件5921件,同比上升36.11%;2012年全市法院审结知识产权案件8339件,同比上升40.84%;2013年全市法院审结各类知识产权案件7197件,占全省的26.91%;2014年全市法院受理知识产权一审民事案件9302件,占全省的37.7%。审理的深圳迈瑞生物医疗电子股份有限公司诉深圳市理邦精密仪器股份有限公司侵害专利权纠纷系列案,快播公司诉深圳市市场监督管理局工商行政处罚纠纷案,中兴通讯股份有限公司诉美国Vringo、IDC公司垄断和标准必要专利使用费纠纷案,王晓诉腾讯公司滥用市场支配地位纠纷案等案件受到业界的充分肯定。

3. 新型、疑难案件多

作为改革开放的"窗口"和"试验田",国内许多新类型的案件首先出现在深圳,而且标的数额大、法律关系复杂、矛盾尖锐的疑难案件非常多。如2014年证券虚假陈述责任纠纷激增,共受理5家上市公司合计200余件证券虚假陈述案件,这些案件涉及众多中小投资者,极易形成群体性诉讼。

4. 法官办案任务十分繁重

深圳法院案多人少的矛盾一直十分突出，近些年全市法院法官人均结案数远高于全国、全省平均水平。开展法官职业化改革后，法官员额受到严格控制，部分法官通过选择交流去司法行政岗位，法官人数有所减少，法官办案任务更为繁重。全市法院总体工作人员中，法官1065人，占34%；市中级人民法院法官305人，占38.4%。2014年全市法院法官（含院长、副院长）人均结案近200件，是全省平均水平的2倍，全国平均水平的3倍。全市法院以不到全省法院1/10的法官，办结了全省法院1/5的案件，一线法官人均结案225件，是全省平均水平的1.8倍。

三　法院改革全面推进

2014年在前两年福田法院、盐田法院改革试点的基础上，深圳法院改革全面推进。

1. 推进人员分类管理改革

对法官实行单独职务序列管理，对法官助理、书记员和司法行政人员按照综合管理类公务员的相关规定进行管理，对司法警察按照警察职务序列进行管理。全市法院法官脱离了沿袭多年的行政化管理模式，在全国率先建立起了法院工作人员分类管理的制度模式。

2. 推进法官职业保障制度改革

为全市法官队伍建立了单独的薪酬体系，实行与法官等级挂钩的薪级工资制度，每一个法官等级对应若干薪级，按照薪级确定法官的工资等福利待遇。法官依据工作绩效、工作年限等晋升法官等级，同步提高职级待遇。2014年7月起，法官工资已按新的政策标准执行。

3. 启动审判权运行机制改革

在修订完善《合议庭规则》《审判委员会工作规则》等多项配套

制度的基础上，深圳市中级人民法院选任82名审判长，组建74个合议庭，办案力量向一线集中，法官和合议庭的办案主体地位进一步凸显。同时，积极推进办案责任制改革，完善法官业绩评价体系，制定《办案责任追究办法》，真正落实"让审理者裁判、由裁判者负责"。

4. 完成前海合作区人民法院筹建工作

根据前海"中国特色社会主义法治建设示范区"的功能定位，按照中央和省委领导同志关于深圳继续探索司法体制改革的要求，深圳市提出了在前海设立人民法院的构想和方案，得到最高人民法院的支持。2014年12月2日，最高人民法院正式批复同意设立深圳前海合作区人民法院。12月底，完成前海合作区人民法院首批15名法官的遴选工作。前海法院发挥司法改革的试验田作用，探索实行基层法院跨行政区划管辖案件、立案登记制、审判权与执行权相分离、审判权与司法行政事务管理权相分离、任期制法官制度，并全面落实主审法官办案责任制、完善人员分类管理改革与职业保障机制，创设法官大会制度，实行法官民主自治、自我管理。

四 通过微改革微创新不断优化法院工作

近年来，深圳法院积极推进各项微改革微创新，不断优化法院工作，在保障当事人权益、提高司法效率、促进司法公正等方面取得明显成效，并在2014年再创佳绩。

1. 创立家事调解员、家事调查员制度

深圳法院重视家事审判工作，创立家事调解员、家事调查员制度。家事调解员队伍主要由妇联干部、社工、志愿者、心理咨询师等组成，参与家事诉讼调解，分流家事审判压力。对双方矛盾较为激烈、情绪较为激动的案件，在判前判后由家事调解员进行适当心理干预，帮助疏导当事人情绪，妥善化解矛盾。家事调查员队伍一般由律师、社工、妇联干部等组成，受人民法院委托，利用自身专业知识和社会经验，针对特定事项，通过走访邻居、亲属、社区、工作单位等方式了解当事人的婚姻家庭状况及未成年人的抚养状况，并向法院出具书面调查报告、出庭陈述意见、提出纠纷解决方案等。2014年深圳法院一审审结婚姻、赡养、继承等案件6970件，其中调解结案占42%。

2. 创新未成年人案件审理工作

为进一步加强未成年人案件审理工作，对未成年人权益实施专门司法保护，2013年3月深圳市中级人民法院成立独立建制的"未成年人案件审判庭"，聘请专业社工及心理辅导师对未成年被告人开展心理辅导、庭审帮教等工作，指导基层法院对判处非监禁刑罪犯进行跟踪帮教，帮助其顺利回归社会。宝安法院2012年7月启动帮扶失足少年的"共享阳光行动"项目，即在少年审判帮教平台上，针对青少年生理和心理特点，由青少年志愿者与被判处缓刑的罪错未成年人进行"一对一"结对帮教的一项教育矫正活动。活动以社工义工"双工联动"帮教为核心，同龄帮教为重要补充，通过设立企业教育基地、职业能力培训基地及推动成立共享阳光公益基金，建立罪错未成年犯的专业支持系统、朋辈支持系统、社会支持系统和社会保障支持系统，妥善解决缓刑少年的救助、就业、技能培训等难题。实现未成年人审判与矫正预防一体化的具有本地特色的未成年人犯罪预防和矫正机制，取得了良好的法律和社会效果。2014年该帮扶项目获全国未成年人健康成长法治保障制度创新优秀事例奖。

3. 创新知识产权案件审理方式

2006年南山法院开始试点实行涉及知识产权的民事、刑事、行政案件统一由知识产权庭审理的"三审合一"改革，通过整合知识产权审判资源，优化审判人员结构和审判职能分工，确保知识产权案件法律适用和司法裁判标准的统一，知识产权保护的司法水平得到较大提高。2010年这一改革被推广到全市。2014年，全市法院一审审结各类知识产权纠纷案件9732件；南山法院再出改革创新举措，成立全国首家"知识产权案件互联网审理中心"，建立起知识产权纠纷多元化解机制。

4. 积极探索民商事案件裁判文书和速裁机制改革

2012年5月，深圳市中级人民法院在全国首创了以"繁案细审，简案快审；繁出精品，简出效率"为主要内容的民商事案件裁判文书改革，设计出令状式、要素式、表格式三种简化文书，分别适用于不同情形的简易案件。令状式文书当庭宣判、立等可取；要素式、表格式文书配以要素指引表，当事人得以更明白地参与诉讼。以此为基础，在民商事审判领域系统构建了以"门诊式庭审""令状式判决""要素式庭审""要素式判决"为特色的速裁机制改革，建立起类似医生门诊看病开处方的简单民事案件快速审理机制。依据全国人大常委会的授权决定，2014年11月，在市委政法委的牵头组织下，市中级人民法院协调公、检、司等机关联合出台文件，正式启动深圳市刑事案件速裁程序试点工作，对适用范围、文书格式、审理程序、权利保障等方面进行细化、明确，规范速裁程序。

5. 完善司法公开

以深圳市开展司法公开专项行动为契机，进一步深化司法公开工作，努力构建开放、动态、透明、便民的阳光司法机制。深化完善审判流程公开、裁判文书公开、执行信息公开三大平台建设，2014年全年全市法院上网公布生效裁判文书突破10万份，在中国裁判文书网公布生效裁判文书8万余份，上网数量位居全国前列、全省排名第一。继续完善门户网站、庭审直播、微博、微信等平台建设，全市法院全年开展庭审视频直播420次、微博直播220次、视频录播271次。继续加强新闻发布、白皮书发布和"法院开放日"等公开举措，增进群众对法院工作的了解，共组织召开7场新闻发布会和5次全市法院范围内的开放日活动。积极推进司法民主，落实人民陪审员"倍增计划"，率先在全国推行"港籍陪审员制度"，全年新增人民陪审员 517 人，其中 4 人为港籍陪审员。人民陪审员全年参审案件 34808 件，一审案件陪审率达 75.86%。

6. 完善诉讼服务模式

紧扣司法为民要求，积极回应群众关切，尽可能为群众诉讼提供便利。加强当事人诉权保障，进一步完善诉讼服务模式，开通远程视频接访系统，建设网上诉讼服务平台，完善"12368"服务热线，打造"面对面""点对点""线连线"的立体服务网络，形成"实体"与"虚拟"相结合、八小时内与八小时外相衔接的诉讼服务体系；进一步完善司法救助机制，强化对弱势群体的司法保护，尤其对下岗职工、特困户、残疾人和外来务工人员等特殊群体当事人实施重点救助，为经济确有困难的当事人缓减免诉讼费 757.65 万元。

7. 规范刑事被告人出庭受审的着装

落实人权司法保障制度，深圳市中级人民法院与深圳市公安局共同签署了《关于规范刑事案件被告人出庭受审着装的通知》，禁止刑事在押被告人穿着囚服等具有监管机构标识的服装出庭受审。这项改革于 2014 年 12 月 4 日首个国家宪法日在全市法院正式实施。深圳法院成为十八届四中全会后在全国率先推行人权司法保障制度改革的法院。

五　问题与展望

深圳法院工作在取得成绩的同时，也存在一些问题和困难：案件数量持续增长，审判任务将更为艰巨；个别干警的为民意识不够强，司法作风欠佳；新一轮司法改革任务较重，需要各个方面的支持配合。

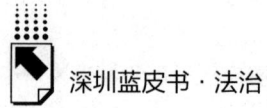

2015年，全市法院将继续贯彻落实党的十八大和十八届三中、四中全会精神，实现做排头兵示范法院的目标，全面加强审判执行工作和自身建设，努力推动法院工作实现新突破。

1. 抓好执法办案第一要务

进一步发挥审判职能作用，依法公正审理各类案件，努力让人民群众在每一个司法案件中都感受到公平正义；围绕市委新的发展战略和全市中心工作，坚持能动司法，主动服务大局，为经济社会全面发展提供有力保障；进一步加强司法为民工作，完善诉讼服务模式，积极回应群众关切，不断提升司法公信力。

2. 抓好法院改革创新工作

围绕十八届四中全会《决定》和最高法院"四五纲要"部署，制定全市法院总体改革规划，先行先试，全面深化改革，力争2016年率先基本完成属于地方法院改革事权的改革项目；进一步深化完善审判权运行机制、办案责任制、司法管辖制度、执行体制机制等重点改革项目，进一步深化人员分类管理和法官职业化改革，尽快推动建立执行员、法官助理、书记员、司法警察等审判辅助人员的单独序列管理体系，使每类人员都有各自的晋升渠道和职业发展空间；继续打造前海法院综合改革平台，着力抓好前海法院挂牌后的综合性改革工作，努力创造司法改革的"深圳经验"。

3. 抓好法院队伍建设

大力加强思想政治建设，开展向邹碧华同志学习活动，将严格要求与热情关怀相结合，进一步关心爱护干警，支持法官依法履职；继续推进法院队伍专业化建设，改进法官及法院其他各类干部的选任方式，创新教育培训体系，着力提升法官的庭审驾驭能力、法律适用能力和裁判文书写作能力；继续加强司法作风建设，继续巩固党的群众路线教育实践活动成果，树立良好司法形象；根据最高法院、省法院部署，深入开展廉洁司法集中教育活动，组织干警开展形式多样的廉政警示教育活动，认真研究审判权、执行权运行机制改革后对审判权、执行权的监督制约问题，进一步完善廉政风险防控机制，切实提高预防腐败和抵御风险的能力。结合司法改革试点工作，研究完善审判权运行、错案责任追究等制度措施，强化法官依法审判职责，完善司法责任制。

B.11
深圳市检察机关探索非法证据排除与调查工作的实践与建议

吕志峰 方嘉凡*

摘　要： 非法证据排除规则在我国发展比较晚，2012年修改后的刑事诉讼法明确了非法证据排除规则，但规定不够详细，具体执行还需各地区自行摸索。本文从深圳市检察机关侦查监督部门探索非法证据排除与调查工作的实践情况入手，分析落实该规则的困境，并提出通过统一排除标准、明确非法证据排除的效力、完善证据审查相关机制、强化调查核实权等措施，进一步推进非法证据排除工作的开展。

关键词： 非法证据排除　侦查监督　深圳市

一　非法证据排除规则概述

在我国的司法实践中，刑讯逼供、暴力取证等问题长期存在，由此带来的非法证据效力问题是检察机关办理审查逮捕、审查起诉案件的难点。之前，我国刑事诉讼法对非法证据问题仅有原则性的规定。1996年《刑事诉讼法》第五十条规定"严禁刑讯逼供和以威胁、引

---

* 吕志峰，深圳市人民检察院副检察长；方嘉凡，深圳市人民检察院检察员。

诱、欺骗以及其他非法的方法收集证据"。这一规定过于原则性，缺乏详细、具有可操作性的内容，没有明确非法证据排除的范围、排除的程序及明确相关责任。因此这一规定更多只是停留在书面上，司法实践中刑讯逼供等现象屡禁不止。近年来，佘祥林、赵作海等冤假错案的曝光，促进了刑事诉讼法律规定中非法证据排除规则的出台。2010年，《关于办理死刑案件审查判断证据若干问题的规定》和《关于办理刑事案件排除非法证据若干问题的规定》由最高人民法院、最高人民检察院、公安部、国家安全部、司法部联合发布，首次明确了非法证据排除规则的具体内容和相关程序，这标志着我国非法证据排除规则的正式确立。2012年，我国对刑事诉讼法进行重大修改，重点修改内容之一就是在法律层面确立非法证据排除规则。本次修订"界定了非法证据排除的范围以及排除的程序等内容，从而在法律上搭建了我国非法证据排除的制度框架，确立了严格排除言词证据、裁量排除实物证据的发展方向，这是证据制度修改的最大亮点"[①]。

（一）非法证据排除规则的意义

1. 非法证据排除规则的确立，有助于进一步落实保障人权的宪法原则

我国《宪法》第三十三条第三款规定"国家尊重和保障人权"，这是我国宪法的重要原则之一。在刑事诉讼法中确立非法证据排除规则是这一宪法原则的重要体现。在我国的刑事诉讼进程中，行使侦查权的公权力机关面对它所侦查取证的对象，拥有各种刑事强制措施和强制性侦查措施，使用不慎会损害当事人的合法权利。并且侦查行为属于秘密行为，缺乏过程中的实时监督，侦查违法行为很难被发现。因此，刑讯逼供、暴力取证等侦查违法行为屡见不鲜，严重侵犯了犯

---

① 陈卫东：《〈刑事诉讼法〉修改专家笔谈》，《中国司法》2012年第5期。

罪嫌疑人、证人等的合法人身权利，甚至对其造成无法弥补的侵害。非法证据排除规则的确立，在刑事诉讼中明确排除非法证据的证据效力，为侦查权和公民的合法权利划定界限，有助于进一步保障人权，落实宪法原则。

2. 非法证据排除规则的确立，有助于促进司法公正

刑事诉讼的目的在于通过打击犯罪，来保障公民的合法权利，进而实现司法公正，维护社会秩序，促进社会的有序和发展。但刑讯逼供、暴力取证等侦查违法行为的存在，不但侵犯了公民的合法权利，而且没有实现打击犯罪的本意，应当遭受惩罚的犯罪分子却逍遥法外。冤假错案的发生，使刑事司法的程序正义和实体正义荡然无存，社会公平正义无法实现。非法证据排除规则的确立，能够促使侦查机关提高办案质量，防止冤假错案的发生，进一步促进司法公正。

3. 非法证据排除规则的确立，有助于规范侦查权行使

我国刑事司法实践中，长期以来存在着侦查权独大、侦查程序不规范的问题。从我国刑事诉讼法修改的历程可以看出，加强对侦查权的制约、不断规范侦查程序是趋势之一。此次刑事诉讼法的修改确立了非法证据排除规则，是对程序违法行为的一项程序性裁判机制。非法证据排除就是直接否定违法取证所获取的证据的法律效力，从而否定了侦查行为意欲达到的效果。[①] 可以说，非法证据排除规则的确立，对侦查权的规范行使、侦查水平的提高起到倒逼作用，有助于促使侦查人员真正从思路上提升程序意识，慎用手中的权力不越界，保证侦查行为在合法范围内有序开展。

（二）非法证据的范围及排除方式

我国《刑事诉讼法》第五十四条第一款规定："采用刑讯逼供

[①] 吴明来、孙寒梅：《审查逮捕阶段非法证据的排除》，《侦查监督指南》2013年第2辑。

等非法方法收集的犯罪嫌疑人、被告人供述和采用暴力、威胁等非法方法收集的证人证言、被害人陈述，应当予以排除。收集物证、书证不符合法定程序，可能严重影响司法公正的，应当予以补正或者做出合理解释；不能补正或者做出合理解释的，对该证据应当予以排除。"

可见，刑事诉讼法将非法证据分为非法言词证据和非法实物证据。对于非法言词证据，适用绝对排除的规则，涉及使用刑讯逼供以及暴力、威胁等方式的，应当对相关犯罪嫌疑人、被告人供述以及证人证言、被害人陈述排除其证据效力，不能作为案件认定的依据。对非法实物证据，采用自由裁量的排除原则，对于能够补正和做出合理解释的，仍承认其证据效力，无法补正及合理解释的，才予以排除。这主要考虑到司法实践中，侦查违法行为具有多样性，很多只是在侦查行为的方式、签名等方面存在轻微程序瑕疵，并不违反基本法律原则，仍然具备证据的真实性。如果仅因轻微程序瑕疵就否定实物证据的证据效力，不利于查清案件事实，也有违司法公正的本意。

（三）非法取证行为的表现方式

1. 刑讯逼供、暴力、威胁等非法方法

"刑讯逼供"是指使用肉刑或者变相肉刑，使当事人在肉体和精神上遭受剧烈疼痛或痛苦而不得不供述的行为，包括殴打、电击、饿、冻、烤等。"等非法方法"是指违法程度和对当事人的强迫程度达到与刑讯逼供相当，使其不得不违背自己意愿陈述的方法。[①] 刑讯逼供在司法实践中的表现方式多种多样。要认定刑讯逼供，应根据个案情况具体分析判断，一是侦查人员实施行为手段方面，包括行为手段对当事人的侵犯方式、行为手段的激烈程度、行为手段的特定时空

---

① 郎胜主编《中华人民共和国刑事诉讼法释义》，法律出版社，第117页。

背景等。二是当事人受侵害的程度方面,包括当事人受侵害的身体部位及伤情、当事人自身的感受程度、当事人改变自身意愿表述的被强迫度等。对"暴力、威胁等非法方法"可参照上述原则认定。

2. 违反法定程序的取证行为

侦查取证中,由于未按法定程序进行或者存在程序瑕疵,导致侦查收集的物证、书证的证据效力减弱。司法实践中主要体现在以下几方面。

(1) 现场勘验检查。现场勘验检查往往是侦查取证的基础性工作。现场勘验检查存在的主要问题:一是勘验检查笔录不规范,包括勘查现场未按要求拍摄现场照片,制作《现场勘查笔录》和现场图,勘验笔录记录的地点与实际案发地点有出入,缺乏勘验人员、见证人签名、勘验时间空白等。二是勘验检查笔录与其他证据矛盾,包括讯问笔录内容与现场照片不相符合、现场照片未全面反映提取的痕迹物证、痕迹物证特征描述不够详细、未根据物证的特征选择合适的包装材料等。

(2) 搜查。很多案件的物证、书证是侦查人员通过搜查所收集的。搜查中存在的主要问题有:侦查人员在非紧急情况搜查未按规定开具《搜查证》;搜查无被搜查人或见证人在场;执行搜查的侦查人员少于两人;搜查未制作笔录;搜查笔录没有被搜查人或家属签字或盖章等。

(3) 查封、扣押。查封、扣押中存在的主要问题有:一是主体的问题,如执行查封、扣押的侦查人员少于两人;扣押清单缺少侦查人员、持有人或见证人签名。二是程序的问题,在侦查过程中需要扣押财物、文件的,未经办案部门负责人批准并制作扣押决定书;扣押财物、文件价值较高或者可能严重影响正常生产经营的,未经县级以上公安机关负责人批准并制作扣押决定书。三是特殊规定的问题。对于无法确定持有人的财物、文件或者持有人拒绝签名的,侦查人员未在清单中注明；依法扣押文物、金银、珠宝、名贵字画等贵重财物的，未按规定拍照或者录像等。

（4）物证、书证非原物、原件的处理。司法实践中，很多物证只是提供照片附于案卷中，部分书证出于保存证据的角度，也只是提供了复印件。对于物证、书证并非原物、原件，司法解释规定很明确，必须经过辨认、鉴定，由两人以上制作，并附有制作人关于制作过程以及原物、原件存放于何处的文字说明和签名。实践中，物证、书证的复制、复印件一般都经过辨认、鉴定，并由两人以上制作，但是对于制作人关于制作过程以及原物、原件存放地点的书面说明则大量缺失，很少附于案卷中。

二 深圳市探索非法证据排除与调查工作方式

自修改后的刑事诉讼法确立非法证据排除规则以来，深圳市人民检察院侦查监督部门积极开展学习活动，进一步提高办案人员排除、调查非法证据的意识和能力，并从审查逮捕的工作实际出发，加强对侦查机关提请批准逮捕案件的证据审查，为检察机关开展非法证据排除、调查工作把好第一道关口。深圳市侦查监督部门在办理案件的过程中注重从多方面加强对非法证据的审查及对非法证据线索的收集工作。

（一）做好对犯罪嫌疑人供述的形式审查工作

在办理审查逮捕案件时，强化对犯罪嫌疑人的供述和辩解的审查，重点审查犯罪嫌疑人的有罪供述是否有其他证据相互印证。对于犯罪嫌疑人的无罪辩解，注意审查是否存在非法证据的可能。犯罪嫌疑人在讯问笔录里做无罪辩解，既有逃避法律处罚的可能，也有反映真实情况的可能。办案时重视对犯罪嫌疑人无罪辩解的审查，认真排除非法证据。结合案卷证据材料的细节上反映出的问题，如辨认照片是否存在明显暗示，物证提取方面是否存在瑕疵等，确保综合审查是否存在非法证据。

（二）做好讯问犯罪嫌疑人、听取犯罪嫌疑人意见的工作

在讯问犯罪嫌疑人、听取犯罪嫌疑人意见时，注意发现非法证据线索。如果存在非法取证行为，那么作为被侵害对象的犯罪嫌疑人则是获取非法证据线索最好的渠道。即使犯罪嫌疑人三缄其口，也可从犯罪嫌疑人身体是否有伤痕、说话是否神情异常、供述内容是否前后矛盾等方面发现非法证据线索。龙岗区人民检察院建立了发现刑讯逼供线索的内部工作流程：案件承办人在讯问犯罪嫌疑人或者从《听取犯罪嫌疑人意见书》发现刑讯逼供线索的，应于当日致电办案民警，要求提供犯罪嫌疑人的《入所体检证明》以及讯问录音录像视频资料光盘。案件承办人通过以上方法确定可以排除存在刑讯逼供可能性的，应当在审结报告中予以书面体现，方可结案。案件承办人如认为案件可能存在刑讯逼供线索的，应当制作《要求说明证据合法性通知书》，以书面形式要求公安机关做出详细具体说明，并在内勤处备案。如公安机关无法说明证据合法性，不能排除刑讯逼供可能的，应作为职务犯罪线索移交。

（三）做好对证人证言、被害人陈述的依法审查

加大对证人证言、被害人陈述的审查力度，要明确审查重点，注重审查询问地点、询问方式、询问时间等内容，发现不合规定的，应当要求侦查机关补正或者说明。必要时，可根据《人民检察院刑事诉讼规则（试行）》的相关规定，对证人、被害人重新询问，观察证人证言、被害人陈述是否有所变化，如有变化，变化的内容是涉及定罪量刑的关键事实还是不影响基本事实的细枝末节问题。在询问证

人、被害人时要注重发现非法证据线索,如发现证人证言、被害人陈述并非本人真实意思的表示,则可通过进一步调查的方式确定有无非法取证的可能。

(四) 做好对物证、书证等证据的审查工作

对物证、书证以及勘验、检查笔录和搜查笔录,要注重审查勘验、检查笔录和搜查笔录中描述的物证、书证的特征是否与物证、书证的照片、实物相符,数量是否相同。如勘验、检查笔录和搜查笔录的描述的内容与物证、书证的照片、实物存在矛盾,或物证、书证来源不明的,应严格按照法律规定要求公安机关补正,如无法补正的则应有合理说明或者解释。如果既无法补正也无法做出合理说明或者解释的,依法不能将其作为证据使用。对于物证的照片、书证复制件不能反映原物、原件特征及内容的,要求公安机关重新制作。

(五) 建立相关工作机制确保案件质量

福田区人民检察院在行使侦查监督等多项职能的诉讼监督局内部初步建立了案件调查专员团队,整合了对刑事、民事、行政诉讼违法行为的调查职能和对诉讼活动中涉嫌职务犯罪的线索初查职能,加大了对刑事侦查违法行为的调查力度。诉讼监督局内部各专员团队应在发现违法行为线索之日起三日内,填写《违法行为线索移送函》,案件调查专员团队接到诉讼监督局局长分配的违法行为线索后,应依法进行调查,调查期限为一个月并制作调查报告,经局长审批后根据不同情况做出相应处理:经调查发现涉嫌职务犯罪线索的,移送职务犯罪举报中心依法处理;经调查发现未涉嫌犯罪但存在其他违法行为的,依法向有关单位发出《检察建议书》或者《纠正违法通知书》。

宝安区人民检察院针对公安机关办案质量不高的现状,将修改后

的刑事诉讼法对类案证据的新要求，以检察建议形式督促公安机关提升办案质量。侦查监督科正副科长分别对口辖区内各公安分局，及时向公安机关通报办案过程中的新情况、新问题，督促公安机关提高侦查取证水平。侦查监督科多名业务骨干定期为公安机关办案人员授课，力争从源头上保证办案质量，杜绝非法取证行为。

龙岗区人民检察院制定了《深圳市龙岗区人民检察院驻所检察工作办法（试行）》，对侦查监督人员驻派出所工作的原则、范围、形式及驻所人员的职责做出了详细的规定。通过对辖区内基层派出所正在办理的重大、复杂、社会影响大及适用法律有争议的刑事案件适时提前介入，引导侦查取证，变审查式监督为参与式监督，有助于提高公安机关办案质量和诉讼效率。

三 非法证据排除与调查工作中存在的问题

（一）法律规定存在的问题

1. 排除范围有待进一步明确

非法证据排除的范围还是相对狭窄，仅限特定的言辞证据和物证、书证。实践中我们发现存在侦查人员应当回避而未回避而进行侦查取证、死因鉴定意见中把死者姓名弄错的情形，这些证据严格意义上讲应当予以排除但实际上却不属于非法证据的排除范畴。

非法言辞证据的"等非法方法收集"这句话有待进一步清晰界定其内涵及外延。修改后的《刑事诉讼法》与《人民检察院刑事诉讼规则（试行）》只是列举了"刑讯逼供""暴力、威胁"等手段获取的言辞证据应依法排除，其他以非法方法收集的证据则仅用一个"等"字予以概括。虽然《刑事诉讼法》第六十五条对"其他非法方法"做了定义：违法程度和对犯罪嫌疑人的强迫程度与刑讯逼供或者暴力、威胁相当而迫使其违背意愿供述的方法。但这个定义本身也并未将"其他非法方法"范围明确化、清晰化，还是要靠办案人员去判断和把握。另外，对根据非法方法获得口供，并据此获得的第二手证据的效力问题，即通常所说的对"毒树之果"的处理问题，对于"毒树之果"应否作为非法证据予以排除法律并未明确规定，侦查监督部门在审查证据时也无法援引法律进行处理。

对于非法物证、书证，要分情形进行补正或者给出合理的解释，并非绝对排除。而对于所谓的"合理解释"并没有统一的标准，实践中难免会出现侦查机关对于自身提取的证据以及提取过程总能做出"合理"的解释，而这种解释并不能实现其他诉讼相关部门的认同。因此，非法证据排除范围的抽象性以及标准的不确定性，导致实践中存在操作的随意性。

2. 排除效力有待进一步明确

审查逮捕阶段，对于侦查机关所提取的证据，在作为非法证据予以排除之后，在后续的诉讼阶段是否还会继续作为证据出现，审查起诉、审判阶段是否仍需进行非法证据排除，在刑事诉讼法中没有明确，实践中有可能会在后续的诉讼阶段重复审查或者一经排除即永远失去证据资格。这种排除效力的不确定性，可能造成实践中因证据采信的标准不一、效力不定，影响诉讼的进行。

修改后的《刑事诉讼法》实施之后，实践中审查逮捕阶段对非法证据予以排除的真实案例极少。但是，非法证据排除规则依法必须适用于审查逮捕阶段，且现有法律规定存在一些漏洞和不足，这需要我们不断探索，进一步在实践中予以完善，真正发挥其应有的作用。

（二）工作中存在的问题

1. 执法理念问题

长期以来，检察机关和公安机关在办案过程中不同程度地存在重配合轻监督的理念。对于案件中有问题的证据，侦查监督部门办案人员很多从思维惯性出发，倾向于帮助公安机关侦查人员，对非法证据很难予以排除。如果以非法证据排除为由做出不批准逮捕决定，公安机关难免会有情绪，恐怕社会大众尤其是被害人心理上也会难以接受。

2. 调查困难

修改后的《刑事诉讼法》明确赋予检察机关对侦查人员以非法方法收集证据的行为进行调查核实的权力，但对该调查核实权的规定过于模糊抽象，并未明确侦查监督部门行使调查核实权的原则、程序、法律后果，造成侦查监督部门行使调查核实权的现实困难。同时，虽然法律对非法取证行为进行调查核实的方式进行了列举，但在实际的调查中也存在着现实困难，如讯问犯罪嫌疑人、询问在场人员及证人时，当事人可能出于恐惧心理、迫于现实压力不愿透露的非法取证情形；询问办案人员时，办案人员可能基于逃避责任心理不会承认非法取证。得不到案件相关人员的配合，又无法获得其他证据支撑，即使真的发生非法取证行为，调查核实工作也难以开展。

3. 证明困难

虽然在办理案件的过程中发现了非法证据的线索，当事人也承认遭遇非法取证，但要举证证明存在非法取证行为也是困难重重。如犯罪嫌疑人体表存在伤痕的，仅有本人的言辞证据，而无其他证人证言、录音录像等相关证据来证明，则难以认定侦查人员存在非法取证行为，进行伤情鉴定也仅是伤害程度的判断，并不能得出在哪里受伤、受谁伤害的结论，也就无法确认该伤痕是由侦查人员造成的。而如果侦查人员仅采取威胁的方式获取非法证据，则更难以找出证据支持非法取证的结论。

4. 人力困难

侦查监督部门的办案期限通常只有7天，除去周六、日休息的2

天,实际办案期限仅有5天。在5天的时间里既要履行审查逮捕职责决定是否逮捕,又要审查是否存在非法证据并进行调查、排除,这无异于给侦查监督部门的办案人员增加了一倍以上的工作量,造成开展非法证据排除、调查时间紧张。深圳市检察机关人少案多的矛盾本来就长期存在,办案人员无法抽出更多的精力来开展非法证据排除及后续调查核实工作。

四 完善非法证据排除与调查工作的建议

(一)明确非法证据排除范畴,统一相关标准

对于非法证据排除可以分为绝对排除与相对排除。首先,对于非法获取的言辞证据一律予以排除。实践中经常出现犯罪嫌疑人供述反复的情形,甚至有到了审判阶段犯罪嫌疑人当庭翻供的现象,直接影响检察机关的司法公信力。因此,对于侦查机关采用刑讯逼供等暴力方法获取言辞证据的如查证属实,应当依法予以排除,不得作为做出逮捕决定的依据。其次,对于物证、书证视情形区分处理。一方面,对于以明显违法的方法获取的物证、书证应予以排除,即违反了法律对公民基本人身权利的规定的予以排除。如讯问、询问笔录中缺少侦查人员签名等程序性问题的情形,可以通过说明和补签的形式进行补正的,不应排除。另一方面,对于"可再次取得"和"不可再次取得"的证据进行区分。对于"可再次取得"的非法证据,如无法补正或者做出合理说明、解释的,则依法予以排除;对于"不可再次取得"的非法证据,只要不是通过侵害公民基本权利的方式获取的,一般不予排除。

另外,对于"合理解释"应当有明确的规定。根据我们的实践,"合理解释"所要达到的标准可以被确定为"排除合理怀疑"。

具体理解上,"排除合理怀疑"应具备以下条件:一是客观性,即就每个证据而言,它的证明事项具备客观真实性,不存在疑点。二是充分性,对全案证据而言,均指向同一事实,且证据之间不存在矛盾之处。三是无合理怀疑之依据。合理怀疑不是没有凭据的主观判断或是想象臆测,而是基于案件证据反映的可能性,必须有相关证据予以证明。

(二)明确非法证据排除效力

司法实践中,非法证据排除的实质性阶段是控诉方与辩护方在庭审过程中的举证、质证的辩论过程,最终对证据是否采信是由审判机关决定的。因此,不应对审查逮捕阶段的非法证据排除效力做扩大解释。对于审查逮捕阶段的非法证据,能够进行补正的进行补正,能做出合理说明的要求侦查机关做出书面说明,当然对于"合理说明"的实质内容主要由审判机关在庭审过程中予以决定,侦查监督部门只审查其是否符合批捕阶段的合理性。

(三)完善证据审查相关机制

首先,注重从证据来源中发现非法证据。言辞证据应作为审查的重点,尤其"一对一"的言辞证据,更要注重审查是否存在矛盾之处,是否内容完全重合具有非法证据线索。其次,注重对鉴定意见的审查。对鉴定机构资质、鉴定人资格、检材来源是否合法等进行审查,以排除其中的违法事项。最后,在审查逮捕意见书中增加对定罪证据合法性的审查说明。对定罪所采信的证据的合法性进行明确,也是对证据审查过程的一项监督落实。非法证据排除规则的法律化,是惩罚犯罪和保障人权并重的体现,其应当贯穿整个刑事诉讼过程。审查逮捕阶段的非法证据排除有其法律和现实依据,也存在落实上的不足。实践中需要我们不断探索,从相关制度的建立到具体操作的落实,逐步完善审查批捕阶段的非法证据排除。

(四)强化调查核实权

针对调查核实权的法律规定过于模糊抽象的问题,应当进一步细化规则,明确检察机关行使调查核实权的原则、程序、法律后果,并对被调查人设置相应的义务与责任,使调查核实权具体化、明确化。同时,还应当在检察机关的调查核实权中增加对提出非法证据排除申请的犯罪嫌疑人、在接受调查时主动承认有非法取证行为发生的相关人员的保护内容,保证他们在说出非法取证行为后不会遭到侦查人员的打击报复,消除他们的畏惧心理和后顾之忧,保障非法证据排除与调查核实工作的顺利开展。

(五)建立言辞证据的侦查机关举证说明制度

相较于案件当事人的弱势地位,侦查机关往往掌握更多的资源和权力,因此在证明有无非法取证行为时应当要加大侦查机关的责任,就像法律明文规定对非法获取的物证、书证要求侦查机关补正或解释一样,对言辞证据也应当建立侦查机关举证说明制度,在检察机关经调查核实仍无法获得非法取证的有力证据时,则可要求侦查机关举证其并未采取刑讯逼供、暴力、威胁等非法手段获取证据,并合理解释证据存疑的原因。如果在一定期限内侦查机关无法证实其取证行为的合法性,或无法做出合理说明的,检察机关则可据此将该证据视为非法证据予以排除。

(六)区分标准,分工合作

针对侦查监督人员配置不足、办案时限较短、案件数量较大的特点,一方面应结合工作实际清晰界定审查逮捕阶段非法证据的认定标准。在审查逮捕阶段，非法证据的认定标准不宜要求过高，对于经过调查仍不能排除非法取证合理怀疑的，应视作非法证据，按照非法证据排除规则处理。另一方面，应在侦查部门内部实行专业化分工，指定专人负责非法证据调查核实工作。一旦案件承办人在办案中发现非法取证线索行为，经请示领导后，即可交予专人办理，最终视调查结果决定是否将该证据确定为非法证据。

B.12 刑事立案监督实践困境与制度完善

——以深圳市检察机关2011~2014年刑事立案监督实践为例

马绍峰[*]

摘　要：	刑事立案监督是检察权的重要内容之一，对确保司法公正、及时惩处犯罪，促进依法治国，具有重要意义。本文以深圳市检察机关刑事立案监督实践为视角，较为全面地分析了2011~2014年全市工作数据和案件特点，对监督模式进行了分类，介绍了"两法衔接"和公开听证两项工作的新探索。在此基础上，深入剖析了刑事立案监督现实困境，并提出了从法律上明确刑事立案监督对象及内容、重塑自侦案件立案监督工作流程等五方面的制度完善路径。
关键词：	检察权　法律监督　刑事立案监督

一 深圳市刑事立案监督现实状况

（一）近四年的工作数据分析

2011~2014年，深圳市检察机关共受理1359件立案监督案件。

---

[*] 马绍峰，深圳市人民检察院侦查监督一处。

其中，对公安机关应当立案而不立案的监督案件687件，分别为：2011年受理86件，2012年81件，2013年419件，2014年101件；依案件类型分，要求公安机关说明不立案理由640件，公安机关主动立案207件，直接通知公安机关立案72件。对公安机关不应当立案而立案的监督案件670件，分别为：2011年317件，2012年198件，2013年80件，2014年75件。建议报请对自侦案件①立案侦查的案件2件，分别为：2011年1件，2012年1件，2013年0件，2014年0件。

从监督内容看：刑事立案监督包括两个对象、三方面内容。两个对象为公安机关和检察机关自侦部门。三方面内容为：第一，对公安机关应当立案而不立案的监督；第二，对公安机关不应当立案而立案的监督；第三，对检察机关自侦部门的监督。

从案件来源看：对公安机关应当立案而不立案的监督案件中，由检察机关在办案中自行发现的190件，其中，2011年28件，2012年28件，2013年82件，2014年52件；被害人控告的343件，其中2011年58件，2012年53件，2013年183件，2014年49件；行政执法机关移送154件（2013年新增）。对公安机关不应当立案而立案的监督案件中，由检察机关在办案中自行发现的418件，其中，2011年203件，2012年127件，2013年53件，2014年35件；当事人申诉的252件，其中，2011年139件，2012年71件，2013年2件，2014年40件。

从案件性质看：在对公安机关应当立案而不立案的监督案件中，侵犯财产类和破坏社会主义市场经济秩序类的案件占大多数，其中，侵犯财产类的案件最多，有292件；破坏社会主义市场经济秩序类的案件其次，有288件。其他类型的案件相对较少，侵犯公民人身

---

① "自侦案件"指检察机关自行侦查案件，即属于人民检察院管辖立案侦查的案件。

权利、民主权利类的案件为63件，妨害社会管理秩序类的案件为41件，危害国防利益类的案件为2件，危害公共安全类的案件为1件。

（二）案件特点分析

根据上述统计分析，可以看出目前深圳市检察机关刑事立案监督工作主要有以下特点。

1. 工作发展势头较好

以典型的公安机关的应当立案而不立案监督案件为例，除2013年外，2011年、2012年、2014年的受理数呈平稳上升之势。2013年受理数大幅攀升至419件，主要原因有二：一是全市开展了危害食品药品犯罪专项立案监督活动；二是新增了"两法衔接"案件。2013年受理419件，同比2012年的81件上升417.28%，成功监督167件，同比2012年的58件上升187.93%，保持了较好发展势头。此外，监督成案率（公安机关执行通知情况/通知公安机关立案数）逐年上升，2014年、2013年为100%，同比2012年上升32%，2011年为91%，基本保持了很高的监督成案率。

2. 权重地位弱势明显

尽管审查逮捕、立案监督和侦查活动监督三项工作在检察机关侦查监督工作中被称为"一体两翼"。但三项工作中，立案监督案件量一直偏少。以2013年为例，深圳市检察机关在当年公安机关移送审查批捕案件高达18936件，涉及27116人的情况下，受理立案监督案件仅为499件，仅占受理移送审查批捕案件总数的2.64%。2012年该比例为1.78%，2011年为2.23%。刑事立案监督在侦查监督工作中比例不高，也反映出其权重地位弱势。

3. 监督对象失衡严重

2011~2014年的几年间，建议报请立案侦查的自侦案件仅为2

件，在整个刑事立案监督工作中的比重极低，也和这几年间自侦立案的956人①不成比例，基本可以忽略不计。这一方面说明自侦案件的立案监督工作开展不理想，另一方面也说明了自侦案件立案监督工作还存在很大的拓展空间。

4. 监督立案后案件进展不容乐观

考虑到2014年很多立案监督案件仍在诉讼进程中，因此，以2011～2013年为例，三年来成功监督公安立案268件，监督立案后仍处于侦查阶段的案件193件，占72.01%；监督立案后不捕、不诉或刑事和解撤案的案件24件，占8.96%；已被判决的51件，19.02%。被判处3年以下有期徒刑、拘役或缓刑的33件，占立案后已判决案件的64.7%；被判处10年以上有期徒刑的没有。可见，近七成案件仍处于侦查阶段，只有1/5左右的案件已判决，即使顺利进入审判阶段的案件绝大多数被法院判处轻刑。

（三）监督模式分类

1. 监督立案情况

全市检察机关监督立案基本分为审查逮捕发现、"两法衔接"核查发现、提前介入发现和受理控告发现四种类型，下面逐一进行解构。

（1）审查逮捕发现类型。主要特点是，在审查逮捕工作中，发现新的犯罪嫌疑人，且不属于提请批捕案件的共同犯罪人，对该犯罪嫌疑人启动立案监督程序。此类案件共87件，占成功监督立案的32.46%。如审查逮捕犯罪嫌疑人王某某等人涉嫌贩卖毒品案时，发现案外人员周某某明知王某某放在出租屋内的是毒品而帮助其将毒品从阳台扔下楼，以抗拒追缴，涉嫌转移毒品罪。据此，监督公安机关

---

① 根据公开的2011～2014年检察统计数据，深圳市检察机关共立案侦查956人。

立案。此种情形符合立案监督的条件，是审查逮捕中发现监督线索最为常见的模式，也是立案监督权正确、规范行使的主要表现形式。

（2）核查案卷发现类型。2013年检察机关主动联合行政机关对全市食品安全监管部门移送给公安机关的涉嫌犯罪案件进行全面核查。核查重点是移送后公安机关不立案的案件，通过逐一抽调核查案卷方式，共监督立案25件。主动核查案卷方式是检察机关开展动态监督、有效拓展案源的有益探索，收到了良好的法律效果和社会效果。

（3）提前介入发现类型。以2013年为例，深圳市检察机关通过提前介入发现线索并成功监督立案126件。类型一：发现未被立案的人有犯罪事实需要追究其刑事责任。例1：李某某涉嫌生产销售假冒注册商标的商品一案，深圳市市场监督管理部门2013年4月6日移交公安机关，公安机关拖延不立案。2013年7月30日检察机关提前介入后发现李某某有犯罪事实需要追究刑事责任，遂建议公安机关予以立案并补充侦查。类型二：发现已被立案的犯罪嫌疑人构成其他犯罪，对该漏罪启动立案监督。例2：吴某涉嫌抢劫一案，提前介入后发现涉嫌抢劫罪的其他同犯均已被不起诉，也不能认定吴某涉嫌抢劫罪，但现有证据足以认定其涉嫌非法持有枪支，遂建议公安机关立案侦查。对以上两个案例，有必要加以分析探究。第一，提前介入后发现公安机关确属应当立案而不立案的，可以进行立案监督。如例1中，根据2001年国务院制定的《行政执法机关移送涉嫌犯罪案件的规定》第8条，公安机关应当自接受行政执法机关移送的涉嫌犯罪案件之日起3日内审查并做出是否立案的决定。该案中从深圳市市场监督管理局移送给公安机关已超过3个月，公安机关尚未做出是否立案的决定，因此可以监督公安机关立案。第二，对已立案案件提前介入，不能因发现嫌疑人另有其他罪行或构成其他犯罪而启动立案监督程序。因为实际上该嫌疑人已被立案，此时仅需要引导公安机关转变侦查思路即可（如例2）。

（4）受理控告发现模式。受理控告后成功监督立案的比例较低，工作难度大。以深圳市检察院为例，2013年，该院受理控告申诉发现并成功监督立案2宗案件，占受理当事人控告申诉总数22件的9.09%。承办检察官普遍反映，此类立案监督案件较为棘手，办理难度最大。究其原因，一方面，此类案件法律关系较为复杂，经常处于刑民交叉的模糊地带。如到底是民事纠纷还是合同诈骗。对此，承办人员处理较为慎重，担心轻率启动立案监督后会干涉民事、经济活动，损害公民的合法权益。另一方面，控告人缠访闹访现象多。个别控告案件当事人情绪激动、长期争讼、缠访闹访，处理不慎将造成不同程度的消极社会影响。

2. 监督撤案情况

2011～2014年全市监督撤案525件，因没有犯罪事实或行为不构成犯罪而监督撤案的479件，占91.24%；其他的撤案原因有，因属于自诉案件自诉人没有告诉而监督撤案的28件；因犯罪嫌疑人是在校学生且已有悔罪表现并得到被害方谅解，经刑事和解后监督撤案的18件。基本分为审查逮捕中发现、提前介入发现两种类型。下面逐一进行解构。

（1）审查逮捕中发现类型。如承办人在审查逮捕闵某涉嫌投放危险物质罪中，发现公安机关已针对闵某的叔叔的强奸事实立案，但经审查认为闵某的叔叔没有强奸行为，遂监督公安机关撤销闵某的叔叔涉嫌强奸罪一案。根据诉讼规则规定，在审查逮捕中发现公安机关对尚未呈捕的犯罪事实或犯罪嫌疑人违法立案，可以启动监督撤案程序，这一案例便属此类。

（2）提前介入发现类型。此类监督撤案374件，占成功监督撤案的71.24%。如廖某等5人涉嫌敲诈勒索一案，承办人提前介入后认为现有证据无法证实犯罪嫌疑人廖某的行为构成敲诈勒索罪，遂发出《要求说明立案理由通知书》监督公安机关撤销案件。提前介入后发现公安机关立案有误的，可以通过立案监督程序撤案，这是监督撤案权正确行使的表现。因为提前介入后如果发现公安机关存在不应当立案而立案的行为，则一般要先审查其立案理由，此时发现疑问而按立案监督程序向公安机关发出《要求说明立案理由通知书》，符合诉讼规律。

（四）刑事立案监督新探索

近年来，深圳市检察机关在刑事立案监督工作方面，积极开拓创新，探索新的工作方式方法。

1. 探索建立"两法衔接"[①]工作机制

宪法规定检察机关是法律监督机关，但是法律并未规定检察机关可以监督行政执法机关和行政执法行为。2001年国务院颁布了《行政执法机关移送涉嫌犯罪案件的规定》，规定"行政执法机关移送涉嫌犯罪案件，应当接受人民检察院和监察机关依法实施的监督"[②]。最高人民检察院颁布的《人民检察院办理行政执法机关移送涉嫌犯罪案件的规定》也将"检察机关发现行政执法机关应当移送的涉嫌犯罪案件而不移送的"[③]作为提出检察意见的情形之一。由此增加对行政执法领域的立案监督这一检察机关法律监督的新内容。2012年，深圳市建立了覆盖全市的"两法衔接"工作机制，创造性地引入《中华人民共和国行政监察法》的手段[④]，检察机关与行政监察机关联合开展监督立案和监督移送工作。依托该工作机制，2013年两个

---

① "两法衔接"是行政执法与刑事司法衔接的规范化简称。
② 《行政执法机关移送涉嫌犯罪案件的规定》第14条。
③ 《人民检察院办理行政执法机关移送涉嫌犯罪案件的规定》第12条。
④ 根据2010年全国人大常委会通过的《中华人民共和国行政监察法》，监察机关可以对监察对象执法、廉政、效能情况进行监察，提出监察建议。

机关全面监督复查了全市市场监督管理部门查处的3490宗食品安全违法行政处罚及移送案件。通过核查案卷方式，共向市场监督管理部门发出《建议移送案件函》17份，要求公安机关说明不立案理由34件，监督立案25件。"两法衔接"工作机制有效拓展了立案监督案件线索来源，成为检察机关拓展法律监督职能的重要探索，取得了良好成效。

2. 探索建立公开听证制度

深圳市宝安区和龙岗区人民检察院均探索将听证会的形式引入刑事立案监督案件办理，效果不错。宝安区人民检察院的公开听证案件为舆论高度关注的"深航试飞空姐于某某自杀事件"引发的立案监督申诉案。由于全国多家主流媒体纷纷以《空姐之死》《深航高管潜规则致空姐自杀》等为题进行连续报道，在全国范围内形成了一定的舆情热点。申诉人魏某某认为于某某系被陈某某教唆自杀，对公安机关不予立案决定不服，遂向宝安区人民检察院提出申诉，要求督促公安机关立案，依法追究陈某某刑事责任。宝安区人民检察院决定尝试举行公开审查听证会，主动听取各方意见，接受外界监督，以公开促公正，确保案件得到依法妥善处理。听证会上，承办人就该宗案件的事实和相关证据情况做了详细介绍，并从证据角度、法律适用角度等方面发表了维持公安机关不予立案决定的拟办意见。双方当事人及代理律师先后对案件处理发表了意见。随后，公安机关代表及三名"三员"① 代表依次发言，对办案部门的初步处理意见表示认可和支持。听证会后，侦查监督部门将该案听证情况附随提请研究报告一并报检察委员会研究，为最终的决策提供参考。龙岗区人民检察院公开听证的刑事立案监督案件涉案金额达80万元，申诉人多次扬言要上访。该院通过将案件的证据、事实予以公开审查，广泛听取各方对该

---

① "三员"指人民监督员、特约检察员、执法监督员。

案的意见，接受社会监督，适当增强检察工作的透明度，使案件当事人充分感受到自己的合法权利得到公平、公正的对待，从而成功地化解了一次重大的矛盾纠纷，罢访息讼。

二 刑事立案监督现实困境

由于刑事立案监督工作的法律规定不够完备，缺乏刚性的细化法律条文，因而现实中遇到不少困难。

（一）刑事立案监督实体不明确

1. 刑事立案监督对象单一

根据现行刑事诉讼法的规定，立案监督的对象为公安机关[①]。但是，具有刑事立案权的机关还有人民法院、国家安全机关、海关走私犯罪侦查部门、监狱、军队保卫部门等，法律并未将这些机关规定为刑事立案监督对象。立法的空白，使得上述立案权力主体并未成为刑事立案监督对象。最高人民检察院则通过刑事诉讼规则，将检察机关的自侦案件纳入立案监督的范畴。但这种自我监督工作往往难以展开，易流于形式。前文自侦立案监督办案数据就说明了这一点。

2. 刑事立案监督范围狭窄

从刑事诉讼法的规定看，立案监督的范围主要是"应当立案而不立案"的情形，对"不应当立案而立案侦查"的情形未规定在立案监督范围之列。2001年，最高人民检察院发布的《人民检察院立案监督工作解答》明确规定："立案监督的客体是公安机关的立案活动，它主要发现和纠正以下违法行为：应当立案侦查而不立案侦查的；立案后又做行政处罚或者劳动教养等降格处理的；不应当立案而

---

① 参见《刑事诉讼法》第111条规定。

立案侦查的。"也就是说，该解答将"积极立案行为"以及立案后的处理结果均列为刑事立案监督的范围。立案后做不当"降格处理"的情形，是否属于"立案行为"，能否纳入立案监督的范围目前仍存在较大争议。"高检院解答"作为对现行"刑诉法"的突破似乎也超出了《立法法》所规定的限度。但实施效果很不错，从深圳市检察机关来看，近四年受理的对"积极立案行为"监督已达670件，已经与受理的对"消极立案行为"的监督的687件基本持平。

（二）公安机关初查责任不明晰

关于立案的条件，《刑事诉讼法》第107条[①]、第108条[②]做了规定，但被害人向公安机关报案或者控告，公安机关受理情况如何？受理后在多长时间内必须进行初查？初查的程序和要求怎么样？法律并未规定。这直接影响到刑事立案监督开展的成效。具体分析如下。

1. 受理环节

《刑事诉讼法》第108条第3款规定："公安机关、人民检察院或者人民法院对于报案、控告、举报，都应当接受。"但实际工作中，当事人向公安机关报案、控告、举报，公安机关往往要求当事人证明发生了犯罪事实，否则根本不受理。很多情况下，当事人限于能力只能进行初步证明，而不能完全证明。要当事人完整证明有犯罪事实确实勉为其难，也与法律相违背。尤其是涉及经济犯罪案件的，公安机关侦破难度大，又怕插手经济纠纷，不能提供确凿证据的根本不受理。在公安机关不受理的情况下，一些当事人转而向检察机关寻求立案监督。其朴素想法就是检察院是法律监督机关，可以管公安机

[①] 《刑事诉讼法》第107条规定："公安机关或人民检察院发现犯罪事实或者犯罪嫌疑人，应当按照管辖范围，立案侦查。"

[②] 《刑事诉讼法》第108条第2款规定："被害人对侵犯其人身、财产权利的犯罪事实或者犯罪嫌疑人，有权向公安机关、人民检察院或者人民法院报案或者控告。"

关。这显然不属于立案监督的范畴。笔者时常遇到此类情况，每次都花费大量时间进行解释说理，于是不禁思考是否可以将刑事立案监督工作向前延伸到案件受理阶段。

2. 初查环节

现行的刑事诉讼法并未对初查的责任、时间做出明确规定。首先，分析初查责任。以案例说明：当事人张某控告周某伪造国家机关公文印章。经鉴定，确认周某所持有的文件印章和从档案部门调取的印章不一致。公安机关不立案，理由为案件发生时间在很久之前，行政机构几经变化，有可能机构变更了印章未备案，难以确定该公文系伪造。张某不服，申请立案监督。对此，笔者认为变更印章后未备案的情况确有可能。但是，只要公安机关初查认真的话，从档案部门或行政机关调取该行政机关成立以来每年发布的一份盖印文件，相互比对，是否伪造立刻清楚。此案中，公安机关的初查显然不到位。法律法规并未规定公安机关初查不到位的责任追究方式。其次，在初查时间上，有的公安机关受理后一直拖延，既不说立也不说不立，有些证据因时过境迁而难以收集。公安机关内部的执法细则规定，经济犯罪案件受理后必须在60日内做出立案与否的决定。但是其他刑事案件，根本没有任何规定。公安机关初查工作游离在法律之外，很多案件无法进入刑事立案环节，立案监督工作也无从开展。因此，应该对刑事案件立案前的初查责任、时间以及程序等工作给予细化规定，明确责任。

（三）刑事立案监督证据标准不统一

刑事立案监督的标准[①]与刑事立案的标准[②]的规定不相同，刑事

---

① 最高人民检察院《人民检察院立案监督工作问题解答》第十条规定："由于通知立案具有指令性，为了确保立案监督的质量和效果，人民检察院通知公安机关立案的案件，应当从严掌握，一般应是能够逮捕、起诉、判刑的案件。"

② 《刑事诉讼法》第111条规定，公安机关立案的标准是"认为有犯罪事实需要追究刑事责任"。

立案监督一直缺乏统一的办案标准。根据《刑事诉讼法》，立案是一个独立的诉讼阶段，立案标志着刑事诉讼程序的启动。每一个诉讼阶段都有着不同的证据标准要求。立案证据要求不同于逮捕证据要求，也不同于起诉证据要求，更不同于定罪量刑的证据要求。检察机关将"能捕、能诉、能判"作为立案监督的条件也有一定道理，因为它不仅直接关系到公民人身权利的保障问题，而且能提高立案监督的成功率，树立检察机关作为法律监督者的权威形象。然而就立案监督本身而言，这样的标准设定人为抬高了刑事立案监督案件的证据标准，缩小了刑事立案监督的范围，弱化了刑事立案监督权能，在司法实践中也常常面临着尴尬和无奈的局面。

（四）自侦案件立案监督难开展

自侦案件立案监督是指检察机关对直接受理立案侦查案件的立案活动是否合法进行法律监督。《刑事诉讼法》第111条①、第170条②，《人民检察院刑事诉讼规则》第379条③，以及最高人民检察院制定的内部规定等，是自侦案件立案监督的主要规范来源。从这些规范可以看出，侦查监督部门对自侦部门的立案活动进行监督。但这种

---

① "人民检察院认为公安机关对应当立案侦查的案件而不立案侦查的，或者被害人认为公安机关对应当立案侦查的案件而不立案侦查，向人民检察院提出的，人民检察院应当要求公安机关说明不立案的理由。人民检察院认为公安机关不立案理由不能成立的，应当通知公安机关立案，公安机关接到通知后应当立案。"虽然该法条只规定检察机关对公安机关"应当立案而未立案"具有立案监督权，但是我们可以将该条看作检察机关具有立案监督权的直接权力来源。

② "自诉案件包括下列案件：（二）被害人有证据证明的轻微刑事案件；（三）被害人有证据证明对被告人侵犯自己人身、财产权利的行为应当依法追究刑事责任，而公安机关或者人民检察院不予追究被告人刑事责任的案件。"该规定赋予被害人对刑事案件包括自侦案件具有立案监督权，表现为直接向法院提起自诉。

③ "人民检察院审查逮捕部门或者审查起诉部门发现本院侦查部门对应当立案侦查的案件不报请立案侦查的，应当建议侦查部门报请立案侦查；建议不被采纳的，应当报请检察长决定。"该条被视为自侦案件立案监督的直接规范来源，但是赋予监督部门的监督手段有限，监督效果很难保证。

内部部门之间的监督存在天然的缺陷。一方面，监督手段不能体现出效果。检察机关对自侦部门的不立案监督不可以使用《说明不立案理由通知书》和《通知立案书》，只能提出"报请立案侦查建议"；但对于需要进一步了解补充相关证据后再做建议决定的，监督部门没有查证建议权[①]。另一方面，监督的主体不符合法律的规定。《宪法》以及《刑事诉讼法》定位的法律监督机关是人民检察院，任何检察机关内设部门、其他机关和检察员个人都不是法定的法律监督主体。在实践中，审查逮捕部门和审查起诉部门发现本单位侦查部门立案不合法，从而进行监督或者制约，不能以检察院的名义而只能以审查逮捕部门或者审查起诉部门的名义进行，但是它们二者都不具有法律监督的主体资格。由此，深圳市检察机关四年来办理的对自侦案件的刑事立案监督案件仅有2件也就可以理解了。

三 刑事立案监督制度的完善路径

（一）从法律上明确刑事立案监督对象及内容

1. 扩大监督对象范围

除公安机关、检察机关的自侦部门外，还应当明确将人民法院、国家安全机关、监狱机关、海关走私犯罪侦查部门、军队保卫部门等行使刑事立案权的主体，列为刑事立案监督的对象。

2. 扩展监督内容

将"积极立案行为"，即不应当立案而立案侦查的情形也纳入刑事立案监督的范围。最高人民检察院和公安部联合颁布的《关于刑事立案监督有关问题的规定（试行）》于2010年10月1日开始

---

① 安箐：《检察机关自侦案件的立案监督工作机制研究》，《法制与社会》2010年第24期。

试行,该规定明确了"不该立案而立案"的情形主要为:有证据证明公安机关可能存在违法动用刑事手段插手民事、经济纠纷,或者办案人员利用立案实施报复陷害、敲诈勒索以及谋取其他非法利益等违法立案情形,且已采取刑事拘留等强制或者搜查、扣押、冻结等强制性侦查措施等。该规定并未将现实生活中常见的情形进行较完整的概括。因此,有些专家学者提出,应该在立案监督的范围内增加以下几种情形:①有明确的犯罪嫌疑人,有犯罪事实需要追究刑事责任,且有充足的证据证明该嫌疑人实施了犯罪行为;②对于共同犯罪中,部分犯罪嫌疑人已经被判处刑罚且判决生效,对于同案犯罪嫌疑人有充足证据证明其共同实施犯罪,应予立案,但侦查机关不予立案;③刑事自诉案件因为证据不足,被法院驳回,但是侦查机关又不受理的。

(二)重塑自侦案件立案监督工作流程

最高人民检察院于2009年9月下发的《关于省级以下人民检察院立案侦查的案件由上一级人民检察院审查决定逮捕的规定(试行)》,将省级以下(不含省级)人民检察院立案侦查案件的决定逮捕权上提一级。实行职务犯罪案件逮捕权上提一级改革后,为上一级检察机关监督下一级侦查部门立案活动打开了局面。在上一级人民检察院侦查监督部门审查下级人民检察院报请逮捕的自侦案件犯罪嫌疑人过程中,履行立案监督职能,使上级检察机关侦查监督部门既能够在备案审查中实施整体静态立案监督,又能够在批准逮捕过程中通过调查核实实行动态监督,进而重构一种新的立案监督模式。

1. 明确立案监督的范围

明确立案错误是指管辖错误、应当立案而未立案、不应立案而予以立案和假借立案实施打击报复他人或者违规插手经济纠纷等情形。

2. 明确立案监督主体

明确具体的审查部门是侦查监督部门。监督措施和监督决定都应当以上一级人民检察院的名义做出，并应当经过检察长决定。上一级人民检察院的侦查监督部门负责立案监督的审查、受理，并分类整理下级人民检察院侦查部门自侦案件的备案材料，在审查逮捕过程中对立案进行监督。

3. 明确监督方式

自侦案件的立案监督方式应当与对公安机关的立案监督方式对等。也就是说，上一级人民检察院侦查监督部门发现下级人民检察院存在违法立案情形，根据拟要监督的对象，可以发《要求说明不立案理由通知书》《要求说明立案理由通知书》《立案通知书》《撤案通知书》或者直接立案侦查。下级人民检察院应当执行上一级人民检察院的决定，并在收到书面通知或者决定的一定期限内，将执行情况向上一级人民检察院报告。

（三）立法强化"两法衔接"工作

2001年以来，中共中央、国务院和最高人民检察院等有关部门分别制定了一系列规范性文件[①]，中央已经意识到"两法衔接"工作机制具有"促进依法行政和公正司法""维护经济社会秩序""保障人民群众切身利益保障"的复合功能。但宪法和法律并没有就检察机关对行政执法的监督做出具体规定。当前，各地开展"两法衔接"工作的主要依据是国务院《关于行政执法机关移送涉嫌犯

---

① 2001年7月，国务院制定了《关于行政执法机关移送涉嫌犯罪案件的规定》；2001年9月，高检院制定了《人民检察院办理行政执法机关移送涉嫌犯罪案件的规定》；2004年3月，高检院与全国整规办、公安部联合制定了《关于加强行政执法机关与公安机关、人民检察院工作联系的意见》；2006年1月，高检院、全国整规办、公安部、监察部联合制定了《关于在行政执法中及时移送涉嫌犯罪案件的意见》；2011年2月，中央办公厅、国务院办公厅转发了国务院法制办等八部门《关于加强行政执法与刑事司法衔接工作的意见》。

罪案件的规定》①，但该规定赋予检察机关对行政执法机关移送涉嫌犯罪案件的监督权，是否等于检察机关对行政执法的监督权值得探讨。并且，该规定属于行政法规，能否赋予检察机关对行政执法机关移送涉嫌犯罪案件的监督权？依据何在？是否符合《立法法》规定？这些疑惑在实践中困扰着一些实务界和理论界人士，也不可避免地影响着"两法衔接"工作的开展。

从立法层面规定"两法衔接"工作，赋予检察机关对行政机关移送案件的监督权成为必要。深圳市于2012年8月制定了"两法衔接"的规范性文件，正式建立"两法衔接"工作机制。通过一年多的工作实践，我们可以看出，"两法衔接"的本质是一种监督机制。这项工作机制主要包含两个层面的制度架构：第一层，是案件移送架构，指行政执法机关和公安机关之间的案件移送和接收。这一层内容是"两法衔接"工作机制的基础，在没有违反法律和规定的情况下，由行政执法机关和公安机关依法定职责独立开展。第二层是监督架构，就是检察机关、监察机关对移送和接收工作的监督和追责。可以说，这一层内容是保证"两法衔接"工作的有关制度落到实处的关键和核心，是中央和各级推动"两法衔接"工作的抓手，所以说"两法衔接"工作机制实质就是监督机制。

从以上分析，可以看出对"两法衔接"立法应规定以下事项：一是行政案件移送程序和标准；二是明确赋予检察机关对移送案件的监督权限；三是明确法律责任和行政监察责任的追究情形和方式。

（四）建立对刑事立案全过程的监督机制

目前，刑事立案监督工作整体上还属于被动地等案来，且必须以

---

① 国务院《关于行政执法机关移送涉嫌犯罪案件的规定》第14条规定："行政执法机关移送涉嫌犯罪案件，应当接受人民检察院和监察机关依法实施的监督。"

公安机关不立案的结果为前提。这种被动的"结果监督"缺陷明显。要改变这种状况，必须对立案活动中是否存在违法行为实行同步监督，将监督延伸到受理批捕案件之前的立案阶段。通过及时介入、帮助确立侦查方向等手段，及时发现侦查活动中的违法情况，引导侦查人员依法全面收集、固定证据、完善证据，使单一的"结果监督"转变为全程、动态的"过程监督"。尤其对公安机关立案后的消极侦查、立而不侦等情况，要实行专人负责、逐案跟踪，提高监督案件的效率和法律效果。

（五）建立完善刑事立案监督配套机制

1. 建立查处司法腐败联动机制

对于在立案活动中违法履行职责或者不履行职责的行为，可以发出纠正违法通知，并要求更换办案人员。特殊情形可以报请上一级检察机关商请立案主体的上一级机关处理，或者报告同级人大常委会处理。

2. 建立检察机关内部联动协作配合机制

机制的主要内容应该包括：侦查监督部门在刑事立案工作中，发现可能涉嫌职务犯罪的可以邀请反渎职侵权或反贪污贿赂部门共同研判。经研判，认为属于案件线索的，向举报线索管理部门移送。侦查监督部门发出《建议移送涉嫌犯罪案件函》或《通知立案书》时，应将相关法律文书等材料抄送本院反渎职侵权部门或公诉部门。反渎职侵权部门应当派人员审查案件相关材料，注意从中发现渎职侵权犯罪线索，并将审查情况及时反馈侦查监督部门。公诉部门在办理移送案件时应当认真审查、加强监督。不予起诉或起诉时罪名与批捕时不一致的，应当及时向侦查监督部门通报。追诉时，应当及时将追诉情况通报侦查监督部门。反渎职侵权或反贪污贿赂部门查办涉及国家工作人员涉嫌以罚代刑、有案不移、有案不立的职务犯罪案件，做出立案决定前，应当通报侦查监督部门。发现涉及立案监督线索的，应当及时移送侦查监督部门。

3. 建立立案监督听证制度

目前，立案监督审查方式基本停留在书面审查的层面。引入公开听证制度，通过公开、公正、公平的讨论和质证，使侦查机关的活动和检察机关的立案监督活动处于公众的监督之下，有利于信息的交流沟通，扩大监督的社会参与性，有效消除立案部门的抵触情绪和当事人的疑虑。考虑到客观现实条件的制约，防止舆论对案件公正处理的不良影响，听证程序一般只适用于法律规定不完善、争议较大、社会影响重大的案件。

B.13
"可信时间戳及电子证据固化业务"在深圳的发展及在广东的推广建议

孟 海 梁宝月*

摘 要： 2007年以来，可信时间戳及电子证据固化业务（简称：TSA及TSA电子证据固化业务）作为版权自证和版权保护的一种新应用，逐步在深圳、广州等地得到推广，并取得了一定成效。本文通过摸清TSA及TSA电子证据固化业务在广东省的推广运营情况和司法实践现状，对广东省加快发展此项业务提供科学决策的依据，并探讨如何促使TSA及TSA电子证据固化业务在全省版权纠纷司法审判中的应用，为TSA及TSA电子证据固化业务发展创造良好的司法环境。

关键词： 可信时间戳 TSA 电子证据固化

近年来，广东省不断加强版权保护工作，促进了版权事业和版权相关产业的发展，同时广东省版权保护工作也在不断地完善。广东是全国第一个率先提出"版权兴业工程"的省份，广东近年越来越重视版权保护工作，并取得不小的成绩，已授予71家单位为广东

---

* 孟海，深圳市版权协会副秘书长、法律顾问；梁宝月，深圳市版权协会法务部专员。

省版权兴业示范基地（集群）。2014年，全省版权登记量达15782件，首次突破1.5万件，比2013年的14192件增加了1590件，同比增长11.2%，增速为历年之最。但同时，广东省侵权盗版现象还较为普遍，尤其是网络市场不断开放，使网络侵权盗版问题更加严峻，著作权人的合法权利受到严重的损害和打击，市场经济秩序被破坏，市场诚信体系建设受到严重影响、对外开放的投资环境受到破坏。国家版权局发布的《版权工作"十二五"规划》提出："'十二五'时期是全面建设小康社会的关键时期，版权保护对促进经济发展和文化繁荣的作用将更加突出"，要"通过激励创新与加强保护，使版权创造、运用、保护和管理能力不断增强"。其中要求"运用技术手段，提高版权保护工作管理水平。为版权行政执法提供数据服务、证据支持和技术保障[①]"。TSA及TSA电子证据固化就是运用技术手段保护版权的一种新应用。

一 TSA及TSA电子证据固化业务对保护数字版权的作用

（一）TSA及TSA电子证据固化的技术原理

在计算机和互联网高度发展的今天，数字化出版发行方式日趋流行，各种数字作品在大量传播的同时，其复制易、举证难、管理难的特性十分突出，给盗版侵权带来了巨大的生存空间，极大地阻碍了版权产业快速、健康和持续发展。这给数字作品版权的保护提出了两方面难题：一方面权利人必须寻求安全可靠的版权自证，在必要时维护自己的合法权益；另一方面版权执法部门在针对侵权投诉进行调查取

---

① 国家版权局：《版权工作"十二五"规划》，2011。

证过程中，必须确保数据电文的真实性、完整性和安全性，而不能仅仅靠所代表的国家权威及当事人对这种权威的信赖实现自证。所以，针对数字作品的版权自证和调查取证行为，需要更多主体或措施来辅证其权威性，这是版权保护工作的必然要求，也是 TSA 及 TSA 电子证据固化产生的原因。

1. TSA 技术术语

与 TSA 电子证据固化相关联的主要是时间戳、数字签名和数字证书三个关键计算机专业术语。时间戳在不同语境中有不同含义，既可以指代一种计算机技术，也可以表示时间戳凭证文档。如果从证据证明的法律效力角度对时间戳进行分类，时间戳可以分为普通时间戳和可信时间戳（即 TSA，Time Stamp Authority 的缩写）。普通时间戳随着文件生成而自动生成，一般由时间戳服务器自行签发或非时间权威机构保障时间的时间戳服务中心签发。在技术上，签发时间戳的服务器时间可以被人为无痕修改，难以证明相关数据电文的时间准确与否以及内容是否被篡改。一般而言，普通时间戳只被用在封闭系统里做数据电文的时间序列使用。普通时间戳和可信时间戳都是对特定数据电文在某个时间节点的客观反映，不同点在于，普通时间戳的时间源不具有权威性，并存在被篡改时间的风险。因此，加盖普通时间戳的数据电文不符合证据真实性的要求，不能起到证明案件事实的作用。

数字签名在《中华人民共和国电子签名法》中的定义是："数据电文中以电子形式所含、所附用于识别签名人身份并表明签名人认可其中内容的数据。"[①] 从技术上讲，目前有效的电子签名技术就是基于 PKI 技术的、利用数字证书所做的数字签名。以数字证书为核心的加密技术可以对网络传输信息进行加密和解密、数字签名和签名验

---

① 《中华人民共和国电子签名法》第一章，总则，第二条。

证，确保网上传递信息的机密性、完整性以及交易实体身份的真实性、签名信息的不可否认性，从而保障网络应用的安全性。数字签名技术确定了给数据电文加盖时间戳的行为主体。用户主体是基于个人注册登录而成，其身份来源于注册者之单方陈述与系统默认，而数字签名技术则为这种身份提供了一种规范的第三方证明。

数字证书（Digital Certificate）是在网络中用来标识和证明网络通信双方身份的数字信息文件。数字证书由 CA（Certificate Authority）认证服务中心发行。用户首先需向 CA 中心申请，认证中心审查核实身份后，向用户颁发一个数字证书，该证书内容包含了用户的个人信息和他的公钥。用户就可以使用自己的数字证书在网络上进行各种活动。在申请数字证书的过程中，用户会产生自己的密钥对（包括公钥和私钥），可以在网络活动中对自己的文件进行加密和解密，以保证信息的安全性。运用到可信时间戳服务的时候，TSA 时间戳服务中心有自己的数字证书和密钥对，并用私钥对 HASH 值进行加密产生 TSA 时间戳服务中心的数字签名。

2. TSA 技术原理

可信时间戳是数字时间戳的一个下位概念。时间戳技术服务由联合信任时间戳服务中心（即 TSA 时间戳服务中心）提供时，被称为可信时间戳服务（即 TSA 时间戳）。可信时间戳的技术原理是：①将需要加时间戳的数据电文通过标准的密码算法（单向散列函数），取得该数据电文的 HASH 值（HASH 值是一个字符串，它与数据电文的映射具有唯一性，该数据电文的任何变化都将会导致 HASH 值的变化，不能通过 HASH 值反推回数据电文，从而保障了数据电文的安全性）。②将 HASH 文件上传到时间戳服务中心，与国家法定时间绑定进行数字签名，从而形成了时间戳文件（扩展名为＊.tsa），并返回用户。该时间戳文件能保障其自身的完整性并可以验证签发主体的真实性。③用户凭借该时间戳文件和申请时间戳时的数据电文原文,可以验证数据电文的申请时间和内容是否被修改过。从时间戳技术的原理可以看出,一个时间戳文件包含三个组成部分:一是数据电文加密后产生的 HASH 值;二是时间戳服务中心收到加密文件的日期和时间;三是时间戳服务中心的数字签名。TSA 时间戳服务中心是由国家授时中心与北京联合信任技术服务公司共同建设的我国权威第三方公共时间戳服务机构。在数据电文产生或修改的时间方面,中国科学院国家授时中心是我国的唯一法定时间源,它为提供 TSA 时间戳服务中心授时与守时监测服务,以确保时间来源的精确性和权威性;在内容方面,可信时间戳服务运用数字签名技术来保证数据电文的内容不被篡改。因此,可信时间戳能够有效证明数据电文在网络中的某个时间节点真实存在、内容不被篡改。

(二) TSA 及 TSA 电子证据固化的流程

基于可信时间戳的电子证据固化是指取证人使用数字证书对相关数据电文进行数字签名,并对签名后的数据电文申请可信时间戳认证服务。通过建立专门的 TSA 电子证据固化平台,并由特定的技术人员进行取证,可以将可信时间戳服务技术运用于司法实践当中。

2007 年 8 月 13 日,深圳市版权协会与北京联合信任技术服务有限公司共同搭建的"TSA 数字作品自助保护系统"(见图 1)正式上线运行。该平台通过时间戳技术应用分别为个人和企业数字作品版权归属提供时间证明,为数字作品创作者提供了有效的著作权保护途径,同时也为申请数字作品版权登记提供了很好的原创证明,解决了目前数字作品著作权保护中面临的取证困难、难以维护自身权利等问题。

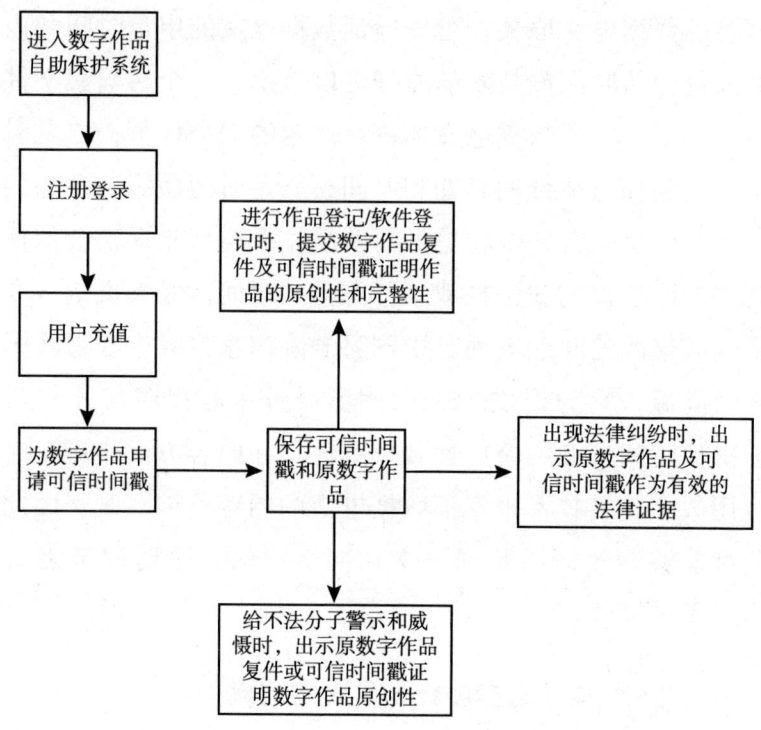

图 1　TSA 数字作品自助保护系统工作流程

二　深圳 TSA 电子证据固化的应用模式

证据是诉讼之王,对案件的成败起到决定性作用。依据民事诉讼活动中"谁主张,谁举证"的原则,版权纠纷双方当事人要为自己的诉讼主张提供证据支持。为此,收集证据是进行诉讼活动的重要前提。证据来源主要由当事人双方提供。所以,TSA 电子证据固化可以被当事人运用。深圳较早在这方面进行了探索和实践。

(一)深圳市龙岗区人民法院 TSA 电子证据固化系统

《民事诉讼法》赋予了人民法院两项调查取证的权力,一是依据当事人申请而被动调查取证；二是依职权主动调查取证。在数字环境下，为了确保电子证据在整个诉讼过程当中（包括证据提交、证据调查、证据保全、证据开示、证据交换、证据认定、证据移交、证据保管等）未经修改的完整性以及由此延展而出的电子证据真实性、合法性、关联性，从2008年开始，深圳市龙岗区人民法院就为破解长期困扰知识产权案件审判的电子证据的稳定性、权威性、安全性等难题，大胆创新，尝试将计算机科学领域的时间戳技术引入司法实践，探索建立人民法院TSA电子证据采集系统。龙岗区人民法院将时间戳技术与数字签名技术复合形成TSA电子证据固化技术方案，其自主研发的"人民法院TSA电子证据固化系统"是可信时间戳技术在司法实践中的具体应用。这套TSA时间戳电子证据固化系统主要由电子证据时间戳系统、证据时间戳系统、可信时间戳服务中心三大有机部分。电子证据固化系统通过与可信时间戳服务中心连接，可为电子证据加盖可信时间戳，并验证电子证据是否被篡改、加盖时间戳的信息。司法取证人员通过使用数字证书登录TSA时间戳电子证据固化系统，对与案件有关的特定电子证据源文件提取HASH值，并进行数字签名。电子证据时间戳系统通过接口访问可信时间戳服务中心，可对数字签名文件加盖时间戳。验证电子证据的时间戳信息以及电子证据是否被篡改时，同样要先提取电子证据的HASH值，并提交到电子证据时间戳系统请求验证证据的有效性。龙岗区人民法院的"人民法院电子证据固化系统"在"深圳市利龙湖实业有限公司诉深圳市成科实验室设备有限公司、深圳市高新区信息网有限公司不正当竞争案""敏华荣家具（深圳）有限公司诉深圳市豪庭轩实业有限公司仿冒知名商品特有名称、装潢纠纷案""深圳诚道软件科技有限公司诉君联自动化设备（深圳）有限公司技术合同纠纷案"等案件的电子取证过程中都发挥了作用，提高了司法审判的效率。目前TSA电子证据固化系统已在深圳全市法院系统推广应用。

（二）深圳市版权协会 TSA 时间戳电子证据固化平台

2010年，深圳市版权协会开发的"TSA 时间戳电子证据固化系统"正式上线运行，向社会提供电子数据证据固化和被固化的电子数据证据验证的服务。在利用 TSA 电子证据固化技术开展版权调查取证时，深圳市版权协会作为第三方权威机构，根据申请人提交的电子证据固化申请书以及相关证据材料，指派专业技术人员对涉嫌侵权网站的相关网页、邮箱往来邮件、聊天记录、系统平台等进行截图、录像或复制保存，并在 TSA 电子证据固化系统（见图2）中进行电子证据固化。固化完成后出具"电子证据固化报告"及"附带证据光盘"，固化报告的内容包括取证过程、证据要素、时间信息、取证机构、取证人员、证据的验证等固化事项。

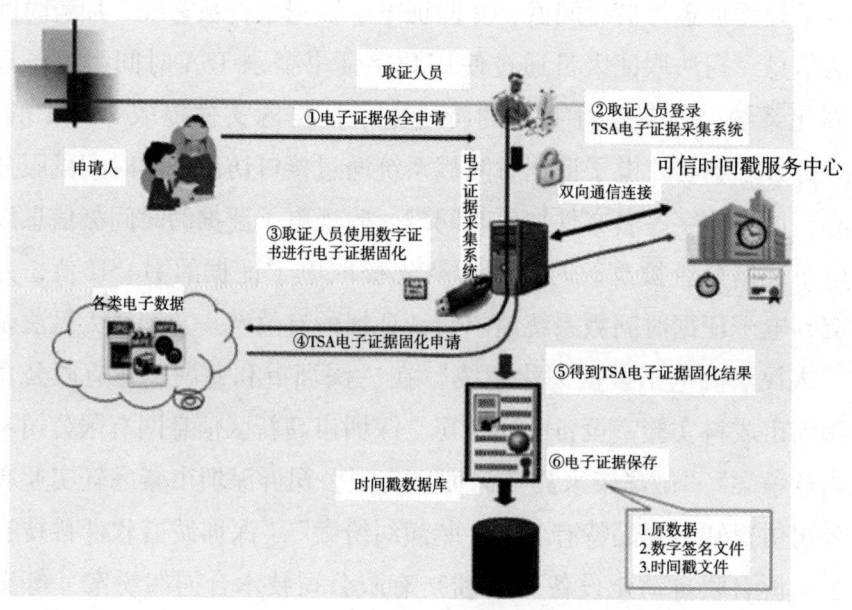

图2　TSA 电子证据固化流程

TSA电子证据固化业务平台的权威性和可靠性来源于取证过程中多主体介入形成的严密的逻辑锁链，这一逻辑锁链包括以下几项。

（1）不可复制的标准时间。时间戳固化的时间来源于国家授时中心，具有不可逆转性和唯一性。

（2）不可修改的数据指纹。这是通过特定的计算机运算法则对目标数据电文进行加密运算后得到的HASH值，是计算机技术成果在法学领域的运用方式之一。

（3）不可再生的时间戳数据。时间戳数据的内容包含了以上两点，即不可复制的标准时间和不可更改的数据指纹。具有唯一性特点的时间和数据指纹同时存在于时间戳数据中，加强了时间戳数据本身的不可再生性。

（4）不可伪造的CA证书。每个时间戳数据都有一个专属的身份证，即由CA认证中心颁发的CA证书，这是时间戳数据真实可靠、无篡改的最后一道保障。

（5）不可重组的取证人员小组。任何行为都是由人来完成的，为数据电文加盖可信时间戳也不例外。但每一份数据电文的时间戳文件都是由特定的工作人员来完成的，其他人则无权进行相关操作，保证了取证行为的严肃性。

以上任何一项的单独重置在理论上存在可能性，但所有因素叠加之后人为修改的可能性在实践中则不存在。对TSA电子证据固化系统中验证成功的电子证据，可以认定其具有客观真实性。

在诉讼和维权活动中，可以将附带光盘在"TSA电子证据固化系统"中进行验证，系统逐一对光盘内的证据原始文件包、固化后生成的时间戳文件以及证明固化主体身份信息的电子签名文件进行验证，验证成功即可采信固化主体的身份信息、固化时间的准确性与内容的完整性，可以作为有效的诉讼和维权证据来使用。

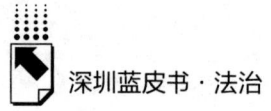
深圳蓝皮书·法治

三 TSA及TSA电子证据固化的法律基础

从属性上讲,可信时间戳是一种基于计算机的服务技术,在此基础上产生的时间戳文档如果在法律领域内作为证据使用,需要符合相关的法律规定。可信时间戳最主要的法律意义在于把它作为诉讼活动中的证据使用,为权利人主张其自身的权益提供证据支持。与此相类似的是公证活动。公证活动产生的各种公证文书只有符合公证法才能作为法庭审判的证据使用,而且经过公证的证据要比没有经过公证的证据的证明效力高,也更有利于当事人的诉讼主张。同样,可信时间戳服务技术产生的文档也应当建立在法律基础之上,只有本身符合法律规定的时间戳服务技术及其文档才能在法庭审判活动作为证据使用。可信时间戳在法律上被视为数据电文,因此它应当符合我国《电子签名法》的相关规定,这部法律也是可信时间戳技术最直接的法律基础。此外还会论述可信时间戳的其他法律基础。

(一)证据法基础

《最高人民法院关于民事诉讼证据的若干规定》第50条规定:"质证时,当事人应当围绕证据的真实性、关联性、合法性,针对证据证明力有无以及证明力大小进行质疑、说明与辩驳。"该条文中的"真实性、关联性、合法性"即证据法理论中的证据三性原则。真实性也叫客观性,指证据所反映的内容应当是客观真实存在的。某个行为发生后必将留下客观痕迹,它留存在客观外界中,需要被反映出来。但是通过主观语言文字表述出来的,反映客观存在的痕迹的,都属于经验事实,带有反映主体的主观性,并不能完全反映客观存在。因此,只有证据材料经过查证确认是真实、合法的,才能作为诉讼活动中定案的依据。在计算机系统中,创建和修改数据电文的行为也会留下客观痕迹,并被客观反映出来。因创建和修改行为而产生的数据电文本身属于客观存在的事物，属于技术的客观产物，不带有主观性（但数据电文中记录的内容可能带有主观性，如一份文档中记录了某个人对某件事情经过的描述）。服务器通过对数据电文本身加盖可信时间戳以证明在特定时间节点内该数据电文的特定状态，并保证数据电文中记载内容的不可更改性。

（二）我国《电子签名法》的依据

TSA可信时间戳及TSA电子证据固化的最直接法律依据来自我国2005年开始施行的《中华人民共和国电子签名法》[①]。传统的书面合同中，签订合同的双方加盖公章（或签上自己的名字）并签署日期和时间，代表合同签订方承认合同内容。但是未经特定技术处理的电子合同容易遭篡改，难以保证其内容和时间的真实性。从技术上来说，TSA时间戳服务中心可以为所有的电子文件加盖可信时间戳，当然也包括电子合同在内。可见，TSA时间戳为电子合同在某一特定时间、特定状态下的真实性提供了技术证明。根据我国《电子签名法》第三条第二款规定[②]所确定的"技术中立原则"是《电子签名法》中非常重要的基本原则，也是《电子签名法》所独有的重要原则。"技术中立原则"的含义包括：不应当歧视来源不同的技术，不应当歧视电子技术不同的使用者，任何技术都应当在法律上享有同等待遇。稳定是法律追求的重要价值之一。从法理学角度而言，成熟和稳定的社会关系对立法者而言更容易规定。法律也倾向于降低和排除风险。数字签名技术在计算机领域的发展已经相对成熟，在技术上足以保证现代电子商务活动往来中电子文件信息的完整性、信息发送者的身份

---

① 《中华人民共和国电子签名法》第三条第一款"民事活动中的合同或者其他文件、单证等文书，当事人可以约定使用或者不使用电子签名、数据电文"。
② 《电子签名法》第三条第二款规定"当事人约定使用电子签名、数据电文的文书，不得仅因为其采用电子签名、数据电文的形式而否定其法律效力"。

认证、信息内容的不可否认性。将这一技术引入法律并依据"技术中立原则",在调整电子商务活动法律关系时,将解决电子证据的真实性和客观性问题。《电子签名法》第七条①则为数据电文可以作为电子证据使用提供了法条依据。

(三)《合同法》依据

基于计算机技术而产生的 TSA 可信时间戳电子文件是否具有法律效力,关键在于是否有相关法律条文的依据。现行《中华人民共和国合同法》第十一条规定:"书面形式是指合同书、信件和数据电文(包括电报、电传、传真、电子、数据交换和电子邮件)等可以有形地表现所载内容的形式。"合同是签订双方进行的特定行为、从事特定活动的依据,并严格约束合同双方的行为。一方可以采取诉讼、仲裁等法律手段要求违反合同义务的另一方承担继续履行合同义务、支付违约金、采取补救措施或者赔偿损失的法律责任。根据《合同法》的这一法律条文规定,数据电文可以作为合同的有效法律表现形式之一,即电子合同与传统的书面合同、口头合同具有相同的法律效力。

(四)《刑事诉讼法》和《民事诉讼法》依据

2013 年 1 月 1 日起施行《刑事诉讼法》和《民事诉讼法》修正案对证据做出新规定,都将电子数据纳入证据范围。新颁布的《刑事诉讼法》修正案第十三条②所规定的证据类型中,第八项为"视听资料、

---

① 《电子签名法》第七条"数据电文不得仅因为其是以电子、光学、磁或者类似手段生成、发送、接收或者储存的而被拒绝作为证据使用"。
② 新颁布的《刑事诉讼法》修正案第十三条规定:"将第四十二条改为第四十八条,修改为:可以用于证明案件事实的材料,都是证据。证据包括:(一)物证;(二)书证;(三)证人证言;(四)被害人陈述;(五)犯罪嫌疑人、被告人供述和辩解;(六)鉴定意见;(七)勘验、检查、辨认、侦查实验等笔录;(八)视听资料、电子数据。证据必须经过查证属实,才能作为定案的根据。"

电子数据"。《民事诉讼法》修正案第十二条①也对证据类型做了修正，在证据类型中，第五项为电子数据。新颁布的两大诉讼法都将"电子数据"列为法定的证据形式之一，使电子数据与传统的书证、物证证人证言等具有相同的法律效力，从程序法角度为电子证据提供了法条依据。

四 广东 TSA 及 TSA 电子证据固化业务的推广情况、发展前景和存在的问题

（一）推广情况

1. TSA 业务在社会服务机构的发展情况

深圳市版权协会 2010 年面向社会推出的"TSA 电子证据固化平台"深受著作权权利人和律师的欢迎。TSA 电子证据固化适用于多样化的数据电文，如网页侵权数据、电子邮件往来记录、微信聊天记录、公众平台和 QQ 聊天记录，还包括一些考勤系统和后台数据等都可以使用 TSA 电子证据固化。到 2012 年底仅一年半时间就已经固化的案例近 200 件，并且正在持续地增加，2013 年、2014 年已达到平均每年 200 多件。典型的用户有深圳市监督管理局，以及金蝶、基本生活、神州数码、第七大道、凯立德科技、一品小肥羊、国际唱片业协会、嘉兰图设计、万兴软件、顺丰速运等 100 多家企业。主要涉及互联网著作权维权案件，也有非法销售侵权产品的案例、电子商务纠纷、微博网站名誉权侵权、内部管理和责任人的数据文件等类型的电子证据固化。另外，为了方便著作权权利人和律师的取证，深圳市版权协会推出了移动取证的方式，即以移动设备的拍照取证方式取得相

---

① 《民事诉讼法》修正案第十二条规定："将第六十三条修改为：证据包括：（一）当事人的陈述；（二）书证；（三）物证；（四）视听资料；（五）电子数据；（六）证人证言；（七）鉴定意见；（八）勘验笔录。证据必须查证属实，才能作为认定事实的根据。"

关的侵权证据，将 HASH 文件上传到时间戳服务中心，与国家法定时间绑定进行数字签名，从而形成时间戳文件，并返回用户；该时间戳文件能保障其自身的完整性并可以验证签发主体的真实性；用户凭借该时间戳文件和申请时间戳时的数据电文原文，可以验证数据电文的申请时间和内容是否被修改过。还有一些证据并非应用于诉讼，而是用于发维权函、谈判、员工内部责任认定、对电子合同的第三方时间戳认定等。以诉讼案例为例，有涉及网店商品图片著作权侵权证据固化，涉及专利、商标专用权侵权行为证据的固化，非法互联网销售图书的侵权行为固化等很多类别。目前在广东省高级人民法院、深圳市中级人民法院以及龙岗、宝安两区人民法院和广州市天河区人民法院均有被采信的生效判决。

2. 在司法、行政系统中的使用情况

TSA 可信时间戳以及 TSA 电子证据固化主要在广东省法院系统中使用。最早于 2008 年由深圳市龙岗区人民法院在知识产权纠纷处的案件审理过程中作为证据保全自证的工具开始使用，因电子证据固化系统有高效便捷、操作简单、公信力强等特点，所以取得了很好的实际效果和示范效应。随后，参照深圳市龙岗区人民法院模式，深圳市福田区和南山区人民法院、广州市文化市场行政执法总队等省内基层法院和行政机关在具体实践工作中将 TSA 电子证据固化系统作为证据保全的有力工具来使用。2010 年开始，深圳市市场监督管理局各分局在查处非法安装盗版软件的执法程序中，邀请深圳市版权协会现场取证固化，便于更好地自证执法行为的合法性和行政查处证据客观真实性。同年，广东省新闻出版局政务服务中心与深圳市版权协会合作，面向全省开展"TSA 电子证据固化业务"，除深圳外，还在广州、佛山等城市设立业务受理点，统一以广东省新闻出版局政务服务中心的名义出具电子证据固化报告和证据光盘，便于权利人、行政执法主体、司法机关认定电子证据。

（二）发展前景

由于新颁布的《民事诉讼法》《刑事诉讼法》于 2013 年 1 月 1 日生效，电子证据作为独立的证据类型的地位在程序法中得到确立，司法机关将面临更多以数据电文的形式出现的电子证据。但是电子证据的查证必须严格依照《电子签名法》的验证机制来实现。TSA 可信时间戳技术对电子数据时间信息的权威性和内容完整性的验证，将为新的司法解释证据规则的制定提供非常重要的实践基础。两大诉讼法为电子数据作为法定证据形式提供依据。此外，《电子签名法》从法律和技术的角度保证电子数据作为证据使用情况下的真实性、客观性。随着互联网技术不断发展，将会出现更多具有证据意义、以数据电文方式存储和传递的内容。TSA 可信时间戳及 TSA 电子证据固化在司法实践中已经有了先例，相对其他以后可能出现的技术方案更成熟，应用前景很好。

（三）存在问题

技术的发展与法律的滞后性之间的矛盾是一个似乎很难解决的问题，技术的发展不断带来各种新的事物，改变我们的生活方式、生产方式，给我们带来极大的方便，但是技术的创新同时也不断地挑战传统的法律制度。深圳龙岗法院龙富泉法官认为"把技术的问题交给技术处理""法律的问题交给法律处理"，在他的关注和钻研下 TSA 电子证据固化业务应运而生，数据电文是技术的产物，我们必须借助技术手段来保障它的真实客观性，才符合法律对证据的要求。

但是法律的滞后性和司法活动的保守性特点，让法官在内的法律职业群体及社会大众很难在短时间内接受这种模式。法律职业群体和社会大众需要一个深入了解过程，需要了解数据的法律规定，又要读懂技术的原理，所以推广的过程中必然存在各种声音和质疑。

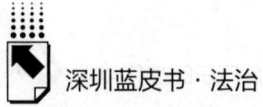

因此，以官方为主导的宣传很重要，对电子证据的应用需要实践验证，根据实践不断地总结经验，在其基础上为制定完善的电子证据使用规则，提供更好的研究素材和实践基础。

五 广东省深入开展TSA及TSA电子证据固化业务的建议

在当前网络侵权现象愈演愈烈的局面下，深圳、广州有关部门在数字版权保护领域率先推广TSA及TSA电子证据固化业务，是具有前瞻性、务实性的积极举措。广东省新闻出版局政务服务中心作为承担全省作品著作权自愿登记工作的专门机构，2012年获得国家授时中心联合信任时间戳服务中心的授权，在除深圳、广州地区以外的全省范围内开展"TSA知识产权保护平台"和"TSA电子证据固化平台"的运营和推广工作。目前，TSA及TSA电子证据固化业务不仅深受著作权权利人和律师的欢迎，而且也被深圳、广州等地区的法院认可，得到法院的大力支持。因此面向全省版权权利人开展TSA及TSA电子证据固化工作，进一步提升广东省版权公共服务水平迫在眉睫。为加快推进此项工作的发展，提出如下建议。

（一）整合版权服务资源，提升业务服务能力

利用广东省新闻出版局政务服务中心开发的"广东省版权登记系统平台"业务系统整合国家授时时间戳服务中心的TSA时间戳认证功能，研发全省时间戳证书分发系统，实现广东省时间戳证书分发系统与南方文交所及其他省内版权运营平台嵌入对接，让作品权利人可以在"广东省版权登记系统平台"和互联网上根据需要自主选择作品著作权时间戳证书申请、版权交易信息发布等"一站式"版权综合服务。

（二）加强宣传推广，扩大影响范围

加强宣传推广，是 TSA 及 TSA 电子证据固化业务获得迅速传播的重要手段。一要加强对全省版权登记代办机构和版权基层服务站的培训，使它们充分认识到此项业务的作用与前景，最终使它们成为 TSA 业务的有力传声筒。二要借助深圳文化博览会、中国国际影视动漫版权保护与贸易博览会、中国国际漫画节、"4·26"版权宣传活动周等各种渠道，向权利人和企业进行大力宣传。三要利用网络、宣传册等各种媒介，展开全方位宣传。

（三）加强多方合作，提升法律效力

由广东省版权局牵头，联合广东省知识产权局、广东省工商行政管理局，建议广东省高级人民法院就 TSA 电子证据固化业务在知识产权维权领域的规范应用、调查取证、证据效力等问题向全省知识产权行政执法部门和各地中级人民法院、基层法院公开发布指引性文件、开展业务培训，指导和规范 TSA 电子证据固化业务应用的问题。

法治社会篇

The Law – Based Society

B.14
加强社会法治　建设"一流法治城市"

罗思　陆俊仪*

摘　要： 社会法治是当前深圳法治建设的薄弱环节，加强社会法治建设是深圳全面深化法治、推进一流法治城市建设的固本之举和必然要求。要摒弃法律工具主义观念，把法治作为社会治理的根本方面；健全法律体系，以法律平衡社会利益，有效保护公民各项权益；着力构建多元共治的法律框架，依法协调和化解社会矛盾；加快构建公共法律服务体系建设，夯实社会法治基础；发挥社会组织作用和依法监管社会组织，促进社会依法自治；加强网络治理，依

---

* 罗思，深圳市社会科学院办公室主任；陆俊仪，深圳市社会科学院办公室。

法管理虚拟社会。

关键词： 社会法治　法治思维　法律体系　公共法律服务　依法治理

党的十八届四中全会对全面推进依法治国做出战略部署，明确提出"建设中国特色社会主义法治体系、建设社会主义法治国家"的法治总目标，站在"促进国家治理体系和治理能力现代化"的高度，对法治建设和社会治理同时提出了更新、更高的要求。全面推进依法治国必须把加强社会法治放到更加突出的位置，以更加积极的姿态，主动推进社会法治建设。社会法治是指通过法律实现对于社会生活和社会管理领域的全面调整，用法律界定社会主体的权力边界，规范各社会主体的行为，保障各社会主体循法而为、依法而治。简而言之，社会法治就是通过法律、运用法治的思维和方式来协调社会关系，化解社会矛盾，实现社会发展。

改革开放以来，深圳经济特区整体经济实力和市民生活水平迅速提升，但相比经济建设方面的巨大成就，深圳社会建设相对滞后。特别是近年来，社会分层的日益复杂和贫富差距的扩大及公民权利意识的增强导致各个社会阶层和利益群体的政治、经济和社会利益诉求不断增多，因利益诉求受阻而采取过激行为的事件也不断增多，社会矛盾呈现加剧化态势，社会风险不断增大。可以说，社会法治是当前深圳法治建设的薄弱环节，是"一流法治城市"建设中的一个显著短板和重中之重。加强社会法治建设，既是当前贯彻落实十八届四中全会精神的具体举措，也是深圳全面深化社会法治、推进"一流法治城市"建设的固本之举和必然要求。

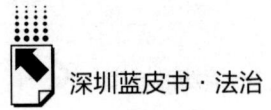

一 当前深圳社会法治方面的存在问题

(一)法治思维欠缺,重行政和经济手段,不善用法律手段化解社会矛盾

法治思维欠缺,这一现象既体现于部分领导和干部中,也存在于许多普通民众中。主要表现在,一是部分领导和干部片面认为加强社会管理就是加大管理力度,随意将"维稳"扩大化和盲目化,头痛医头、脚痛医脚,甚至为了维持稳定不惜侵害民众利益。二是一些民众不依法表达诉求,习惯遇事找政府,权利意识觉醒与维权理性不足之间矛盾突出,许多民众一方面渴望用法律来保护自己的利益,另一方面却不满法律程序上的种种限制;一方面认为他人违法侵害自己权益,另一方面自己却坦然违法;一方面以法律为武器,另一方面却极容易以极端方式维权。

(二)社会管理法律体系不完善

与较为健全、完善的市场经济体系相比,深圳的社会管理相对滞后,相关的社会管理法律体系也存在较大空白,不能有效应对新的社会问题和回应社会需求。具体表现在:一是社会管理领域还不同程度地存在着无法可依问题,缺乏相应的社会法律规范;二是社会管理部门法之间缺乏协调,系统性不强,有些法律规定内容相抵触或者不够衔接、可操作性差;三是法律对侵害行为的威慑作用不够,社会违法成本低,导致食品安全、环境保护等问题突出;四是公众参与社会治理的相关法律制度、机制还不健全,渠道较少,参与方式单一,信息不对称;五是缺乏制度化的社会利益诉求表达渠道和平台。虽然我国宪法、立法法、选举法、信访条例等对公民利益诉求表达有原则性规定,但现行法律对社会利益表达缺乏法定程序的具体规定,同时在社会利益表达受阻时,也缺乏法定的救济措施。

(三)对社会组织的监管不足

一是在监管理念方面,尚未走出过去重入口管理、轻日常管理的传统模式。二是现行法规缺乏对社会组织的信息、财务公开制度等方面的明确规定,特别是规范社会组织收费行为的法规滞后,对违规收费行为进行处罚的依据不完善,缺乏行之有效的收费管理和财务监督制度。有的社会组织违反非营利组织会计制度,存在凭证账簿不完善、会计核算不规范、未按规定设置账簿、费用支出不规范等问题。有的社会组织借评比、达标、表彰等活动之机,向参与的企业或组织收取费用。有的社会组织违规变相开展营利性经营活动,获取非法收入。三是缺乏专业和统一的执法力量,外部监管力量薄弱。社会组织违章经营、违规办事和违法活动时有发生,甚至一些社会组织发起人受利益驱使,存在被境外势力渗透的现象。对社会组织的违规违法行为,在监管上还存在信息不畅、监管不力、处罚不严的现象。

(四)网络社会管理有待规范

随着互联网的高速发展,互联网成为反映社情民意的重要渠道。深圳的互联网普及率在全国最高,达到76.8%,这一普及率已经达到发达国家水平。但相对于网络技术和网络社会的超快速发展,目前我国针对网络社会的法律体系建设和部门性监管都明显滞后,网络空间有害信息泛滥,不法分子和境外势力通过网络制造舆论导向和进行意识形态渗透等问题凸显,因网络引发的社会问题不断涌现。特别是借助互联网快速便捷的传播通道,网络谣言、网络诽谤、人肉搜索等网络侵权行为不断出现,如何保护网络隐私权成为突出的社会问题。

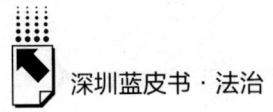

二 加强社会法治建设的对策建议

加强社会法治建设，从根本上就是要以不断扩大和有效保护公民权利为基本思路，把法治思维确立为各级政府和广大干部的基本思维模式，把法律手段作为社会治理最基本的手段，通过法治来统筹社会力量，实现社会发展。实现所有社会主体都遵法而为、循法而治，在法治下平衡利益，在秩序中求得发展。

（一）健全法律体系，以法律平衡社会利益，有效保护公民各项权益

把保障人民群众合法权益作为法治建设的出发点和落脚点，建立健全权利平等、机会平等、规则平等的社会管理法律制度。首先要完善社会民生法律保障，对那些已经难以适应新形势，甚至可能阻碍社会建设与发展的法律法规，及时进行修改完善，使法律法规之间相互配套衔接、协调一致。当前尤其要通过完善居民养老、医疗、失业、工伤、生育保险及住房保障制度，扩大法律保护覆盖面，以法律的形式促进社会财富在区域、行业、群体和个人之间的占有和使用方式更加合理，使公共财政在社会福利、社会保障、基本公共服务等方面更好地惠及于民，从源头上解决群众最关心、最直接、最现实的权益保障、公平正义和社会治安问题，着力解决市民就业、居住、就医、子女教育等困难，最大限度地保护市民的各项权益。

其次，要加大对社会弱势群体的关怀和保护，着力消除社会不平等和歧视性的政策规定，促进社会公平正义。特别是要完善公益事业捐赠和社会救助等法律，加大社会捐赠和社会救助力度，简化救助程序，提高救助效率，在法律方面保障社会弱势群体能获得最低生活保障、廉价住房、低价医疗等全方位的社会救助。

最后，政府要在法治的框架内进行社会管理，防止出现以公共利益或社会利益为理由而限制或剥夺公民权利的行为。一方面通过法律逐步还权于市场，实现社会资源配置主要由市场机制完成，实行市场化运作，防止以公共利益的名义与民争利；另一方面通过法律逐步让权于社会，尊重公共自治，着力探索通过制度化的购买服务等方式鼓励多元主体提供公共服务。同时，进一步完善基层自治组织立法，提高社区自治水平。

（二）着力构建多元共治的法律框架，依法协调和化解社会矛盾

重点是要运用法治的方式来协调社会关系，形成有效的法律机制，使社会运行和谐有序，政府管理协调高效。一是政府政策的制定要实现公众参与、多方协商和透明化决策。要不断创造条件，扩大公民参与，使公民参与经常化、制度化、规范化，让公民有足够的渠道和平台，不断向行政机关提出建议和意见。特别是在涉及公众利益的重大行政决策方面，出台规定明确政府必须通过听证、协商、辩论、谈判等渠道，直接听取公民的意见。二是拓宽并畅通群众利益表达和权益保障机制，为不同利益诉求主体提供充分、畅通的表达渠道，使公民的权利主张切实得到表达和尊重。同时进一步拓宽社情民意的表达渠道，通过新闻媒体、网络、电子政务等多种方式拓宽利益表达渠道。三是完善社会矛盾纠纷解决机制。推广人民调解"福田模式"，加强基层人民调解室和人民调解员建设，发展专业性、行业性人民调解组织，健全由人民调解、行政调解、司法调解相衔接的大调解体系。四是提高社区法治化水平。坚持系统治理、依法治理、综合治理、源头治理，健全社区治理体系，深入推进社会建设"风景林工程"和"织网工程"，不断改进和完善社区治理方式、优化社区治理流程，提高社区法治化水平。

（三）加快构建公共法律服务体系建设，夯实社会法治基础

一是健全法律服务网络，拓展法律服务领域。加快深圳"半小时法律服务圈"建设，制定规划方案，确定重点建设项目。率先探索实行政府和人民团体、事业单位公职律师制度。通过政府购买等方式推动律师进入机关、事业单位和社区担任法律顾问，开展法律服务。推动公证服务拓展延伸，为旧城改造、重点工程项目建设的征地拆迁等工作办理证据保全公证，为困难人群提供公证法律援助服务。推动司法鉴定为民利民，为经济困难、确需进行司法鉴定的法律援助对象或司法救助对象提供司法鉴定援助，为人民调解和群体性事件争议解决提供司法鉴定服务。推动基层法律服务公益便民，引导基层法律服务站为社区提供法律援助等公益性法律服务。

二是完善法律援助体系，努力实现有援必援。进一步完善市、区两级特别是区级法律援助机构的工作机制，鼓励设立社区法律援助机构。扩大法律援助惠及面，加大对老年人、残疾人、未成年人、低收入家庭、下岗失业人员、外来务工人员等社会弱势群体的法律援助力度。完善法律援助与劳动仲裁、司法救助的应急衔接机制，加强与工、青、妇、残、信访等部门的沟通协作，实现各部门之间法律援助资源的互通共享，形成覆盖到最基层的法律援助工作体系和"全市受理、就近服务"的工作机制，保证法律援助质量与效率。进一步扩大法律援助补充事项范围，精简审批环节、优化工作流程，通过直接受理、网络受理、电话受理、信函受理和接访受理等多种形式受理法律援助申请。

三是加强法律职业共同体建设，推进法治专门队伍正规化、专业化、职业化。加大法律人才培养，注重挖掘和培养法律服务人才资源，积极为优秀法律人才引进、法律人才培养和法律服务人力资源的整合等提供支持。加强法律职业培训和终身化的法律继续教育，

整体优化和完善应用类法律人才、学术类法律人才、法律辅助类人才之间的比例结构，加强法律志愿者和法律辅助类技术应用人才的培养工作。完善法律职业准入制度，探索在市人大或市委政法委设立独立机构，吸收法学专家和律师参加，负责法官、检察官的遴选和违规惩戒工作。建立法官、检察官和律师互相配合、互相尊重、互相监督的工作机制，推进职业平等互尊，强化业务配合协作，促进交流沟通，实现信息资源共享。进一步规范法官、检察官与律师相互之间的关系，杜绝办理"关系案""人情案""金钱案"。支持律师依法执业，保障律师执业权益。广泛动员社会力量积极参与公共法律服务，努力实现城乡公共法律服务体系组织形式的多样化和服务主体的多元化。

四是加强公共法律服务财政保障。将聘请公职律师、政府法律顾问所需经费列入财政预算，逐步扩大政府购买公共法律服务项目。同时，探索设立公共法律服务基金，由司法部门提出服务项目，制定服务标准，凡是达到公共法律服务数量和质量，取得良好社会效果的法律服务组织，由司法部门向基金会申请经费给予资金支持。

（四）发挥社会组织作用和依法监管社会组织，促进社会依法自治

社会组织具有直面社会需求、均衡群体利益、协调社会关系、积累社会资本的重要功能，在公益慈善、社会救助、扶贫开发、教育培训、医疗卫生、环境保护、社区建设、劳资关系等诸多社会领域中发挥着日益重要的作用，能有效提高社会自治能力，改善民生，维护安定团结，已经成为社会公平、社会和谐和社会进步的重要力量。截至2014年6月30日，深圳市共有社会组织7484家，其中社团组织3665家、民办非企业单位3720家、基金会99家，从业人员超过10万人。加强社会法治建设，必须根据新形势的要求，既注重发挥社会

组织作用，又加强对社会组织的监管。一是健全社会组织的法律、法规体系，从法律制度上支持和规范社会组织的发展，扩大其生存发展空间，对社会组织开展的公益性服务给予政策和资金扶持。二是加强社会组织执法队伍建设，加大执法力度，加强对社会组织违法行为的查处。三是促进社会组织贯彻"公开透明"原则。把社会组织的公开透明程度作为政府进行购买服务等财政支持时的重要考量指标，如果社会组织接受政府购买服务后不愿意公开信息，政府有权解除合同。四是强化社会组织内部自律机制，强化社会组织从业人员职业道德，提高其思想觉悟和业务水平。

（五）加强网络治理，依法管理虚拟社会

加强网络虚拟社会的法治化管理，促进依法管网、依法办网、依法上网，全面推进网络空间法治化。一是用好特区"两个立法权"，加快互联网治理地方性立法进程。进一步健全相关法律法规，着力推动现有法律法规向网络空间延伸。近年来，国家先后颁布了《全国人大常委会关于维护互联网安全的决定》《互联网信息服务管理办法》《互联网新闻信息服务管理规定》等一系列互联网管理法律法规，要以这些相关法律法规作为框架，充分利用深圳的"两个立法权"，细化相关法律法规，有效保障国家、企业、个人的信息安全和基本网络权利，规范电子政务活动，解决网络管理的部门化倾向和多头治理现象，划清禁止性规范和义务性规范边界，确保互联网管理有法可依，为规范我国互联网管理探路。二是充分发挥深圳互联网产业优势，依托先进的网络技术和装备，以网管网。深圳互联网企业集中，互联网产业是重点扶持的战略性新兴产业之一，要充分利用这个优势，进一步加大对互联网产业的扶持力度，前瞻性拟定互联网行业标准和技术法规，重视和支持对网络安全技术的研究和开发，加大利用网络技术保护网络信息系统、网络信息资源，依托先进的网络技术

和装备，推进公共信息网络安全防御系统建设，加强对互联网关键技术的研制和改进，保障网络畅通运行，实现以网管网。三是推进网络管理的法律机制建设。从法律上明晰相关部门网络管理职责，科学界定政府部门、网络服务商、网络媒体和网民的权利义务，既在网络传播过程中保护网民的权利，保护网络传播表达自由不受侵犯，同时又规制并限制网民在网络传播过程中侵犯或影响他人和组织的合法利益，做出危害性的行为，实现网络健康发展，网络运行有序。四是加强网络执法，整治净化网络环境。坚决打击网络暴力、色情、欺诈等犯罪行为，对传播虚假信息以及违法信息以赢利的网媒建立相关的惩处机制。以完善网站举报工作为抓手，推进网民参与网络空间治理，形成政府、社会、网民共建共享良好网络生态的局面。深入开展"网络非法公关"与"网络谣言"等专项整治行动，查办一批涉网犯罪的典型案例，不断净化网络空间。五是加强网民和网媒的法治教育。以社会主义核心价值体系引导网络舆论方向，引导网民遵法守法，培养网民法律素质，促进依法上网。

B.15
2014年深圳市经济犯罪综合分析与对策

林秀萍*

摘　要： 随着深圳国际化城市建设的推进，全市呈现出信息网络高速化、交通物流发达、市场经济繁荣的新格局，同时经济犯罪也出现了向集团化、家族化、专业化、跨区域化发展的新情况，并且作案主体、手段、方式也有新变化。本文通过分析2014年深圳市经济犯罪态势、特点及原因，对2015年全市经济犯罪趋势做了研判并提出对策。

关键词： 经济犯罪　综合分析　深圳市

一　全市经济犯罪总体情况

（一）全市经济犯罪案件分类构成

2014年深圳市发生各类经济犯罪案件6082宗，与上年同期相比，上升了47.8%。涉案金额288.9亿元人民币，比2013年增长3倍多。2014年全市共发生妨害公司、企业管理秩序的案件79宗，占1.3%，同比下降7.1%；职务侵占案559宗，占9.2%，同比下降

---

* 林秀萍，深圳市公安局经济犯罪侦查局综合处一级警督。

17.3%;扰乱市场秩序案760宗,占12.5%,同比上升18.2%;破坏金融管理秩序案239宗,占3.9%,同比上升123.4%;金融诈骗案2958宗,占48.6%,同比上升54.5%;危害税收征管案135宗,占2.2%,同比下降0.7%;侵犯知识产权案656宗,占10.8%,同比上升40.8%;生产、销售伪劣商品案655宗,占10.8%,同比上升2419.2%;其他41宗,占0.7%,同比下降33.9%(见图1)。

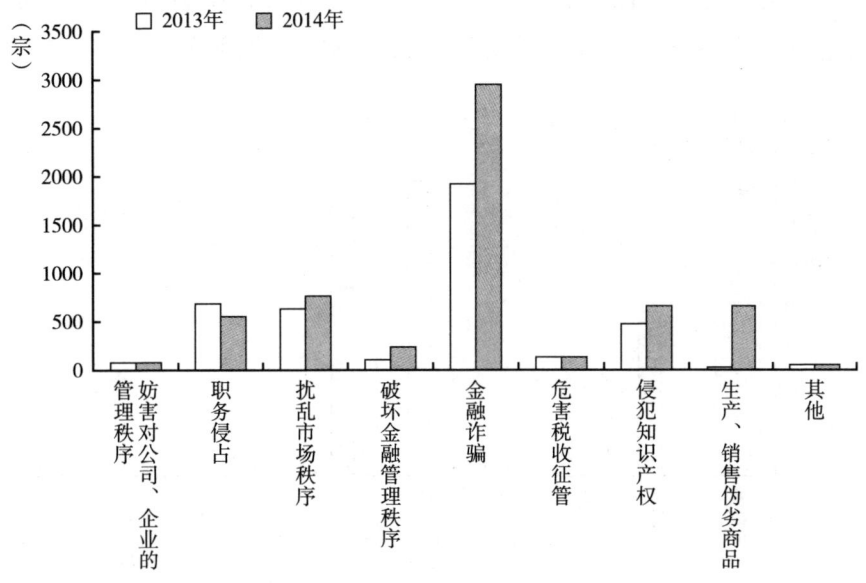

图1 全市经济犯罪案件分类构成

(二)全市各区经济犯罪活动分布情况

从经济犯罪活动疏密程度来看,2014年经济犯罪活动多集中在经济相对发达的老区:宝安区1389宗,占总数的23%;龙岗区1277宗,占总数的21%;福田区1009宗,占总数的17%;罗湖区727宗,占总数的12%;南山区539宗,占总数的9%。2014年经济犯罪活动相对少的多为刚成立不久的新区:龙华新区491宗,占总数的8%;光明新区266宗,占总数的4.4%;坪山新区99宗,占总数的1.6%;盐田区97宗,占总数的1.5%;大鹏新区24宗,占总数的0.4%。

从经济犯罪活动反弹幅度来看,与上年相比上升幅度较大的5个区依次为:大鹏新区同比上升140%、宝安区同比上升107.9%、光明新区同比上升106.2%、盐田区同比上升90.2%、龙岗区同比上升88.6%;其余各区上升幅度较小,其依次为:坪山新区同比上升32%;龙华新区同比上升25.3%;福田区同比上升21.1%;罗湖区同比上升18.8%;南山区同比上升了12.8%(见图2)。

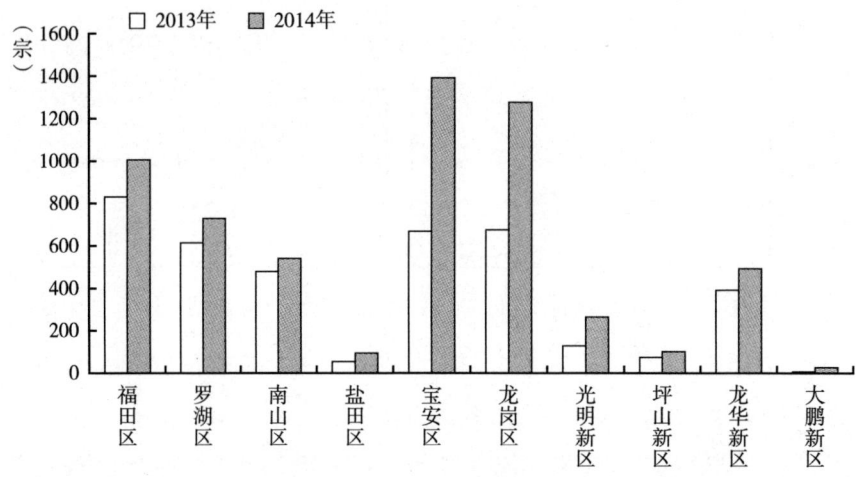

图2 全市各区经济犯罪分布

二 经济犯罪活动的主要态势与特点

(一)主要态势表现

深圳市经济犯罪活动呈现有升有降的总体态势。全年受2013年以来全国上下开展的"集群战役"和2014年开展的打击侵犯知识产权和制售假冒伪劣商品犯罪、打击传销、打击发票犯罪、打击银行卡犯罪等专项行动的影响，各类经济犯罪活动都得到不同程度的遏制，与往年相比呈现"五升三降"态势，即生产、销售伪劣商品案件、破坏金融管理秩序案件，金融诈骗案件，侵犯知识产权案件数量和扰乱市场秩序案件数量呈上升趋势，而职务侵占案件，妨害对公司、企业的管理秩序案件及危害税收征管案件数量呈下降趋势。

（二）呈现的主要特点

1. 信用卡类诈骗位居经济犯罪活动榜首

2014年深圳市金融诈骗活动持续高发，此类案件有约3000宗，同比上升了55%，居各类经济犯罪案件总数第一位。其中信用卡诈骗占较大比重，占金融诈骗案的97%。此类案件多发区域主要集中在福田区、罗湖区、宝安区和龙岗区。

2. 合同诈骗案、非法经营案较多

2014年扰乱市场秩序案件数量由降变升，深圳共发生此类案件760宗，居各类经济犯罪案件总数第二位。其中合同诈骗犯罪和非法经营犯罪活动比较突出，约占扰乱市场秩序案件的98%。合同诈骗案的发案区域主要在宝安区、福田区、罗湖区和龙岗区。非法经营案的发案区域主要在宝安区、龙岗区、罗湖区和南山区。

3. 侵权制假与售假案多涉及民生

2014年，侵犯知识产权和生产、销售伪劣商品案上升幅度较大，比2013年同比分别上升40%和24.19%，其中生产销售假药案、假冒注册商标案和销售假冒注册商标的商品案三种涉及民生案件居多，共计1200余宗，约占侵权制假案件的97%。

4. 危害税收征管犯罪得到进一步遏制

2014年深圳市共发生危害税收征管案件135宗，同比下降0.7%。其中虚开增值税专用发票案、出售非法制造的发票案、逃税案、持有

伪造的发票案这四类案件占危害税收征管案的75.6%。虚开增值税专用发票案在危害税收征管案的立案数中居首位，主要是因为当前企业盈利率普遍较低，一些不法分子转而通过虚开发票赚取"开票费""好处费"，或接受虚开发票用于抵扣税款、骗取国家税款。

5. 侵财与涉众型案件呈现下降趋势

2014年侵财案件呈持续下降趋势，共发生职务侵占案和挪用资金案570宗，同比2013年、2012年分别下降了17.3%、58.1%，但涉案金额分别上升了224.7%、687.8%。与此同时，2014年深圳市涉众型经济犯罪案件（非法吸收公众存款案，集资诈骗案和组织、领导传销活动案）52宗，同比下降37.3%，其发案区域主要集中在南山区、福田区和罗湖区。

三 经济犯罪活动原因分析

（一）智能犯罪活动增加，导致信用卡类案件数量明显上升

1. 克隆银行卡，增加诈骗犯罪

由于我国现有的银行卡绝大部分是磁条卡，技术含量低。同时，第三方支付平台、POS终端技术防范标准及能力也普遍较低，在硬件上缺乏有效监管，从而导致克隆卡有盗刷的渠道。

2. 异地盗刷信用卡，逃避犯罪打击

据统计，2014年信用卡诈骗案中，异地盗刷案件占51.3%，超过信用卡类案件的一半。另外，恶意透支案件占29.1%；在柜员机上存、取款后将银行卡遗失在柜员机上被盗刷的案件占5.9%；银行卡遗失或被盗后被盗刷、网上购物被骗的、以代办信用卡为名冒用他人身份资料申办信用卡消费，以及银行卡绑手机号被盗刷等案件，占13.7%。还有就是持卡人防范意识不强，在刷卡消费时不注意保护银

行卡的密码等。

3. 跨境作案，内外勾结

经过多年的打击，深圳市犯罪分子更加狡猾，犯罪手段更加隐蔽，手法更加新颖，特别是犯罪对象指向境外。如2014年5月15日公安机关捣毁一假银行卡犯罪窝点，现场抓获犯罪分子6人，缴获作案用台式电脑5台、笔记本电脑2台、苹果手机314部，境外信用卡信息一大批。该团伙作案手法，就是从互联网上购买大量境外信用卡信息资料，包括银行卡号、持卡人姓名、CVV码等主要信息，利用租来的苹果手机设置固定账户，捆绑信用卡信息，在苹果网上商店（APP Store）点击购买软件，提升软件排名赚取佣金，或购买游戏卡币及装备并在网上售卖套现，通过支付宝收取非法收入。

（二）侵权制假犯罪，导致涉案价值明显上升

1. 利用知名品牌，制造与销售假冒商品

假冒注册商标案和销售假冒注册商标的商品案主要是假冒名牌手机及配件、名牌香烟、硒鼓以及饮用水、月饼、家装用的油漆、眼镜、鼠标等商品。如2014年公安机关在打假集群战中破获的某假冒注册商标案，共捣毁制假售假窝点6处，打掉犯罪团伙5个，抓获犯罪分子18名，现场查获涉嫌假冒的卡地亚、梵克雅宝、蒂芙尼、宝格丽等品牌戒指、手链、项链共计316件，制假工具一批及相关账本，涉案金额达6400万元。

2. 搭建虚假网站，利用网络进行售假

侵权制假案件中，网上销售假名牌商品案不断出现，售假面不断拓宽，给打假工作提出新挑战。如不法分子委托专业人士搭建虚假售药网站，利用服务器托管的方式避免审查手续，然后通过制造点击量和推广非法广告提高网站在百度、谷歌等搜索引擎的竞价排名，再辅以网上咨询等服务，以"疾病康复中心、科研机构、医疗单位"等

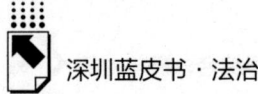

名义鼓吹其药品有神奇疗效或强调其药品有价格优势,最终吸引大量网民访问进而达到推销假药的目的。

3. 多元化手段加剧,呈现组织化、规模化、跨区跨省经济犯罪

如深圳市破获的公安部督办"3·24特大假冒伟哥案",该犯罪团伙成员分布在广东茂名、广州、浙江金华等地,现场缴获压膜机、搅拌机、模具、打标机等生产设备一大批,假冒"万艾可"品牌的包装盒、商标、说明书近万份,假冒"伟哥"100余万粒,涉案价值1亿元以上。

(三)合同诈骗犯罪,导致经济犯罪打击难度明显增加

1. 通过互联网诈骗,使犯罪手段更具隐蔽性

犯罪分子在互联网上制作虚假公司网页发布虚假信息,诱骗对方当事人支付货款和预付款后就关闭网站,失去联系;或者是通过邮件、QQ聊天工具等以及微信、手机进行合同诈骗。如2014年侦办的一起合同诈骗案件,受害者通过互联网上所留信息,与自称某科技有限公司的业务经理取得电话联系,双方经商谈后通过传真的方式签订了销售合同,受害者将购货款24.7万元汇入犯罪分子注册的公司账户后,犯罪分子立即关闭所有联系方式而后逃匿,增加了追查的难度。

2. 以借款佯骗,使犯罪目的更具迷惑力

此类违法犯罪分子往往就利用一些小微公司管理不够规范,又急于想赚钱的心理,对其用作担保的虚假房产证没有进行合法性与真实性的认证,就与其签订了借款合同,遂发生被骗取贷款后逃匿。

3. 以返高利行骗,使犯罪噱头更具吸引力

此类犯罪分子披着合法外衣(注册正规公司)注册网站,通过互联网以融资返高利为名进行诈骗。如某某投资有限公司涉嫌合同诈骗案。2013年12月,2名犯罪分子流窜至缅甸东部掸邦第四特区设

立了某某投资有限公司的网站,在网上谎称该公司投资实业,如果投资者对他们公司的理财产品进行投资,月息达12%。受害者信以为真,遂与该公司在互联网上签订理财合同,并通过支付宝等电子支付平台先后投资人民币13万元。2014年2月21日,犯罪分子关闭了网站,并在缅甸使用银行移动支付平台取走赃款。此外,还有的以境外巨额资产、民族资产名义进行融资诈骗,以积分兑手机名义诈骗钱财,以租赁机器设备名义骗人设备然后转手倒卖获利后逃匿,以合作投资为名诈骗钱财等。

(四)危害税收征管犯罪增加,经济犯罪呈现专业化趋势

1. 危害税收征管犯罪手段更加专业化

2014年深圳市侦破的全国首宗免抵退企业特大骗税案,犯罪分子作案手段相当专业,违法人员将各骗税环节实行分片包工,用地下钱庄提供资金以及进项发票抵扣,再从多家企业虚开发票到各自控制的空壳外贸公司,勾结货代获取真实货主"配货配票",联系报关行业虚假报关出口,交给专业报税人员申报退税。

2. "借壳开票"犯罪形式更加隐蔽

违法分子采取"借壳开票"等隐蔽手段,进行违法犯罪活动。如公安机关侦办的"闪电四号"特大骗税案,涉案金额人民币35亿元,税额人民币5.6亿元,价税合计人民币40.6亿元,骗取出口退税款人民币3亿多元。

3. 骗税犯罪跨区蔓延更为严重

2014年1月,深圳市以本市为主战场,在广东、河北、内蒙古、吉林、江西5省10个城市发起"闪电四号"特大骗税案全国集群战役统一收网行动,一举摧毁2个骗税犯罪集团、9个虚开增值税发票犯罪团伙,捣毁涉案企业、窝点76个,抓获违法犯罪分子24人,直接挽回国家经济损失人民币2亿元。

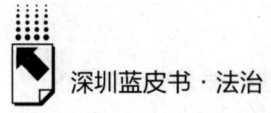

（五）职务侵占案件导致打击经济犯罪更具挑战性

1. 经济管理不规范，留下职务侵占隐患

2014年深圳市职务侵占案件继续增加，且涉及各个领域。由于深圳市经济发达，经济成分复杂，加上私营企业多，公司管理不规范，且外来务工人员多，鱼龙混杂，难以把握诚信情况，增加了企业在关键岗位上的用人风险。

2. 管理层发案虽少，但涉案金额大

涉案人员中的企业高层人员虽然占比不大，但涉案金额动辄就是几十万元甚至几百万元，如2014年深圳市查获一起企业涉嫌职务侵占案，涉案金额达793万元。

3. 职务犯罪多样化，向不同领域和岗位渗透

从2014年深圳市侦办经济案件看，此类犯罪已向多领域、不同岗位渗透，呈现从特殊身份、特定岗位人员向普通员工、不特定岗位泛化趋势。

（六）涉众型经济犯罪，导致打击经济犯罪面更为宽广

1. 以高额利息诱骗民众

以投资商场、养老中心、家具厂、店铺、山林、煤矿或资金周转等名义，以高额利息为诱饵骗人钱财。如公安机关办理的某公司深圳分公司涉嫌非法吸收公众存款案中，犯罪分子就是通过招聘业务员、派发传单等方式，以投资银饰品业务每月可获投资款18%～23%的高额利息为名，诱骗群众到公司投资，涉案金额2000万元，受害群众达80余人。

2. 以理财产品为幌子吸引民众

如某投资有限公司涉嫌非法吸收公众存款案中，犯罪分子通过虚假宣传理财产品和高额回报的手段吸引90多名事主购买该公司产品，涉案金额2939万元。

3. 以传销活动迷惑民众眼球

如 2014 年公安机关破获的"MSA 控股"特大网络传销案。犯罪分子在互联网上利用"MSA 控股集团"网站进行宣传，以出售虚拟游戏豆为名，通过"一进一出""两倍出局"等静态奖制度来吸引参与者投入资金并成为会员，同时以直推奖、组织奖、管理奖和信任奖引诱会员发展下线，大肆进行传销活动诈骗钱财，此案涉及 15 个省 13.9 万会员，历史交易额高达 10 多亿元，影响十分恶劣。

4. 以新型犯罪手法骗取民众钱财

如深圳市某公司借助 P2P 借贷平台，利用"旺旺贷"通过第三方支付公司收取网贷，涉嫌非法吸收全国各地受害人投资款约人民币 1000 万元的公众存款；打着创新经济发展方式的旗号，其经济犯罪更加现代化、欺骗性更加隐蔽，如股权投资、互联网金融、商业模式创新等。

5. 与境外犯罪势力勾结骗取钱财

这种经济犯罪往往以"两头在外"的方式骗取钱财，其主要手法是嫌疑人和公司在境外，签合同、缴款在境外，或者款项快速流往境外，但投资者都是国内居民，达到骗取投资者钱财的目的。由于这种经济犯罪的资金支付、财产转移手段的日益丰富和快捷，经济犯罪分子几乎把转移财产作为犯罪"标配"，从而导致经济侦查机关对涉案资产的查扣难度越来越大，打击难度也越来越大。

四 2015年经济犯罪主要趋势与对策

（一）趋势研判

1. 银行卡犯罪活动仍将呈高发态势

虽然经过历年打击专项行动，银行卡犯罪得到了一定程度的遏制，但犯罪分子也在不断翻新犯罪手法。同时，由于银行卡的普及，分工明确、组织严密的跨地区犯罪团伙将进一步增多，银行卡诈骗类的案件亦将增长。

2. 涉网经济犯罪占经济犯罪活动的比重将逐渐加大

随着互联网越来越多地被运用于商业活动和百姓生活，传统的经济犯罪也进行着网络化的转变，网络犯罪发展将更快、涉及地域更广、危害更大。利用网络实施的非法集资、非法经营证券期货业务、资本运作，销售假币、假发票，贩卖银行卡、银行卡非法套现，出售假冒伪劣商品，非法经营药品等犯罪将逐渐高发。同时，网络经济犯罪存在资金和信息流动快、涉及面广、隐蔽性强、调查取证难等情况，导致发现和打击此类犯罪将更为困难。

3. 部分领域的经济犯罪活动仍将高发

2015年深圳市的投资、建设将进入一个新的高潮，在商贸往来过程中发生的合同诈骗案、企业生产过程中发生的职务侵占等案件可能会保持高发的态势。尤其在前海合作区建设中，可能出现新型商贸、金融等犯罪活动。

4. 金融领域经济犯罪案件中涉众型案件将呈多发状态

2015年伴随我国金融市场的快速发展，类似"网络借贷（P2P）"的各种金融创新将如雨后春笋般兴起，这同时也给改革开放前沿的深圳市金融稳定和社会稳定带来严峻挑战，全市以金融创新为名进行非法吸收公众存款、集资诈骗的涉众型案件将会增多。

（二）主要对策

1. 组织开展专项行动，遏制突出经济犯罪活动

针对各个时期突出的经济犯罪活动，以点带面，主攻重点，组织开展各种专项行动，严厉打击犯罪活动，维护企业发展核心竞争力，维护市场主体公平竞争体系，力争有效净化市场环境，服务廉洁城市建设。

2. 严厉打击金融犯罪，确保金融市场高效运行

针对银行卡诈骗、保险诈骗案件高发情况，突出大要案件，严打犯罪集团；对假币犯罪"零容忍"，彻底铲除假币制造窝点，严密防范消费领域的假币犯罪行为。通过部门移送、警情研判、联合上案，快速侦破证券犯罪案件，加大对非法证券犯罪活动的打击力度，促进资本市场健康发展；依托处置非法集资联席会议平台，实现对非法集资活动的"露头就打、打早打小"。

3. 严厉打击商贸犯罪，维护市场经济秩序

以商品流通、金融信贷、工程建设等群众反映强烈、社会广泛关注的行业为重点领域，加强与纪检监察、市场监管、商务等相关部门的协作配合，深挖线索，广辟案源，将系列职务侵占、合同诈骗、非法经营、商业贿赂等案件及时串并，适时开展专项打击，使全市多发性商贸领域的犯罪得到有效遏制，以维护市场经济秩序，促进社会和谐。

4. 严厉打击涉众型犯罪，全力保障社会稳定

以"平安深圳15"专项行动为契机，重点打击股权投资、资本运作、融资性中介（如P2P网络借贷平台）等互联网金融领域引发的非法集资等涉众型经济犯罪活动。针对传销犯罪向网络传销、金融传销发展的趋势，加强情报研判，严厉打击假借"资本运作""电子商务"等幌子跨区域网络传销组织，以维护社会稳定、人民安居乐业。

5. 夯实基层基础工作，提升全面管控能力

深化情报研判机制，建立新型查控系统。以情报信息网络为基础，积极协调社会有关部门、相关警种和基层单位，建立公秘结合、管控结合、有结构、有层次的阵地控制工作体系，全面掌控"经济重点人、资金、企业、互联网金融、传销、假卡、假发票、假冒侵权"八大重点阵地。建立风险预警模式，设立风险等级，对发现的

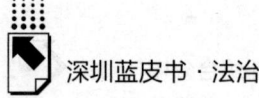

风险隐患进行预评预判、分类处置，切实做到早发现、早处置，实现早介入、早防范、早打击，从源头上遏制多发蔓延态势，从而提升全面管控能力与水平。

6. 加强舆情研判，提高防范意识

加强情报预警和互联网等舆情动态研判，积极发现高质量情报线索，并针对经济犯罪的新形势、新问题，围绕经济犯罪形势，以及重点、热点经济犯罪问题开展专题研判，提升类案经营和打防管控水平。充分发挥五大媒体的宣传力量，以及微博、微信网上平台，巩固网上宣传阵地，并向地铁、公交站台等公共场所延伸宣传触角，向广大人民群众推送常见经济犯罪手段和防范技巧，全方位提高全社会防范经济犯罪的意识与能力。

B.16 深圳律师行业近十年发展情况分析

高树 魏汉蛟 张弢[*]

摘 要： 本文从律师、律师事务所和律师协会三个层面，对深圳市律师行业近十年的发展情况，系统地进行了综述和分析，并与北京、上海等其他先进城市相比较，总结了深圳律师行业的优势与困境、机遇与挑战，并提出深圳律师行业发展建议，为深圳律师行业下一阶段的健康发展提供参考。

关键词： 律师 律师事务所 律师协会

深圳律师行业经过近30年的发展，尤其是2004年以来这十年的发展，发生了巨大的变化。从执业律师本身看，深圳律师队伍不断发展壮大，预计2017年律师人数将突破万人大关；深圳律师的素质也在不断提高，已成为促进经济发展、维护社会公平正义、推进依法治国、构建和谐社会的生力军。从经济环境上看，深圳大力发展高端服务业以及珠三角的发展规划都为深圳律师业的快速发展提供了机遇。从政策背景上看，深圳律师正抓住十八届四中全会明确的依法治国的发展契机，力争发挥更加重要的作用，敢想敢干敢闯敢言，为深圳创建一流法治城市贡献力量。

---

[*] 高树，深圳市律师协会会长；魏汉蛟，深圳市律师协会监事长；张弢，深圳市律师协会理事。

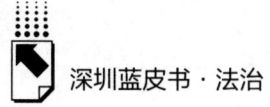

一 深圳律师行业近十年发展概况

2004年以来，深圳律师业的发展令人瞩目。2004年7月，深圳市律师协会通过差额竞选、代表直选和代表民选的方式，选举出了第四届理事会的正副会长、理事和秘书长，他们全部都是执业律师。这是一次历史性的突破，探索出了一条适合深圳乃至全国律师业发展的"两结合"①的行业管理新模式。深圳律师勇敢地站到了中国律师制度改革的风口浪尖。

2005年8月，深圳市律师协会极具创新特色的新章程诞生。新章程在全国首次增设监事会作为深圳市律师协会的专职监督机构，在顶层设计层面建立和完善了律师协会内部的监督制约机制，实现了民主监督下的行业自律，再领中国律师业改革风气之先。

近年来，深圳律师业快速发展，律师业务的多元化趋势明显增强，高端业务优势凸显。全市广大律师围绕市委市政府中心工作，服务大局，充分发挥专业优势，积极拓展法律服务领域，积极参与深圳的各项经济、文化、社会建设活动。如为企业融资和国企重组改制提供服务；组建法律服务团，为高交会、文博会和大运会提供法律服务；参与解决征地纠纷，促进地铁工程、西部通道等重大项目建设；建设专业团队，服务深圳市蓬勃发展的知识产权业；促进深港一体化和经济合作等，充分体现了法律服务在经济建设中的重要作用。

改革的天性以及优越的地理环境是深圳律师业的立身之本。从恢复设立之后，深圳律师就主动服务深圳，现已参与到深圳政治、经

---

① "两结合"是指司法行政机关的行政管理与律师协会的行业管理优势互补、相得益彰的律师管理体制。

济、文化建设的方方面面，几乎所有的重点项目、重要活动都有律师提供专业服务的记录。深圳律师以"敢为天下先"的勇气，书写了律师制度改革、体制变革、业务创新等辉煌篇章，形成了独特的深圳律师文化和深圳律师精神，具有鲜明的区域特征。

（1）深圳作为经济特区，发达的商业氛围和名列全国大中城市前茅的经济总量，令深圳律师业发展具备了扎实的经济基础。

（2）深圳文化如其市民构成一样具有移民社会的包容性，这种兼容并蓄的文化特性不断吸引着更多优秀人才加入深圳律师队伍。

（3）深圳具有毗邻香港的地理优势，已经通过人才交流学习、律师合作等方式逐步吸收、借鉴了香港规范、成熟的法律服务模式。

（4）深圳是一座年轻的城市，没有太多负担，律师群体普遍年轻，思想开放，敢闯敢试，具有强烈的创新意识。

（5）深圳律师积极参与律师协会组织的各项活动，使深圳律师在发展自身的同时，增强了整个行业的凝聚力和影响力，这也是近十年深圳律师业比较显著的一个特征。

二 深圳律师现状分析

（一）深圳律师类型分析

1. 专职律师和兼职律师

根据《中华人民共和国律师法》，专职律师和兼职律师是按照工作性质划分的两类律师。专职律师是指取得律师资格或法律职业资格证书者，在律师事务所实习一年后，领取专职律师执业证，专门从事律师工作的人员。专职律师都必须在律师事务所执业，执业范围包括民事诉讼、刑事诉讼、行政诉讼等诉讼业务，也包括法律咨询、法律顾问等非诉讼业务。① 兼职律师指在高等院校、科研机构中从事法学教育、研究工作，取得法律职业资格证书和律师执业证书，不脱离本职工作，兼职从事律师职业的人员。②

有不少专职律师对于兼职律师的存在仍旧存在误解：认为兼职律师在瓜分专职律师的服务市场。但这并非事实的全貌，兼职律师更多的是在完成自身本职工作的基础上，去从事律师职业，而且他们的工作范围相对较小，是律师行业的一个有益补充，并不会对律师行业的发展造成重大负面冲击。与此同时，从事法学教育、研究工作的专业人员从事兼职律师工作，不但有利于促进其教学和科研工作，而且有利于他们从法律专业知识、理论素养以及律师基本技能、办案经验等层面去培养真正符合社会需要的律师后备人才，促进律师整体素质的良性发展。

深圳律师队伍的主体是专职律师。截至2014年12月底，深圳有专职律师8431人，占99%；兼职律师85人，仅占1%。

2. 社会律师、公司律师和公职律师

以服务对象和工作身份为划分标准，律师可分为社会律师、公司律师和公职律师。日常生活中提及的律师，主要指社会律师。社会律师是依法取得律师执业证书，接受委托或者指定，为当事人提供法律服务的执业人员。③

公司律师具有身份的双重性，既是律师又是公司的职员；其服务对象仅为所在公司，不能对外接受委托，不能面向社会提供法律服务；同时作为公司的在职员工，已有公司发放的工资收入，因此为所在公司提供法律服务时不能再另外收费。

公职律师任职于国家行政部门，属于公务员，其报酬由政府财政

---

① 《中华人民共和国律师法》。
② 《中华人民共和国律师法》。
③ 《中华人民共和国律师法》。

支付，作为政府方的代理人处理政府在行政、民事、商事活动中产生的法律纠纷，公职律师同样不得为政府之外的他人提供有偿法律服务。

深圳律师队伍的主体是社会律师。截至2014年12月底，深圳有社会律师8516人，占99.48%；公司律师19人，仅占0.22%；公职律师26人，仅占0.3%。

（二）深圳律师队伍发展现状

深圳律师队伍呈男多女少，执业不满5年新律师多、执业10年以上资深律师少，高学历律师占比不高等特点。根据深圳市律师协会的统计数据，截至2014年12月底，深圳律师队伍中，男律师占69%，女律师只占31%（见图1）；执业10年以上的律师占26%，执业不满5年的律师占48%（见图2）；虽然深圳执业律师均具有本科以上学历，总体学历水平较高，但硕士以上学历律师仅占24%，其中博士学历律师更是只有1%（见图3）。

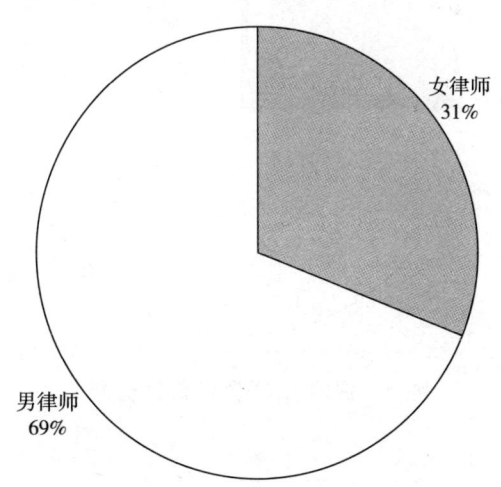

图1 深圳律师男女比例分析

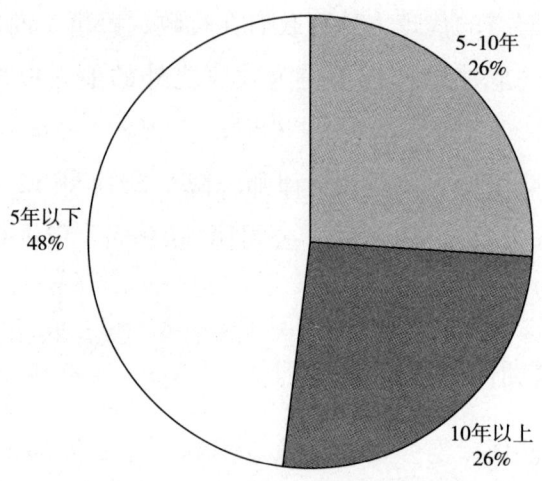

图2　深圳律师执业年限分析

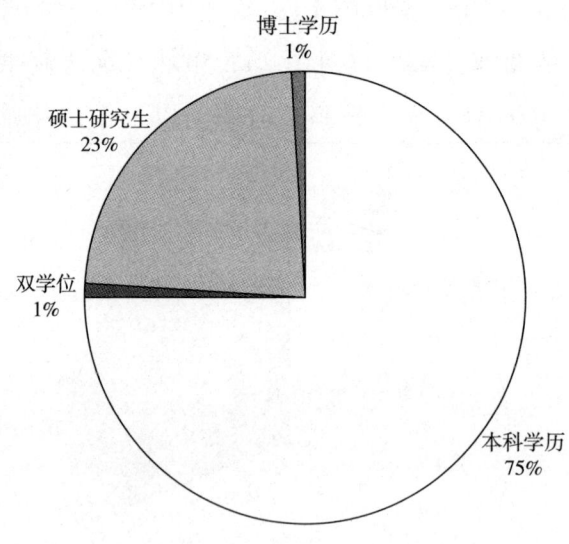

图3　深圳律师教育背景分析

（三）深圳律师创收现状

2008~2013年，深圳律师在创收方面，总体呈上升趋势。2013年全国律师25万余人,总创收470亿,人均创收18.8万元;深圳律师总创收为28亿元,人均创收约为34.8万元,高出全国人均创收达85%;深圳与北京、上海相比,仍有一定差距;2013年北京律师总创收97.61亿元,人均创收41万元;上海律师总创收89.1亿元,人均创收56.3万元(见图4、图5)。这说明,深圳律师在创收方面虽然居全国前列,但是仍有潜力可挖。深圳律师要做的是在保持原有传统业务基础上,创新开发出新业务、新模式,推动深圳律师行业更进一步向前发展。

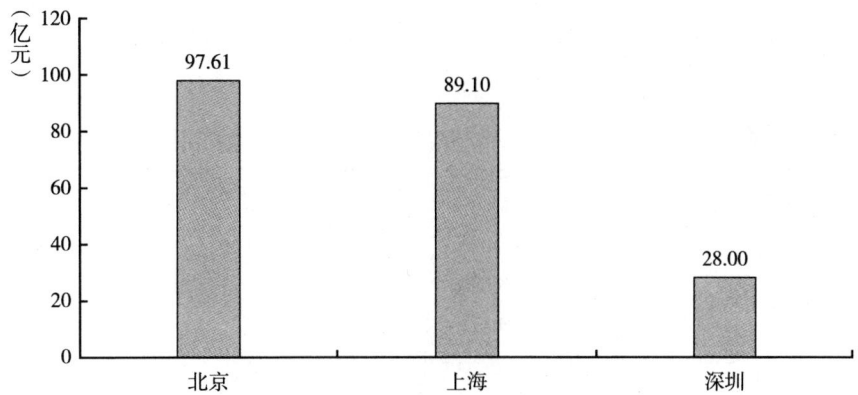

图4 2013年北京、上海、深圳律师总创收比较

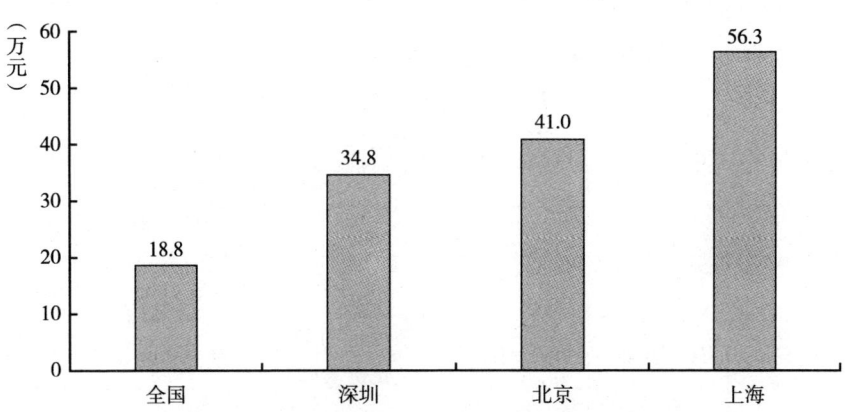

图5 2013年全国及深圳、北京、上海人均创收比较

(四)深圳律师收费标准情况

近十年来,深圳律师收费主要根据2006年4月13日国家发改委、司法部联合发布的《律师服务收费管理办法》。此外,深圳市还出台了《深圳市律师从事证券法律业务收费指引》和《深圳市律师在房地产买卖活动中法律服务收费指引(试行)》,用以规范指引相关法律服务收费。

与北京、上海的律师收费标准相比,无论是计时收费、计件收费,还是按标的额比例收费,深圳都略有不同(见表1)

表1 深圳、上海、北京律师事务所收费标准比较

城市\类型	计时收费(元/小时)	计件收费(不涉及财产的民事、行政诉讼)(元/件)	涉及财产的民事、行政诉讼(元/件)	刑事案件(元/件)
深圳	200~3000	3000~20000	基础费用1000~8000 争议标的额分段按比例累加	侦查 2000~6000 审查起诉 6000~16000 审判 6000~33000
上海	200~3000	3000~12000	争议标的额分段按比例累加	侦查 1500~10000 审查起诉 2000~10000 审判 3000~30000
北京	100~3000	3000~10000	争议标的额分段按比例累加	侦查 2000~10000 审查起诉 2000~10000 审判 4000~30000

三 深圳律师事务所发展情况分析

(一) 律师事务所基本制度建设

目前深圳律师事务所已经建立的比较完善的制度和规范主要包括：律师诚信、业务管理、人事管理、财务管理、行政管理和文化建设等几个方面①（见表2）。

表2 深圳律师事务所主要制度和规范

律师诚信	利益冲突认定与处理规则 投诉查处制度 执业公约 服务质量跟踪反馈制度 收费监督管理制度 投诉及处罚办法 过错责任认定及赔偿办法
业务管理	收案、结案制度 业务团队建设及合作办案实施办法指引 业务部工作规则 律师出具律师函及法律意见书的管理规定 律师业务拓展规定 集体讨论制度 业务学习制度 律师办理业务见证业务规定 承办房地产按揭（抵押贷款）业务规则 办理非诉讼业务规则 业务档案归档及管理办法

---

① 深圳市司法局、深圳市律师协会编《深圳市律师事务所管理手册——合伙制律师事务所管理制度指引》。

续表

人事管理	聘用人员管理办法 律师助理管理办法 实习生管理办法 实习律师管理办法 考勤制度 行政人员奖惩办法 行政部工作人员岗位职责
财务管理	财务管理制度 救助基金管理办法 发展基金管理办法 风险基金管理办法 培训基金管理办法 律师接受媒体采访管理办法
行政管理	公章管理规定 业务专用章管理和使用规定 公用办公设施及用品管理规定 前台工作人员工作规范 消防安全管理制度 网络使用及计算机维护管理办法 合伙人值班制度 办公管理制度 财务、行政人员岗位职责 图书资料管理制度 办公物品采购发放及报销制度
文化建设	律师执业道德及办公室仪表行为管理制度 青年律师激励制度 所刊管理办法

（二）深圳律师事务所规模分析

1. 深圳律师事务所数量规模

近十年来，深圳律师事务所数量稳步上升，从2004年的195家到2014年的514家，已经增长了1.64倍（见图6）。

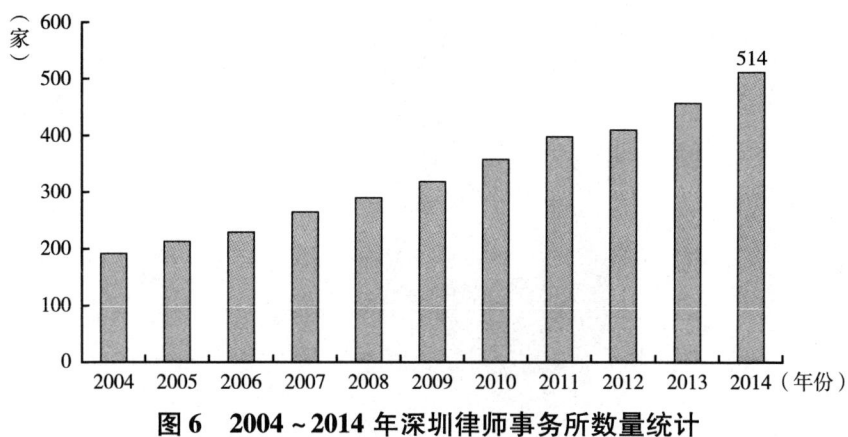

图6　2004～2014年深圳律师事务所数量统计

2. 深圳律师事务所在各区的分布情况

深圳各区都有律师事务所，但福田区最为集中。2014年深圳514家律师事务所中，229家设立在福田区，占44.6%（见图7、图8）。

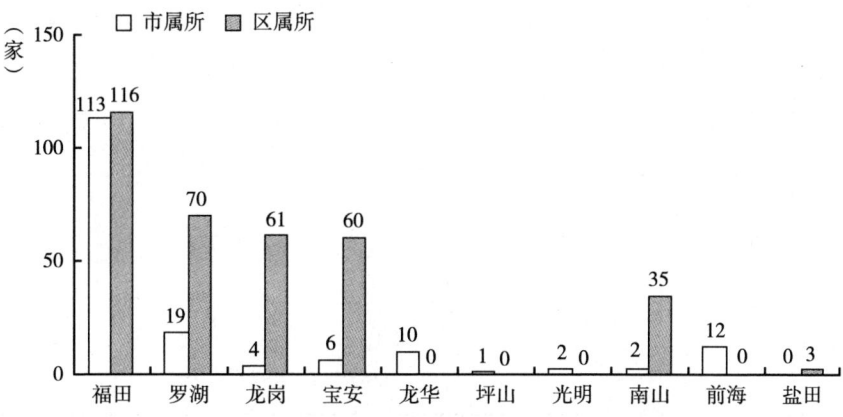

图7　2014年深圳律师事务所在各区分布情况

3. 与北京、上海的横向比较情况

2014年，北京有律师事务所1782家，律师23776名；上海有律师事务所1222家，律师16692人；深圳有律师事务所514家，律师8561人（见图9）。无论是律师事务所数量还是律师总人数，深圳均与北京、上海有较大差距。

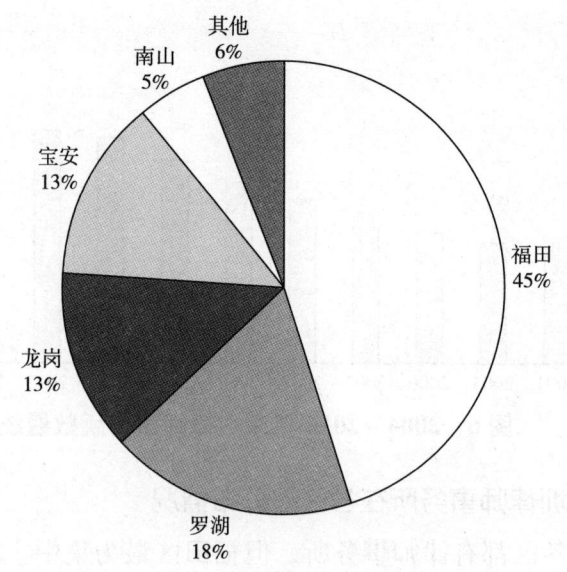

图8 2014年深圳市各区律师事务所比例分析

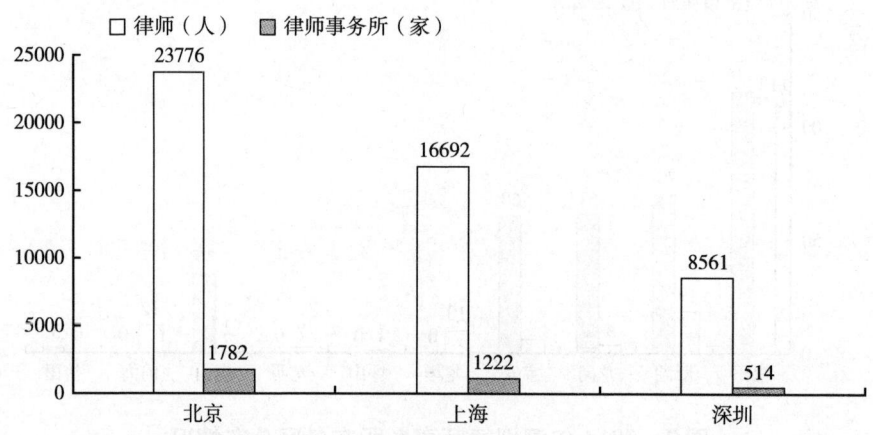

图9 北京、上海、深圳律师及律师事务所数量统计

（三）深圳律师事务所市场环境分析

1. 深圳市GDP增长分析

经过30多年快速发展，深圳市人均GDP已突破2万美元，

2009～2013年，每年GDP增长均超过10%（见图10），进入了一个新的发展时代。2010年来，深圳市坚持质量引领、创新驱动的发展战略，稳扎稳打地转换经济发展方式，不仅实现了有质量的稳定增长，还在可持续全面发展方面取得了积极成效，为高质量、长时期的健康发展奠定了坚实基础。

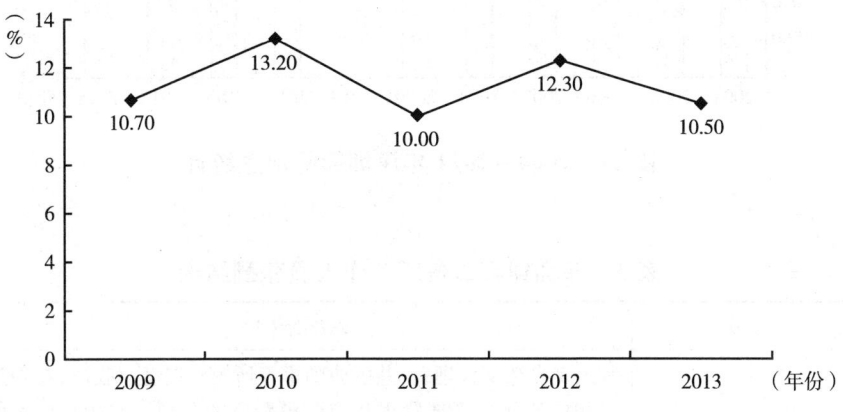

图10　2009～2013年深圳市生产总值增长率

2. 律师行业与国民经济发展呈正相关

近年来，深圳市律师服务业规模持续增大，主要受益于国民经济的增长、企业投融资活跃的推动以及新兴行业的不断涌现。随着社会政治经济局面的稳定，深圳市诉讼案件增长率和市生产总值增长率总体趋势保持一致。非诉讼法律事务受益于企业投融资活动的增加以及外资的流入，也持续增长。在这种背景下，深圳律师人数规模不断壮大（见图11）。

（四）深圳律师事务所薪酬体系分析

1. 深圳律师事务所薪酬体系现状

目前，深圳律师事务所工作人员因身份不同，薪酬结构各不相同（见表3）。

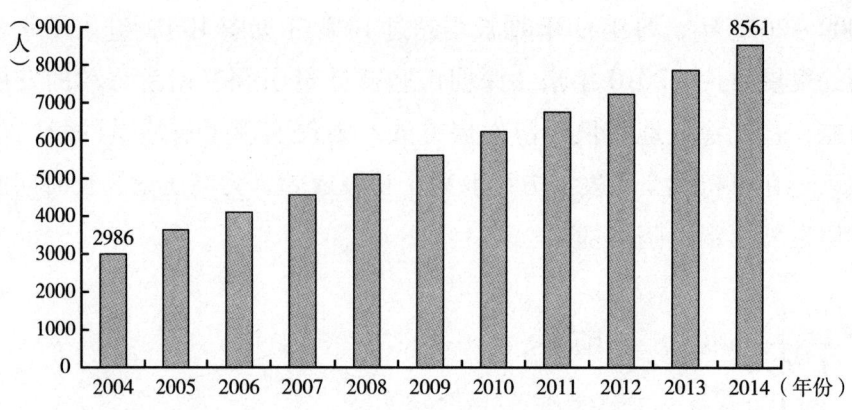

图 11　2004～2014 年深圳律师数量统计

表 3　深圳律师事务所工作人员薪酬结构

人员	薪酬结构
普通律师	收入来自律师代理费,并由律师事务所统一向客户收取,在扣除了相应比例的管理费用和应缴税费后的余额即归律师个人所有。管理费用包括宣传成本、办公成本,非合伙人律师通常按固定比例缴纳费用
实习律师 律师助理	实行基本工资+绩效工资
行政人员	实行固定工资制

2. 深圳律师事务所薪酬体系存在的问题

一是薪酬制定缺乏科学性。律师事务所没有进行岗位评价和精细工作分析,只是凭合伙人的主观感觉和经验确定工资,有较大的随意性。

二是薪酬水平差距很大。收入低的年轻律师生存压力大;收入高的资深律师其收入同样有较大偶然性,而且几乎所有的律师都时刻存在危机感。

三是没有激励性薪酬。行政人员基本以固定工资为主,他们的工资多少与律师事务所整体效益无关,对他们也没有相对应的激励机制;与此同时,实习律师和律师助理也没有与之配套的绩效考核机制,全凭人为主观判定。

四是助理人员薪酬与其他行业相比处于偏低水平,缺少外部竞争力,相比于非本行业的同学,他们的外部公平感和自我公平感相对较差,满意度相对较低。

3. 深圳律师事务所人员薪酬满意度情况

从业超过7年的律师通常对收入比较满意;有4~7年从业时间的律师对收入状况基本满意,但认为没有达到期望的收入水平;有着1~4年从业时间的律师对收入有较多不同想法,持悲观心态的认为这个行业太难做,而抱乐观心态的认为律师这个职业需要时间积累;从业时间不足1年的律师和助理人员大多处于解决温饱的水平,对收入普遍有不满的情绪;行政人员大体能够接受现有的薪酬水平。

四　深圳市律师协会情况分析

(一)协会历史及成员

深圳市律师协会成立于1989年,至今已经历经九届,成员主要有两类:一类是个人成员,另一类是团体会员。个人成员主要是依照我国《律师法》规定取得律师执业证书且已在深圳律师协会注册的律师,兼职律师、公职律师、公司律师向协会申请登记也可以成为协会个人会员;团体会员主要是深圳市依法设立的律师事务所以及外地律师事务所在深圳市设立的分支机构。此外,经批准设立的港、澳及其他地区律师事务所驻深圳市代表机构以及外国律师事务所驻深圳市代表机构及代表可向协会申请成为特别会员。

（二）协会组织架构

深圳市律师协会下设20个专门委员会，作为履行协会职责的专门机构。① 协会还专门为组织专业交流研讨及指导律师开展业务活动设置了22个专业委员会（见图12）。

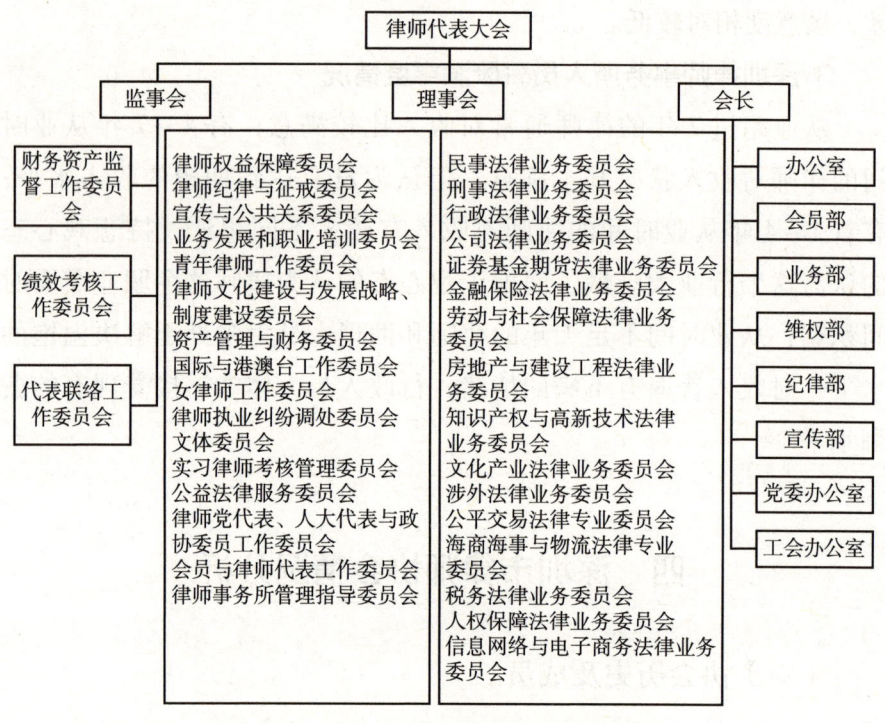

图12　深圳市律师协会组织架构

（三）深圳市律师协会在行业发展中的作用

1. 职责概况

深圳市律师协会的职责主要包括对会员、对律师行业、对社会三大类职责（见表4）。

---

① 深圳市律师协会简介。

表4 深圳市律师协会职责一览

对会员职责	支持律师依法执业,维护会员的合法权益 负责律师职业道德和职业纪律的教育、检查、监督和处理 组织开展会员业务培训、研讨,总结和交流律师工作经验 负责对会员考核管理 制定对申请律师执业人员的培训和考核办法,组织管理申请律师执业人员的实习活动,对申请律师执业人员进行考核和管理 受理对会员的投诉,对会员的违法违纪行为进行调查取证,依法、依规做出行业处理决定,有权向深圳市司法行政机关提出行政处罚建议 调解、处理会员之间在执业活动中发生的纠纷 制定并实施对会员的奖惩办法 组织会员展开对外交流 开展文体活动,举办福利事业,组织实施会员求助、同业互助
对行业职责	制定律师行业收费指引 制定律师行业发展规划,制定并监督实施律师执业规范 指导检查律师事务所规范化建设 通过出版律师刊物等方式,宣传律师工作
对社会职责	鼓励和支持会员参政、议政;鼓励会员参与立法活动,向有关部门提出法治建设以及完善律师制度的意见和建议 协调与立法、司法、行政机关的关系,拓展与规范法律服务市场 深圳市司法行政机关及上级律师协会委托行使的其他职责

2. 协会制度建设

为健全和完善律师协会的监督与管理职能,更好地促进协会发展,协会也在不断地推进协会的规章制度建设。目前深圳市律师协会已经制定综合类、议事与工作规则类、会费与经费类、维权与纪律类、业务研究与培训类、奖励与宣传类、收费类以及实习管理工作类共八大类37项规章制度(见表5)。

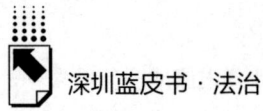

表5 深圳市律师协会规章制度一览

综合类	《深圳市律师协会证照管理员管理办法》
议事与工作规则类	《深圳市律师协会理事会议事规则》 《深圳市律师协会会长办公会议议事规则》 《深圳市律师协会监事会代表联络委员会工作规则》 《深圳市律师协会监事会绩效考核委员会工作规则》 《深圳市律师协会律师党代表、人大代表与政协委员工作委员会工作规则》 《深圳市律师诚信档案管理办法》 《深圳市律师协会业务创新与发展委员会工作规则》 《深圳市律师协会专业委员会工作规则》 《深圳市律师协会区律师工作委员会工作规则》 《深圳市律师协会专门委员会工作规则》 《深圳市律师协会监事会工作规则》 《深圳市律师协会会员与律师代表委员会工作规则》 《深圳市律师协会理事挂点联系小型律师事务所工作规则》 《深圳市律师协会律师权益保障委员会工作规则》 《深圳市律师协会评选和推荐律师、律师事务所办法(试行)》
会费与经费类	《深圳市律师协会业务发展和职业培训经费使用和管理办法》 《深圳市青年律师发展扶助基金管理办法(试行)》
维权与纪律类	《深圳市律师协会律师会见犯罪嫌疑人、被告人纪律规定》 《深圳市实习人员违纪违规惩戒处分办法》 《深圳市律师协会救助基金管理办法》 《深圳市律师协会纪律查处费用规则》 《深圳市律师协会律师执业纠纷调处规则》
业务研究与培训类	《深圳市律师协会律师继续教育培训管理办法》 《深圳市律师协会专业委员会活动计分办法(试行)》 《深圳市律师协会专业委员会委员、主任、副主任选举办法》 《深圳市律师事务所教育培训实施办法(试行)》
公共关系与宣传类	《深圳市律师事务所及律师宣传、推广行为规范(试行)》 《深圳市律师协会新闻发言人制度(试行)》 《深圳市律师协会宣传与公共关系委员会工作规则》
收费类	《深圳市律师从事证券法律业务收费指引》 《深圳市律师在房地产买卖活动中法律服务收费指引(试行)》

续表

实习管理工作类	《申请律师执业人员实习考核规程》 《深圳市实习指导律师守则》 《深圳市律师事务所实习管理办法》 《深圳市律师协会实习人员考核管理委员会工作规则》 《深圳市律师协会申请律师执业人员面试考核评估标准指引》

3. 实习机制与考核

为申请律师执业而在律师事务所进行实习的人员（以下简称"实习人员"），一年实习期满后，参加深圳市律师协会组织的实习考核。律师协会坚持依法、合规、公平、公正的原则，对实习人员的政治素质、道德品行、执业素养以及完成实习项目的情况、实习纪律的情况和遵守律师职业道德情况进行全面考核。

深圳市律师协会设立实习人员工作委员会具体组织开展实习考核工作，实习考核委员会主任由律师协会理事担任。对实习人员的考核，按照书面审查、面试考核和公示三个步骤依次进行。律师协会还可以采取实地考察、与实习指导律师访谈等方式，对实习人员的实习场所、实务训练档案等进行抽查了解，检查实习人员的实习情况。

对实习人员政治素质的考核内容主要包括：是否拥护中华人民共和国宪法以及中国特色社会主义理论相关知识掌握情况、中国特色社会主义律师制度相关知识掌握情况，律师职业观、价值观、社会责任感。

对实习人员道德品行的考核内容主要包括：有无《申请律师执业人员实习管理规则》第十一条及第十二条第一款所列不符合法定律师执业条件的情形和不宜从事律师职业的不良品行、律师职业道德相关规定掌握程度、诚信意识和敬业精神、提交的各项考核材料的真实性。

对实习人员执业素养的考核内容主要包括：专业知识掌握程度、

律师工作基本程序和基本技能掌握程度、逻辑思维和分析判断能力、语言文字表达和沟通协调能力、仪表仪态、心理素质和文化素养。

对实习人员实习期间表现情况的考核内容主要包括：集中培训参加情况、实务训练活动参加情况、律师职业道德和实习纪律遵守情况。

截至2014年12月底，深圳实习人员数量为1540人。

4. 业务创新与发展

深圳市律师协会下属22个专业委员会，根据律师业务的研究、发展以及拓展需求，从不同角度、以不同方式组织会员进行学习和交流，指导律师开展业务活动。① 具体工作包括：理论研讨，开展业务理论研讨工作，就疑难案件和社会热点法律问题进行研究和讨论，提高律师的业务水平；信息服务，进行信息收集、整理、发放，编辑出版专业文集；业务拓展，开展业务工作调研，组织经验交流活动，拓展律师业务范围；业务支持，协调律师业务活动，建立与律师业务活动相关的社会支持网络，支持律师依法履行职责；交流合作，在律师协会的指导与监督下，与境外及港澳台律师开展交流与合作；参与立规，制定律师从事相关业务行为准则、操作指引和业务规范，就国家和地方的立法、司法活动以及政策的制定提出意见和建议；内部支持，就律师表彰、惩戒、专业资格考核、专业职称评定等事项向律师协会提供专业咨询意见，协助职业培训委员会启动培训工作。②

专业委员会开展工作的形式包括座谈会、研讨会、听证会、业务培训、业务观摩、提出工作建议和意见书、法律宣传宣讲、义务咨询、对外交流、信息服务等。为促进专业委员会更好地开展工作，深圳市律师协会还通过了《深圳市律师协会专业委员会活动计分办法（试行）》，对内部活动、公开活动、与外部单位交流、出具法律法规

---

① 深圳市律师协会简介。
② 深圳市律师协会简介。

修改意见、疑难案件讨论、研究成果、专题约稿、法律资讯、业务交流简讯、业务综述、上传网络资源和出版书籍等以记分方式数字化体现，促进专业委员会开展工作。

5. 职业培训

为了规范法律专业进修和律师职业培训，促进及提高深圳市执业律师执业水平和服务技能，深圳市律师协会职业培训委员会每年都会安排律师业务培训，培训形式多样，既有定期培训班，也有不定期的培训班；既有集中培训，也举办法律论坛、研讨会、沙龙、专题讲座等①。其中，固定培训模式分为集中培训与在线培训两种。集中培训是执业律师集中2~3天接受现场培训，培训的内容主要包括但不限于对执业律师培训有关执业纪律教育和律师职业道德及律师业务等。在线培训则是通过登录深圳执业律师继续教育培训系统观看深圳市律师协会制作上传的业务培训录像资料。

6. 执业纪律与维权

深圳市律师协会专设律师职业道德与纪律委员会负责投诉接待和处理律师职业道德与纪律的相关工作；对被投诉人的立案、专案进行调查、讨论，并做出处理决定；对律师违纪及违反执业道德问题及疑难案件进行专项调查研究；调解和处理会员之间职业纠纷；与市、区司法行政机关执业监督部门的业务联系和协调工作；以及理事会赋予的其他职责。

根据深圳市律师协会理事会通过的《深圳市律师协会纪律委员会工作规则》第二十二条"纪律委员会除依据本规则决定对会员实施处分措施外以及责令会员履行特定的义务外，还可以同时或者单独向会员提出规范执业建议书，也可以向全体会员发出规范执业指引"之规定，律师协会纪律委员会针对当前律师执业中被投诉所反映出的有关

---

① 《深圳市律师事务所管理现状调查报告及律师执业与生存现状调查报告》，2008。

收费和社会稳定等突出问题，向全市律师和律师事务所发出"纪律警示"，对于违反规定影响深圳市律师队伍形象的行为进行严肃处理。

深圳市律师协会还设有律师权益保障委员会，主要职责是维护本会会员依法执业的权益，主要工作方法包括：提出保障律师执业权益的意见、建议或具体解决措施、制定有关律师申请维权的具体受理程序；组织有关法律专家研究讨论专项维权案件；呼吁、配合、协调有关部门，尽快解决侵权案件；为受到执业权益侵害的会员提供法律援助或其他支持；总结维权案件的处理情况，及时上报上级律师协会和有关部门。

五 深圳律师行业发展存在的问题

当特区的地缘不再是优势，当深圳律师面对广州、香港及周边地区律师的"围堵"时，深圳律师在面临着新机遇的同时，也面临着挑战。

（一）与北京、上海相比存在的主要问题

从前文三个地区的律师行业的比较，不难看出，深圳律师业的发展规模与其他先进地区还有一定差距。在律师人数、律师事务所数量、行业总创收等多方面，与北京、上海相比都有较大差距。同时，北京、上海的律师事务所正在逐步垄断以上市业务为代表的前沿业务。由于没有在全国具有较大影响力、辐射力的品牌律师事务所，深圳律师业对于深圳本地的知识产权、投资并购、证券发行等方面的法律服务专业影响力正在一步步下滑。

（二）与珠三角相比存在的主要问题

在珠三角地区，深圳市还面临与广州、香港律师业的激烈竞争。虽然深圳律师的人数、律师事务所的数量及行业总创收等多方面指标

都与广州基本持平，但广州毕竟是省会城市，依靠天然的地缘政治优势，业务发展一直平稳；香港律师业拥有超过100年的历史，行业总创收、人均创收都远超过深圳，而且在法律制度、人员素质、专业水平等方面早已成熟，当之无愧是亚太地区领先的法律服务中心。

（三）律师行业内部竞争混乱

目前，深圳律师行业高端业务律师较为短缺，传统业务律师人数严重过剩，因此，不可避免地造成了深圳一定程度的恶性竞争。

（四）律师事务所规模仍以中小型居多

深圳律师行业中，较多律师事务所规模较小，尚无足够实力竞争大型法律服务项目。与此同时，深圳不少律师事务所并非有严密管理、能产生集合效益的组织，"所"只是形式。提成制是不少中小律师事务所采取的制度，但是这根本无法有效发挥组织优势。

（五）律师事务所主导能力偏弱

律师事务所的主导能力主要表现为合伙人的能力。合伙人的办案、业务拓展、管理、培养律师等方面的能力决定了律师事务所的主导能力。其中不少律师事务所合伙人的办案能力和业务拓展能力较强，但与先进地区律师相比，管理能力方面的差距较大，管理意识相对薄弱，管理技能相对缺乏。

（六）年轻律师的生存与发展需要关注和扶持

律师行业的核心竞争力完全是依赖对人才的吸引和培养。[1] 深圳律师行业工作专业性要求较高，律师的知识结构需要随着经济社会的

---

① 《2015～2020年中国律师事务所市场前瞻与投资战略规划分析报告》。

发展不断更新调整。与此同时，律师行业具有特定的师徒传承性质，因此加强对年轻律师的专业培养尤为重要。但是，目前深圳市律师执业群体相对年轻，缺乏执业历练与沉淀，部分律师面临生存压力，许多年轻律师工作一两年后就转行，年轻律师得不到持续专业培养。专业队伍后继乏人，深圳律师行业发展可能会没有后劲。①

（七）律师人才结构问题

深圳律师人才存在比较明显的结构性短缺与结构性过剩并存现象。过多律师从事传统法律业务，加剧传统法律服务领域的不正当竞争；而从事高端与涉外法律业务的律师相对不足，导致高端与涉外法律服务业务不断被外地大所抢占。同时，绝大部分律师业务收入仍以诉讼业务收入为主、非诉讼业务收入为辅，涉外业务的收入较少。创新服务模式和开发法律服务新产品的力度亟须加强。

六 深圳律师行业发展建议

在十八届四中全会依法治国的大背景下，深圳律师行业将随着依法治国的暖流，继续大步前进发展。在中央要求深圳"四个全面"创造新业绩的背景下，深圳律师将会越来越多地承接涉外知识产权、涉外并购等高端业务，也会有更多机会参与到更具影响力的案件当中，发挥出自己的力量。深圳律师应当认准自己所处的位置，创新发展。为此，提出如下建议。

（一）提高律师自身素质及优化执业环境

1. 提升律师自身素质

律师作为构建律师行业的基础单位，首先应该不断学习，精进业

---

① 《深圳市律师事务所管理现状调查报告及律师执业与生存现状调查报告》，2008。

务，全面提升其自身素质。深圳本地的法律服务市场拥有巨大的潜力可挖。通过培养和引进领军型人才，加强与优秀企业的沟通和推介，积极服务于深圳本地的优秀企业，树立深圳律师在本地法律服务市场中的绝对优势。

2. 引进与培养高端人才

高端律师人才是深圳律师业下一阶段发展的重要动力。通过高端人才引进，机构专业化培训，实施律师行业优秀人才和后备人才培养计划，形成一支高端律师人才队伍；建立律师人才专家库，突出人才专业优势，并形成行业集合力量；在行业中选拔优秀律师事务所和律师为国（境）外上市的中国企业和关系国计民生的大型企业提供法律服务。①

3. 推进京沪深律师的竞争与合作

我们已经看到，深圳律师现在与其他先进城市之间存在差距，下一步需要推进京、沪、深三地律师的竞争与合作。通过三地律师的合作与交流，学习京沪的成功经验，改进管理模式和分配体制，并结合本地特色产业以及毗邻香港的地理优势，促进深圳律师素质的发展，创造深圳良好的执业环境。

（二）加强律师事务所的管理建设

律师事务所的发展离不开规范化的管理、先进的发展模式以及突出的专业方向。规范化管理体现在三个方面：律师人才机制、财务制度和管理人才的运用。

1. 建立良好的律师人才机制

一是律师事务所要重视招揽律师人才，形成高层次、专业化、分散化和年龄结构合理化的律师人才队伍。二是要重视律师人才资源开

---

① 《2015～2020年中国律师事务所市场前瞻与投资战略规划分析报告》。

发，鼓励律师挖掘自身潜能，实现个人价值，确保律师事务所能长久保持核心竞争力，在激烈的竞争始终居于领先地位。① 三是要重视律师人才挽留，增强律师与事务所的相互信任，让律师感觉到自己在一个开放透明的环境中工作，实现个人价值目标，同时也为事务所带来进步和收益。四是要增强律师人才评价，不以创收能力为唯一评价标准，要综合考虑律师的学习和研究能力、灵活运用法律能力、专业分析能力、沟通能力、团队工作能力等多个要素，以此为基础结合其绩效进行综合性评价。② 五是要完善深圳律师事务所薪酬体系。应按照遵循战略导向原则、稳定性原则、激励性原则进行薪酬体系设计。薪酬体系应由基本薪酬、绩效薪酬、激励薪酬、各种补贴以及各种福利五部分组成，并形成科学的安排，以有竞争力的薪酬留住人才。

2. 制定并实施周密的财务制度

一个律师事务所在投资基础设施、扩张规模、提升服务质量时，要实现有效控制，离不开周密的财务管理。此外，随着税务机关对律师收入征税方式的改变和税收征收的要求日趋严格，律师事务所合伙人作为律师事务所所有者和管理者，其法律风险增大③，这也要求律师事务所改变过去粗放的财物管理方式，实施严谨和周密的财务管理制度，控制律师事务所财务的全过程，建立财务预算、实时控制、评价及决算报告制度，充分运用财务管理工具和功能，反映律师事务所准确的经营成果，避免和消除潜在的各种风险。④

3. 加强高级管理人才的运用

高素质高水平的律师事务所职业经理人、管理顾问和战略顾问是律师业发达的重要条件。全球律师业最发达的美国拥有大量的高素质

---

① 《2015~2020年中国律师事务所市场前瞻与投资战略规划分析报告》。
② 《2015~2020年中国律师事务所市场前瞻与投资战略规划分析报告》。
③ 《2015~2020年中国律师事务所市场前瞻与投资战略规划分析报告》。
④ 《2015~2020年中国律师事务所市场前瞻与投资战略规划分析报告》。

高水平的律师事务所职业经理人、管理顾问和战略顾问。① 深圳律师事务所高水平高素质的战略顾问、职业经理人和管理顾问等高级人才稀缺。中国虽然有民法学家、刑法学家等，却没有真正意义上的律师法学家②。在律师事务所的内部管理上，普遍缺少科学的管理经验，甚至有些管理方式缺乏法律依据，出现一系列管理问题。因此，深圳律师业应借鉴美国和英国的发展经验，培养一批律师事务所战略顾问、职业经理人和管理顾问等高级管理人才，推动深圳律师行业的发展。

事实上，国际先进的律师事务所发展经验告诉我们，合伙制的律师事务所已经处在时代的边缘，公司制律师事务所在全球范围内已经占据业务及收入的领先地位。当前，公司制律师事务所形式还未在立法上得到确认，③ 深圳可以率先进行有关公司化律师事务所试点工作，并推动《律师法》的修订，逐步进行立法确认，使之与合伙律师事务所形式共同构成深圳律师事务所规模化马车的双轮。

（三）提升律师行业自治及行业管理水平

近十年，深圳律师协会作为行业自律组织已经充分发挥了重要作用，在引导行业发展、维护会员权利、规范执业行为方面起到了重要作用。深圳律师协会不断提出新的思路、新的办法，通过开展业务创新，设立专项青年发展基金、公益基金、救助基金、培训基金，建立重大疾病保险等多项措施，探索解决事关全行业生存与发展的重大事项。下一步，为更好地促进深圳市律师协会的引领作用，应当赋予深圳市律师协会更多的权利，进而调动行业积极性。在深圳市律师协会内部管理结构上，应当寻求突破口，进一步提高管理水平和管理效能，重视协会管理人才的培养，促进协会长期、可持续地发展。

---

① 《2015~2020年中国律师事务所市场前瞻与投资战略规划分析报告》。
② 《2015~2020年中国律师事务所市场前瞻与投资战略规划分析报告》。
③ 《2015~2020年中国律师事务所市场前瞻与投资战略规划分析报告》。

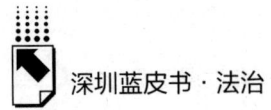

结 语

目前深圳律师行业正处在蓬勃发展的关键阶段。在律师层面,深圳律师对所在的行业充满了希望和斗志,而且日益重视业务本身的精进与创新;在律师事务所层面,深圳律师事务所要想长期稳定和健康发展,必须及时完善机制,明确方向和目标,并与律师个人的需求和目标相吻合;在律师协会层面,律师协会既要从宏观上科学规划,统领全局,又要从微观上干实事、接地气。总之,律师、律师事务所和律师协会只有如此合力共进,深圳律师行业的未来发展才能精彩不断,令人期待。

B.17 深圳市社会组织制度建设研究报告

徐宇珊　刘华电 *

摘　要： 深圳市社会组织制度建设与管理体制改革相伴而行，管理体制的改革以及体制机制的建构推动了全市社会组织的健康发展，社会组织在经济社会生活中的作用日益凸显。根据层次不同，深圳市社会组织领域的法规政策可以分为三类，分别为特区立法、以市委市政府名义出台的规范性文件以及民政部门下发的文件。这一系列文件是深圳社会组织体制改革成果的系统性及制度性体现，其内容主要包括登记体制改革，建立综合监管体系，探索各种培育机制，形成行业协会新型管理体制，等等。

关键词： 社会组织　制度建设　组织改革

一　深圳社会组织改革发展概况

深圳市社会组织管理体制改革已进行十余年之久，从在国内率先进行行业协会"民间化"改革，到率先推行8类社会组织"直接登记"，再到率先颁布行业协会条例，深圳多项制度改革一直领先全

---

* 徐宇珊，深圳市社会科学院政法研究所副研究员；刘华电，深圳市发展与改革委员会。

国。国家民政部与广东省民政厅一直赋予深圳社会组织改革的希望与重任,期冀深圳能够在社会组织的制度建设上闯出一条新路,不断地肯定深圳已有的改革成果,并鼓励深圳继续前行。

2008年4月,深圳市被国家民政部列为全国社会组织"改革创新综合观察点"。

2008年6月,广东省民政厅把深圳市定为社会组织"综合改革观察点","综合改革观察点"的重点改革内容为:政府职能转变和购买服务、行业协会改革、建立社会组织简单便捷的注册登记办法、社会组织党建管理体制改革、社会组织发挥社工作用等。

2009年7月,国家民政部与深圳签订《推进民政事业综合配套改革合作协议》,要求深圳市深化社会组织管理体制改革,探索社会组织直接登记制度,开展基金会、异地商会登记试点,支持社会组织承接公共服务,建设社会组织孵化基地,探索社会组织党建新模式。

2010年1月,深圳市社会组织登记管理体制改革项目获得第五届"中国地方政府创新奖"。

2013年7月,国务委员王勇在深圳调研社会组织工作时,充分肯定了深圳近几年的改革实践,认为深圳在社会组织改革方面积极探索,取得显著成效,为全国社会组织管理体制改革提供宝贵经验和有益借鉴。

2014年2月,民政部公布首批全国社会组织建设创新示范区,深圳市成功入选。

十多年体制改革和制度推进的直接成果就是社会组织数量快速增加、质量明显提升、作用愈加凸显。十年来,深圳社会组织数量增长迅速,社会组织登记数从2000年的不足1000家上升到2014年的8000余家(见图1)。深圳市民政局的统计显示,截至2014年底,全市共有社会组织8241家,其中,社团4174家、民办非企业单位3940家、基金会127家。深圳的社会组织已涵盖工商经济、社会服务、生态环境、教育、文化、体育、卫生、科学研究等各个领域，基本形成了一个种类齐全、层次多样、覆盖广泛的社会组织体系，成为推动深圳经济和社会发展的一支重要力量。

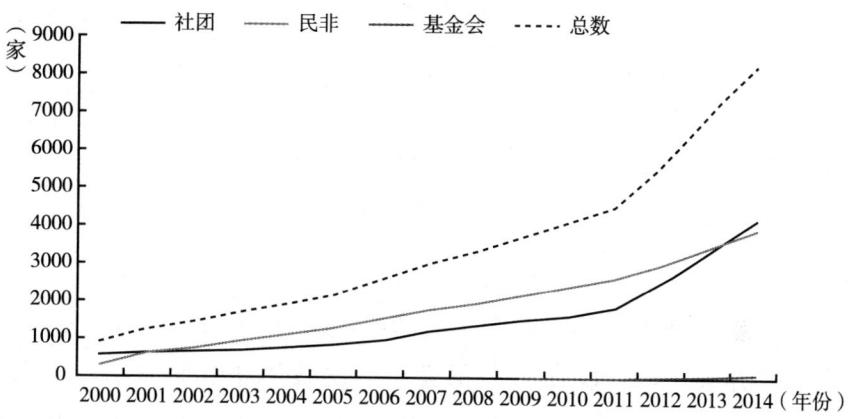

图1　近年来深圳社会组织数量

资料来源：深圳市民政局。

二　深圳社会组织领域法规政策制定情况

深圳市社会组织制度建设集中体现在出台的法规和政策中。通过制定法规和规范性文件的方式不断巩固改革成果，并推进改革进程。根据层次不同，深圳市社会组织领域的法规政策可以分为三类，分别为特区立法、以深圳市委市政府名义出台的规范性文件以及民政等部门下发的文件。

第一类是特区立法，目前已经出台的只有《深圳经济特区行业协会条例》。这一条例集中体现了行业协会十余年的改革成果。1999年，深圳曾出台全国首部行业协会条例《深圳经济特区行业协会条例》。2003年，深圳市启动新的《深圳经济特区行业协会条例》（以下简称《条例》）立法工作。历经10年，经层层审议、多轮论证修改，2013年12月，新的《深圳经济特区行业协会条例》正式出台。2014年4月1日起，《条例》正式实施。国家民政部民间组织管理局评价该立法：具有国家高度、国际化视野、特区试验田作用，可引领全国。① 《深圳经济特区行业协会条例》是深圳行业协会的"基本法"，突破了行业协会领域的很多新问题，对全国行业协会的健康发展有着重要的借鉴意义。此外，深圳市已经正式启动《深圳经济特区非营利组织条例》②的立法调研工作，现已形成初稿。

第二类是以深圳市委市政府的名义出台培育发展和监督规范社会组织的综合性规范性文件，将社会组织的发展问题从民政局一个部门纳入全市整体工作层面来统筹考虑。2008年，深圳市委办公厅和市政府办公厅联合发文《关于进一步发展和规范深圳市社会组织的意见》（深办〔2008〕66号）；2010年，深圳市人民政府办公厅下发了《深圳市社会组织发展规范实施方案（2010~2012年）》（深府办〔2010〕19号）；2012年，深圳市人民政府发文《关于进一步推进社会组织改革发展的意见》（深发〔2012〕12号）。这三个文件逐步深化和细化，为近年来深圳社会组织确定了总体方向和发展目标，并对若干重大改革问题提出具体操作性意见。通过这三个文件我们可以看到，深圳市社会组织登记体制改革的思路逐步清晰，改革力度逐步加大，这一改革直接为全国的社会组织登记改革提供实践经验；三个文件中关于政府支持社会组织的政策逐步明朗，将政府向社会组织购买服务的规定逐步细化；三个文件对建立社会组织综合监管体系的论述逐步深入，各职能部门对社会组织的监管职责愈加明确。

第三类是深圳市委市政府相关各部门出台的规范性文件，作为上

---

① 《专家解读新〈深圳经济特区行业协会条例〉》，《深圳特区报》2014年4月1日。http://sztqb.sznews.com/html/2014-04/01/content_2827963.htm。
② 该条例最后出台的名字可能会有所不同。

述综合性文件的配套，落实综合性文件的工作要求。在社会组织登记体制改革方面，深圳市民政局于2009年印发《深圳市异地商会登记暂行办法》（深民函〔2009〕591号），于2010年颁布《深圳市社区社会组织登记与备案管理暂行办法》（深民〔2010〕128号）。在监督管理方面，2011年深圳市民政局颁布了《深圳市社会组织评估管理办法》，2014年印发了《深圳市社会组织抽查监督办法》（深民函〔2014〕3号），深圳市委和市政府办公厅转发了《市社工委、市民政局关于构建社会组织综合监管体制的意见》（深办字〔2014〕68号）。在推进向社会组织购买服务方面，深圳市人民政府办公厅于2010年印发了《关于印发深圳市推进政府职能和工作事项转移委托工作实施方案的通知》（深府办〔2010〕20号）。在健全社会组织自律机制方面，深圳市民政局制定了《深圳市行业协会法人治理指引》（深民〔2008〕196号）、《深圳市社会组织财务管理指引（试行）》、《深圳市社会团体换届选举指引（试行）》，为社会组织建立和完善各项规章制度提供指导。

三 深圳社会组织主要制度创新内容

深圳社会组织的制度建设集中体现在上述各个文件中，这一系列文件是深圳社会组织体制改革成果的系统体现。梳理各个文件的具体内容，可以将社会组织体制改革的内容大致分为几个方面：一是登记体制改革；二是建立综合监管体系；三是探索各种培育机制；四是形成较为系统的行业协会管理体制。前三者是面向所有社会组织的政策，最后一个是集中体现行业协会这一类特殊社会组织的制度。前三者又是解决社会组织不同层面的问题，第一方面解决的是社会组织如何成立的问题，第二和第三方面解决的是社会组织如何发展的问题。通过十年来不同文件的出台顺序，可以大致勾勒出深圳社会组织管理改革的方向和步骤。早些年深圳社会组织建设主要围绕社会组织登记体制改革进行各种政策创新及制度建设，关注的是组织成立的问题。随着直接登记体制的全面实现，2010年之后的制度建设侧重于如何支持培育和监督管理好社会组织，关注的是社会组织如何发展的问题。这反映出深圳对社会组织的政策已经从"入口管理"向"过程管理"转变，通过构建一整套的政策体系来面对直接登记管理后面临的新任务。

（一）逐步完成社会组织登记体制改革

社会组织登记体制改革是近十年来深圳社会组织制度建设方面的最重要突破。从2004年开始，深圳市从行业协会民间化入手，开始了社会组织登记制度改革。

2004年，深圳市新设立了行业协会服务署，履行行业协会业务主管单位（法律、法规另有规定的除外）的职能负责培育、监管、规范、服务全市行业协会。市委组织部和市人力资源与社会保障局联合发文《关于党政机关事业单位公职人员不再兼任行业协会职务有关问题的通知》（深组干〔2004〕12号），保障行业协会与业务主管单位的人员脱钩。以行业协会民间化为突破口的这一"小步"，实现了由行业协会服务署集中行使原来分散在各业务主管单位的行政管理权，将旧的"二元制"变成简单的新"二元制"，切断了行业协会与原业务主管单位的行政依附关系，行业协会从官办协会走上了民间自主发展的道路，为行业协会发挥作用创造了条件，并为接下来的直接登记制度埋下伏笔。2006年底，深圳市按照广东省的要求，合并行业协会服务署和市民政局民间组织管理办公室，组建市民政局下属的副局级单位市民间组织管理局。民间组织管理局统一履行社会组织的登记、管理、执法等职能。由此行业协会再无业务主管单位，变为由民政部门直接登记，在全国最早实现了"四无"①和"五自"②，走向了民间化。之后，深圳社会组织实行直接登记的范围逐步扩大，在前文所述的三个综合性文件中均有明确规定。2008年的《关于进一步发展和规范深圳市社会组织的意见》，提出工商经济类、社会福利类、公益慈善类三类社会组织实行民政部门直接登记管理。2010年的《深圳市社会组织发展规范实施方案（2010~2012年）》要求在总结经验的基础上，逐步扩大社会组织实行直接登记管理的范围。2012年出台的《关于进一步推进社会组织改革发展的意见》，将民政部门直接登记的范围从工商经济类、公益慈善类、社会福利类、社会服务类，进一步扩大到文娱类、科技类、体育类和生态环境类社会组织。除逐步探索直接登记制度外，深圳市还针对不同类型的社会组织启动分类管理制度。2009年开始异地商会登记试点工作。2010年出台《深圳市社区社会组织登记与备案管理暂行办法》，启动社区社会组织登记备案双轨制，同时各区民政部门作为社区社会组织登记和备案管理部门，都在降低门槛方面进行了制度探索。如降低社区社会组织注册资金要求和会员人数，将备案管理权限下放到街道办事处，缩短社区社会组织的登记办理时限，等等。2014年制定《深圳市社区基金会培育发展工作暂行办法》，将社区基金会的资金要求降低为100万元人民币。

（二）创新社会组织监督管理体系

1. 开展社会组织等级评估

逐步完善社会组织评估指标和评估体系，加强对社会组织的激励和监督。按照国家民政部和广东省民政厅的要求，深圳市自2008年开始，以行业协会为试点，开始社会组织评估工作。2011年，深圳

---

① "四无"指无行政级别、无行政事业编制、无行政业务主管部门、无现职行政机关工作人员兼职。
② "五自"指自愿发起、自选会长、自筹经费、自聘人员、自主会务。

市民政局颁布了《深圳市社会组织评估管理办法》，制定了行业协会商会、公益性社会团体、学术性社会团体和科学研究类民办非企业单位的评估指标体系（试行）。为了确保社会组织等级评估工作公开、公平、公正，2012年成立了深圳市社会组织评估委员会和社会组织评估复核委员会，建立了第三方评估机制。按照分类评估的原则，2014年起，深圳市民政局对行业协会商会、联合类、专业类、公益类、学术类社会团体，基金会以及学术研究类、公益服务类和体育文化类民办非企业单位进行评估。在过去已有评估指标体系的基础上，形成了上述九类组织的评估指标体系（征求意见稿）。

2. 构建社会组织综合监管体系，逐步构建统一登记、各司其职、协调配合、分级负责、依法监管的社会组织综合监管体制

前述三个综合性文件均提到了建立社会组织综合监管体制，2014年末，深圳市委办公厅和市政府办公厅转发了《市社工委、市民政局关于构建社会组织综合监管体制的意见》（深办字〔2014〕68号），明确构建社会组织综合监管体制的原则、目标和任务，并在全面梳理登记管理机关、业务主管（指导）单位以及其他各职能部门职责的基础上，明确各相关职能部门对社会组织监管的具体职责，形成任务分工清晰、信息沟通顺畅、协调配合紧密的社会组织监督管理体系。

3. 探索社会组织抽查监督制度

2014年深圳市民政局颁布了《深圳市社会组织抽查监督办法》，通过按年度或不定期地抽取一定数量的社会组织进行检查的监管方式，检查各类社会组织遵章守法、内部治理以及依法依规根据章程开展活动等情况。抽查分为例行抽查和分类抽查两种方式。前者是登记机关按年度随机抽取一定数量的社会组织进行监管，后者是登记机关不定期地针对不同类别社会组织开展的专项整治和专项检查。抽查监管是深圳市民间组织管理局的创新做法，为全国首例。希望通过抽检，实现社会组织管理的工作理念从"重登记"转向"重管理"，工作方式从"事后被动式处理"转变为"全程动态式检查"；工作模式从"运动化整治"转变为"常态化监管"。

（三）探索各种支持培育社会组织的机制

1. 探索建立政府向社会组织购买服务的机制

深圳结合行政管理体制和事业单位改革，推进政府职能转变和向社会组织购买服务，优化社会组织发展的制度环境。2008年出台的《关于进一步发展和规范深圳市社会组织的意见》，要求"对政府分离出的或新增的社会管理和公共服务事项，凡可委托社会组织承担的，通过政府采购等法定方式，向符合条件的社会组织购买"。2010年下发的《深圳市推进政府职能和工作事项转移委托工作实施方案》，明确政府职能转移的原则、范围和程序，确定以竞标和购买服务的方式有序对接。根据深圳市民政局的统计，2009年行政管理体制改革后，各职能部门共取消、调整和转移284项职责和行政审批事项。2010年，市编办从17个局委办共削减出政府工作事项87项，其中69项转移委托给社会组织。2012年，中共深圳市委办公厅深圳市人民政府办公厅印发《关于加快政府职能转变深化行政审批制度改革的工作方案》（深办发〔2012〕14号），明确提出"进一步转移政府职能，加快培育发展社会组织"，要求加大政府公共服务转移和购买服务力度。根据上述文件要求，2013年，深圳市民政局编制了第一批具备承接政府职能和购买服务资质的社会组织目录共250家。2015年1月，市民政局又公布了第二批共129家市级社会组织目录，同时指出第一批的目录名单中，有42家组织因2013年检不合格而被取消资质。

2. 发展各类支持性组织

《深圳市社会组织发展规范实施方案（2010~2012年）》提出了

建立支持型社会组织体系的目标要求，为社会组织能力建设、资源和智力提供支持。布署建设和完善社会组织孵化基地及探索运行机制和孵化模式。在此背景下，"社会组织培育实验基地"于2010年正式建立，该基地为处于成长期的公益组织提供为期10个月的场地设备、小额补贴、能力建设、管理咨询、财务托管、成长评估、信息共享、协助注册等免费培育服务。2014年，由深圳市社会组织总会承接的"深圳市社会组织创新示范基地"项目正式运作，首批入驻20家机构。深圳市社会组织创新示范基地设有社会组织建设成果展示区、社会组织综合服务平台、社会组织培育孵化区、社会组织能力建设学院和办公区五大功能板块。社会组织将得到孵化培育、顾问咨询、行业交流、能力建设、资源对接、行业数据分析等方面的服务，将构建行业发展的支持平台。与此同时，深圳团委、妇联等群团组织推动成立本领域的枢纽型社会组织，建设孵化基地，为本行业的社会组织提供全方位的服务和支持。各区政府及新区管委会也纷纷建设本区的社会组织基地，从政策、场地、信息、技术等方面支持本地社会组织发展。

3. 搭建社会组织税务服务平台

税收减免是国际通行的政府支持社会组织发展的重要手段，税收监管也是规范社会组织发展的有效方式。2010年5月，深圳市民政局与国税、地税部门就相关问题签订了"合作框架协议"，确立"三方合作机制"，共同实施社会组织公益性捐赠税前扣除资格审查和非营利组织免税资格认定，共同促进对社会组织尤其是公益性组织的纳税服务与管理，共同协商解决社会组织在办理税收优惠政策过程中遇到的困难和问题，协调推进社会组织税收优惠政策的落实。

4. 畅通政府与社会组织的沟通平台

拓宽社会组织参政议政的渠道，是三个综合性文件均提到的要求。特别是在2010年的《深圳市社会组织发展规范实施方案

(2010~2012年)》中，明确指出要"努力争取在人大代表、政协委员中增加社会组织代表比例、数量"。在2010年党代表、人大代表和政协委员换届中，深圳市民间组织管理局作为单独的推荐单位推荐社会组织界别的代表和委员。换届后，来自社会组织专职工作人员的代表和委员成倍增加，有4位党代表、5位人大代表和10位政协委员；社会组织兼职人员的代表委员人数达221名，比上一届增长了176%。同时，政府各部门积极组织社会组织代表参加各种听证会、论证会，广泛听取社会组织的意见和建议。

（四）形成较为系统的新型行业协会管理制度

作为最早进行改革的社会组织，行业协会的发展一直都是实践与制度同行，市民政局根据行业协会改革的不同阶段及时制定各项政策，既随时巩固改革成果又不断指导行业协会的改革稳步前进。

2007年市民政局出台了《深圳市行业协会暂行办法》和《深圳市行业协会设立指引》，制定了《深圳市行业协会综合考核办法》，探索考核评价行业协会的方法和建立行业协会商会退出机制。2008年出台《深圳市行业协会法人治理指引》，全面推进行业协会完善法人治理机制。

2014年4月正式实施的《深圳经济特区行业协会条例》则凝聚了深圳行业协会10年来的改革成果，上升为指导行业协会发展的特区立法，起到了行业"基本法"的作用，被誉为是社会领域的"商事制度改革"。《深圳经济特区行业协会条例》有几大创新性突破。[①] 一是扩大调整范围，采用广义行业协会概念；二是引入竞争，突破"一业一会"；三是简化登记程序，取消筹备核准环节，行业协会注册简化为名称核准和登记成立两个环节，并大幅减少审批时限。四是

---

① 专家解读新《深圳经济特区行业协会条例》，《深圳特区报》2014年4月1日。

完善现代社会组织治理体制，突出了依法自律、民主管理，对行业协会内部治理进行专门规定。五是专门对促进行业协会发展进行规定，推进行业协会发挥作用。六是建立新型监管机制，如启用信用监管，建立年度报告制度等。这些创新性制度不仅仅对行业协会的发展起到指导作用，对整个社会组织的制度建设都是非常重要的，部分机制不仅适用于行业协会，对其他类型的社会组织也有借鉴意义。

四 问题与建议

（一）深圳市社会组织制度建设的不足

尽管深圳社会组织的制度建设已经取得了一定的成绩，但是比起其他领域的法治建设以及社会组织的改革步伐，社会组织的制度建设明显滞后，存在诸多问题。主要表现在以下几方面。

1. 制度建设滞后于改革实践

尽管这十年来的改革实践在各种规范性文件中已逐步体现出来，但是相比而言，市级及各区的改革步伐较大而制度建设则远远落后，部分改革内容没有及时地通过立法的方式固定下来，未形成制度性文件。

2. 缺乏能够统领社会组织领域各方面的基本法

无论是全国层面，还是深圳，目前都缺少能够统领社会组织的基本法律，尽管国家民政部及深圳市都进行了多年的立法调研，起草了多个专家意见稿，但至今尚未颁布，无法从根本上解决社会组织发展的一些总体性问题。

3. 总体上看，立法的效力层次较低

目前只有行业协会方面制定了《深圳经济特区行业协会条例》，将行业协会的改革上升到特区立法的层面，而其他方面的政策均为政

府规范性文件，且大都出自民政部门一家，法律效力层次低。

4. 政策有效期短，不足以形成稳定的政策支持

由于社会组织的改革处于探索阶段，需要根据实际情况不断调试，目前出台的部分文件为暂行办法，这会导致政策的有效期偏短，文件失效后难以及时更新，无法形成稳定的政策预期。例如，深圳市民政局2010年颁布《深圳市社区社会组织登记与备案管理暂行办法》有效期为两年，超过有效期后虽多次进行调研，但至今未形成新的政策；再如2014年制定的《深圳市社区基金会培育发展工作暂行办法》有效期仅为6个月，尚未真正执行就已超过有效期。

（二）完善深圳市社会组织制度建设的建议

党的十八届四中全会《决定》对立法工作做出部署，提出，"实现立法和改革决策相衔接，做到重大改革于法有据、立法主动适应改革和经济社会发展需要。实践证明行之有效的，要及时上升为法律。实践条件还不成熟、需要先行先试的，要按照法定程序做出授权。对不适应改革要求的法律法规，要及时修改和废止。"根据《决定》的要求，总结深圳市社会组织制度建设已经取得的成果以及目前存在的问题，建议未来几年社会组织的制度建设主要从以下几方面入手。

一是加快社会组织领域基本法的出台，推进深圳经济特区社会组织管理条例的制定。深圳市民间组织管理局早在2009年就启动了与社会组织相关的立法调研，已委托北京大学法学院非营利组织法研究中心成立课题组并形成调研报告和条例初稿。建议该管理条例能够尽早提交审议并出台，在社会组织登记、依法自治、综合监管、信用建设、培育扶持等体制机制方面提出一揽子方案，以解决社会组织的迅速发展与法规严重滞后之间的矛盾。希望该条例能够成为一次重大的制度变革和创新，改变现有的非营利组织法律框架存在的一些缺陷和问题，并为全国层面非营利组织法的制定探索出一条新的道路。

二是立法跟进,将社会组织领域的已有制度上升为人大立法或政府规章。缩短改革实践与制度建设之间的时间差,及时将改革成果用法律形式固定下来。建议将部分比较成熟的规范性文件逐步上升为人大立法或政府规章,提高立法层次。特别是一些关乎社会组织发展的总体性问题,如综合监管体系,政府购买服务等体制机制,在条件成熟时尽快出台更高法律效力层次的文件。

三是推动国家层面的有关立法。在行业协会立法等方面,深圳发挥了特区试验田的作用,走在了全国前列,为全国的立法起到了模范作用。深圳应当在总结已有实践经验的基础上,引领全国,推动国家层面的立法建设,将深圳的改革经验向全国推广。

附 录
Appendix

B.18
2014年深圳法治大事记

1. 深圳法院先行推进司法体制改革

2014年1月，深圳市委通过《深圳市法院工作人员分类管理和法官职业化改革方案》，率先全国启动法院改革。在福田区人民法院审判长负责制和盐田区人民法院人员分类管理改革的基础上，深圳在全市法院系统建立法院工作人员分类管理制度、法官员额制度、法官职级制度、单独的法官薪酬制度、法官选任制度和考核监督制度。在保障审判权独立运行机制改革方面，采取压缩管理层级，完善主审法官和合议庭办案机制，规范审判监督，强化落实办案责任机制。2014年7月，法官薪酬套转和全新的审判工作团队组建基本完成。以上两项法院改革为全省乃至全国深化司法体制改革起到了先行探路的效果。

2. 深圳证券期货业纠纷调解新模式

2014年2月，深圳证券期货业纠纷调解中心进驻深交所开始正式运作。该中心系深圳国际仲裁院联合深圳证券交易所、深圳市证券业协会、深圳市期货同业协会、深圳市投资基金同业公会等机构共同设立的公益性事业单位,将专业调解、商事仲裁、行业自律和行政监管四者紧密结合起来,首创中国资本市场"四位一体"纠纷解决机制。该中心调解结果具有可强制执行性,高效率、低成本地为投资者和市场主体解决纠纷。

3. 深圳检察机关查办海关及消防系统贪腐窝案

深圳市查处贪腐窝案取得突破性进展。2014年1月1日晚,盐田区人民检察院突击搜查了中英街桥头旅检四科办公室,现场抓获涉嫌受贿的海关关员及涉嫌走私行贿的社会人员,立案9件16人,包括原沙头角海关关长、专职党委副书记在内的海关官员10人,行贿人员6人。2014年2月28日,深圳市人民检察院联合福田区人民检察院,查处了消防系统腐败专案,立案13件15人。

4.《深圳经济特区控制吸烟条例》实施与监督

2014年3月1日,被称为"史上最严控烟条例"的《深圳经济特区控制吸烟条例》正式实施。深圳市卫计委等6家执法单位以及铁路和民航共8个部门齐抓共管,同时深圳市人大常委会也组织人大代表按选区进行巡查,开创了人大监督执法的新模式。其间,通过有效运行人大和媒体公众监督机制,配合广泛的宣传教育及严厉的处罚,各类禁烟场所违法吸烟现象得到明显改善,全社会无烟氛围逐渐形成。

5. 深圳报业集团组织媒体大讨论化解"扶不扶之惑"

2014年初,深圳接连发生市民摔倒无人扶救、被扶老人反诬扶救者的典型事件,"扶不扶"再次成为市民热议的话题。深圳报业集团以此为契机,探索以法律手段解决社会问题的路子。2014年3月末,深圳特区报、深圳商报、深圳晚报、晶报、深圳新闻网及所属各媒体,动员全市网民、有关政府部门、企业参与怎样化解"扶不扶之感"的大讨论,在全市引起强烈反响,助力深圳推进法治建设,取得了良好的舆论引导效果。

6. 市公安局开展"法治通城"专项治理

2014年4月27日起,深圳市公安局在全市范围开展了"法治通城"专项治理。"法治通城"专项整治实行高峰期"三长"带头、全警上岗,平峰期动态巡逻、精细管理。推出"十大交通整治"、"十项严管措施"、"隐形战车"、"违停分档罚款"、聘请交通安全信息员等执法创新举措;探索"排阵式"信号控制、高峰期"潮汐车道"、救护车"闻笛而动、无忧避让"等交通管理创新举措,以法治的管理、法治的手段,通过依法严管、规范执法,在提高道路通行效率的同时也极大增强了市民的交通守法意识。

7. 南山区人民法院建"网上法庭"

2014年5月,南山区人民法院在全国率先设立"知识产权案件互联网审理中心",实现互联网时代下知识产权纠纷的快速便捷、低成本解决。"知识产权案件互联网审理中心"通过"e司法"、"案件分流审理"和"权利人数据库"与"侵权人公示中心",实行网上立案、送达、调解,提升了办案速度和效率,有效地预防侵权的发生,及时惩戒侵权行为。

8. 宝安检察机关提起首宗环境污染公益诉讼

2014年5月12日,宝安区人民法院正式受理首起环境污染侵权损害赔偿公益诉讼案件。2013年4月以来,来访群众向宝安区人民检察院反映,公明街道楼村水库附近长期有货车倾倒垃圾,危及居民饮用水安全。宝安区人民检察院经过多方调查协调,确定由具有环境监管职责的光明新区城建局作为该案被告单位向宝安区人民法院提起诉讼。此案作为多部门协作共同推进生态环境民事公益诉讼进程的司法实践,系新《民事诉讼法》实施后深圳市成功立案的首宗环境污染公益诉讼案件,取得了良好的社会反响。

9. 深圳大市场监管格局升级

2014年5月14日，深圳市市场和质量监督管理委员会正式挂牌成立，下设正局级行政机构深圳市市场监督管理局（市质量管理局、市知识产权局）、深圳市食品药品监督管理局、副局级行政机构深圳市市场稽查局。市场监管中的工商、质监、知识产权、食药品监管等四大块20多个部门整合到一个机构。该委为决策机构，下设局为执行机构，探索决策权、执行权、监督权既相互制约又相互协调的有效实现形式。改革进一步完善了深圳大市场、大监管体制，理顺了食品、药品监管体制，提高了执法效率和行政资源的利用率，在市场监管领域形成了特色鲜明的"深圳模式"。

10. 前海建成全国首个域外法律查明平台

2014年5月21日，全国首个域外法律查明服务的专业平台——蓝海现代法律服务发展中心在前海公开亮相。该平台的设立，为查明包括香港法律在内的境外法律提供了有效途径，对促进深港融合发展、借鉴香港先进的法律制度、解决前海商事纠纷有着重要意义。该平台不仅为国内诉讼、仲裁当事人及"走出去"企业查明香港及其他境外法律提供服务，同时也为境外相关主体查明中国内地法律提供服务。相比传统模式，该平台具有便利、优质、中立、高效等多种优势。

11. 前海法庭率先全国试行港籍调解员制度和港籍陪审员制度

2014年2月，南山区人民法院前海法庭深港商事调解中心启用港籍调解员进行商事纠纷调解，选任了包括香港大学、香港城市大学法律学院教授、香港立法院议员在内的8名港籍调解员参与涉港案件的调解。2014年全年港籍调解员参与调解案件82宗。2014年6月，南山区人民法院前海法庭在深圳、香港两地媒体发布公开选任港籍陪审员的公告。12月4日，深圳市南山区人大常委会任命4名港籍人员担任南山人民法院人民陪审员，港籍陪审员将通过合议庭的形式参与涉港案件审理和进行商事纠纷调解。这两项制度是打造"国际资本可以理解和信任的商事审判体系"的有益尝试。

12. 深圳快播公司侵权被处2.6亿元巨额罚款

2014年5月20日，深圳市市场监督管理局前往深圳快播科技有限公司总部，送达了对该公司的《行政处罚听证告知书》，拟对其处以2.6亿元罚款。6月17日，深圳市市场监督管理局就深圳快播公司涉嫌盗版侵权拟被处罚2.6亿一案举行听证会，听取快播公司的申辩意见。深圳市市场监管局认为，由于快播公司多次侵权，且"拒不改正"，以快播在本案中非法经营额8672万元为基础，决定按3倍罚款计算，处以2.6亿元的罚金，创下国内互联网行业行政处罚额度之最。6月26日，深圳市市场监管局正式对快播公司送达《行政处罚决定书》，即日生效。

13. 深圳市民"陪审团"参与"民断是非"公益普法活动

2014年7月，深圳创新了普法教育方式——"民断是非"大型思辨性公益普法活动。作为全新普法宣传平台，由法律工作者组成论辩队进行论辩，由普通市民组成"陪审团"进行评审、由法律专家进行点评。论辩主题紧扣百姓生活的法律问题，发动普通市民群众积极互动并进行评审，很好地将专业性和群众性结合起来，达到了让广大市民在思考中学习法律，在法律中学会思考的效果。

14. 全国首个商事主体行政审批权责清单和后续监管办法出台

2014年9月1日，《深圳市商事主体行政审批事项权责清单》公布。这是全国第一份商事主体行政审批事项的权责清单。该权责清单和后续监管办法紧紧围绕"依法监管"的基本原则，既理顺了政府内部横向部门间、纵向层级政府间的权责关系，也明确了政府和企业、市场的活动边界，转变了"以审批代监管"的传统市场管理模式，符合"减少事前审批，强化事中事后监管"的改革总体思路。

15. 深圳出台全国第一部关于人大主导立法的专门文件

2014年9月，深圳市出台了《中共深圳市委关于进一步发挥人大及其常委会在立法工作中主导作用的意见》，通过一系列立法机制创新，建立"人大主导，多方参与"的特区立法新机制。这是全国第一部关于人大主导立法的专门文件。为贯彻落实该意见，2014年11月，深圳市人大常委会党组出台了《市人大常委会党组落实〈中共深圳市委关于进一步发挥市人大及其常委会在立法工作中主导作用的意见〉实施办法》，提出6个方面共32项落实措施，探索创新和完善立法工作，在全国具有引领和示范作用。

16. 罗湖法院强制执行自然人乱扔垃圾拒罚案件

2014年10月10日，罗湖区人民法院对全国首宗自然人在公共场所乱扔垃圾拒罚强制执行案做出了结案通知。2014年以来，罗湖区城管局对多起商家外扫垃圾和自然人乱扔垃圾行政处罚执行案件向法院申请强制执行，并主动邀请媒体监督和跟踪报道。此举亮明了政府和社会对违法行为"零容忍"态度，极大限度地捍卫了法律的尊严，同时引导市民形成良好习惯，共同保护城区卫生环境。

17. 深圳市委出台加快一流法治城市建设"1+6"文件

2014年10月中召开的党的十八届四中全会上，首次专题讨论依法治国问题，把"法治"提高到了前所未有的高度。10月30日，深圳市委五届十九次全会出台了《贯彻落实十八届四中全会精神、加快建设一流法治城市的重点工作方案》及《立法质量提升工作实施方案》《法治政府建设工作实施方案》《司法体制改革工作实施方案》《全民普法守法工作实施方案》《法治工作队伍建设工作实施方案》《反腐倡廉工作实施方案》6个配套专项工作方案（简称加快建设一流法治城市"1+6"重点工作方案），明确了深圳法治领域改革的路线图、时间表、任务书。

18. 《深圳经济特区居住证条例》出台

2014年10月30日,深圳市人大常委会通过的《深圳经济特区居住证条例》,自2015年6月1日起施行。这是全国第一个以地方法规的形式对居住证立法。该条例不仅仅是将原来的流动人口管理方面的政府规章上升为特区法规,更是对深圳流动人口服务管理的提档升级。对于建立居住登记制度、规范办理居住证的条件和程序、建立基本公共服务提供机制,创新人口管理、促进控制人口规模等方面具有重要意义。

19. 中国首家深港联营律师事务所落户前海

2014年11月7日,华商林李黎(前海)联营律师事务所作为中国首家跨法域、跨地域的联营律师事务所正式获准成立,并落户在前海,此举标志着前海又一项法治创新政策落地。1月,司法部批准在广东省开展与港澳律师事务所合伙型联营试点。8月,广东省司法厅发布《香港特别行政区和澳门特别行政区律师事务所与内地律师事务所在广东省实行合伙联营试行办法》,选定深圳前海、广州南沙和珠海横琴三个地区开展合伙联营试点工作。华商林李黎(前海)联营律师事务所的获批,标志着深港联营律师事务所试点的正式启动。

20. 深圳政府法律顾问制度获第三届"中国法治政府奖"

2014年11月18日,新华网·思客与中国政法大学联合推出的第三届"中国法治政府奖"在京揭晓。深圳政府法律顾问制度等10个项目从24个入围项目中脱颖而出,获得该奖项。深圳市政府法律顾问室于1988年开始设立,聘请了社会知名法律专家、律师担任兼职政府法律顾问,这在国内属首创。目前已在市、区两级普遍设立政府法律顾问室,有相应的工作制度,有相应的经费保障,确立了法律顾问全面参与政府事务的机制。

21. 深圳司法机关启动轻微刑事案件速裁程序试点工作

2014年6月27日,第十二届全国人大常委会第九次会议表决通过了《关于授权在部分地区开展刑事案件速裁程序试点工作的决定》，将深圳列为18个拟试点城市之一。其实早于2007年4月，深圳罗湖区公检法三家就联合启动了《轻微刑事案件快速审理办法》，至今运行良好，为刑事案件速裁程序在全国推广提供了经验样本。2014年11月，在深圳市委政法委的牵头组织下，深圳市中级人民法院协调公安、检察、司法等机关联合出台文件，正式启动深圳刑事案件速裁程序试点工作，从适用范围、文书格式、审理程序、权利保障等方面进行细化、明确、规范速裁程序。

22. 法治城市高峰论坛"把脉"一流法治城市建设

2014年11月28日，中国法学会和深圳市委、市政府共同举办了"深圳建设一流法治城市高峰论坛"。为探寻一流法治城市建设的具体路径，围绕推进法治改革、完善法治体系、建设一流法治城市等议题，来自相关国家机关的负责人，以及高校、科研机构的知名专家学者齐聚一堂，结合贯彻党的十八届四中全会精神和深圳法治建设实践，建言献策。

23. 商事登记开启"四证合一"全流程网上登记新模式

2014年12月1日，深圳市市场和质量监管委联合市国税局、市地税局和市公安局共同推出了商事主体营业执照、组织机构代码证、税务登记证和刻章许可证"四证合一"的登记新模式，全面开启了全业务、全流程、无纸化网上登记的新模式，使商事登记服务再升级。申请人足不出户即可办理，实现"一表申请、一门受理、一次审核、信息互认、四证同发、档案共享"。

24. 前海多举措创建中国特色社会主义法治示范区

2014年12月2日，最高人民法院正式批复同意设立深圳前海合作区人民法院。前海法院将实行任期制法官制度、率先探索跨行政区划管辖案件，实行立案登记制，探索审执分离、司法行政事务管理权与审判权分离。这与之前已经实行的港籍陪审员和港籍调解员制度、建立的蓝海域外法律查明平台、设立的深港联营律师事务所等方面创新和探索，均为前海多举措创建中国特色社会主义法治示范区的具体内容。

25. 最高人民法院第一巡回法庭落户深圳

2014年12月2日，中央审议通过《最高人民法院设立巡回法庭试点方案》。按照试点方案，最高人民法院第一巡回法庭设在深圳。巡回法庭主审法官均来自最高人民法院，按一定的时间轮流派驻，负责审理跨行政区域的重大行政和民商事案件，管辖区域包括广东、广西和海南三省，判决效力等同于最高人民法院的判决，为终审判决。

26. 人权司法保障落实到刑事被告人出庭受审的着装

十八届四中全会后，为落实人权司法保障制度，深圳市中级人民法院与深圳市公安局共同会签了《关于规范刑事案件被告人出庭受审着装的通知》，禁止让刑事在押被告人或上诉人穿着囚服等具有监管机构标识的服装出庭受审。这项改革于2014年12月4日首个国家宪法日在全市法院正式实施，率先全国实行此项改革制度。当天在深圳市中级人民法院第三庭，3名出庭被告均为穿便装出庭受审的普通刑事案件被告人。

27. 深圳市政府清理行政职权编制权责清单

2014年3月19日，深圳市在市、区、街道三级全面启动清理行政职权、编制权责清单工作。通过梳理各部门职权，将5326项行政职权事项纳入清理范围；进一步简政放权，调整、取消、转移、下放、整合400多项职权，1100多个事项降低审批门槛、简化办事环节或压缩办理时限；依法限权，制定权力运行流程图在"事前、事中、事后"进一步明确责任；公开晒权，方便社会监督。到2014年底，全市32家市直部门均编制完成并公开权责清单。

28. 深圳检察机关率先全国启动改革

2014年7月，深圳成立检察改革工作领导小组，制定《深圳市检察机关工作人员分类管理和检察官职业化改革方案》《深圳市改革检察权运行机制完善检察官办案责任制实施方案》。2014年12月22日，深圳市人民检察院召开全市检察人员大会，正式启动以检察人员分类管理和检察官职业化改革为基础、以完善检察官办案责任制为核心的检察改革。2014年底，全市检察机关完成了人员分流工作。

29. 深圳实施小汽车增量调控

2014年12月29日，深圳市政府发布《深圳市人民政府关于实行小汽车增量调控管理的通告》，决定从2014年12月29日18时起，深圳市行政区域内小汽车实行增量调控和指标管理。此次小汽车增量调控管理的限定范围是国家机动车类型分类规定所列小型、微型载客汽车。增量指标额度暂定每年10万个，视道路交通运行、大气环境保护和小汽车需求状况适时调整。

（执笔人：王庆恩）

B.19
2014年深圳新法规规章

一 2014年深圳新制定或修改的法规

1.《深圳经济特区审计监督条例》

2014年8月28日深圳市第五届人民代表大会常务委员会第三十一次会议修订通过，自2014年10月1日起生效。《深圳经济特区审计监督条例》2001年2月23日由深圳市第三届人民代表大会常务委员会第五次会议通过，2007年5月30日深圳市第四届人民代表大会常务委员会第十二次会议曾对其进行修正。本次修订《条例》适应新形势要求，在财政审计监督、政府投资项目审计、经济责任审计与绩效审计监督等方面细化了审计内容，进一步完善审计程序，全面规范审计行为，促进提高审计工作质量，为审计工作维护财政经济秩序、推进反腐倡廉建设、保障公共资产的使用安全与效益提供法律保障。

2.《深圳经济特区政府投资项目管理条例》

2014年8月28日深圳市第五届人民代表大会常务委员会第三十一次会议通过，自2015年1月1日起生效。2000年3月3日经深圳市第二届人民代表大会常务委员会第三十八次会议通过的《深圳市政府投资项目管理条例》同时废止。

3.《深圳经济特区促进全民健身条例》

2014年8月28日深圳市第五届人民代表大会常务委员会第三十一次会议通过，自2015年1月1日起生效。1999年1月25日，深圳市第二届人民代表大会常务委员会第二十九次会议通过的《深圳经济特区促进全民健身若干规定》同时废止。

4.《深圳经济特区居住证条例》

2014年10月30日深圳市第五届人民代表大会常务委员会第三十二次会议通过,自2015年6月1日起生效。

5.《深圳经济特区无偿献血条例》

2014年10月30日深圳市第五届人民代表大会常务委员会第三十二次会议通过,自2015年1月1日起生效。1995年9月15日深圳市第二届人民代表大会常务委员会第二次会议审议通过的《深圳经济特区公民无偿献血及血液管理条例》同时废止。

6.《深圳经济特区道路交通安全违法行为处罚条例》

2014年10月30日深圳市第五届人民代表大会常务委员会第三十二次会议通过《关于修改〈深圳经济特区道路交通安全违法行为处罚条例〉的决定》,自2015年1月1日起生效。《深圳经济特区道路交通安全违法行为处罚条例》于2010年1月19日由深圳市第四届人民代表大会常务委员会第三十五次会议通过,2011年6月27日深圳市第五届人民代表大会常务委员会第九次会议第一次修正,2012年12月25日深圳市第五届人民代表大会常务委员会第十九次会议第二次修正,本次是第三次修正。新修订《条例》适应新形势要求,在儿童安全乘车、不避让特种车辆、手机号码登记法定化、短信通知违法记录法定化、送餐及快递等企业员工驾驶非机动车违法通报涉事企业、违反"交替通行"、违停及骑轧道路中心黄实线等方面细化了违法处罚内容,完善了违法处罚程序,为进一步规范交通违法处罚行为提供法律保障。

7.《深圳市学校安全管理条例》

2014年10月30日深圳市第五届人民代表大会常务委员会第三十二次会议通过《深圳市人民代表大会常务委员会关于修改〈深圳

市学校安全管理条例〉的决定》，该决定于 2014 年 11 月 26 日由广东省第十二届人民代表大会常务委员会第十二次会议批准，并自批准之日起生效。《深圳市学校安全管理条例》于 2004 年 12 月 30 日由深圳市第三届人民代表大会常务委员会第三十五次会议通过，2005 年 1 月 19 日广东省第十届人民代表大会常务委员会第十六次会议批准。

二 2014年深圳新制定或修改的政府规章

1.《深圳市机动车道路临时停放管理办法》

2013 年 12 月 6 日深圳市政府五届九十九次常务会议审议通过，2014 年 3 月 19 日公布，自 2014 年 5 月 1 日起生效。

2.《深圳市碳排放权交易管理暂行办法》

2014 年 3 月 14 日深圳市政府五届一百零五次常务会议审议通过，2014 年 3 月 19 日公布，自 2014 年 3 月 19 日起生效。该办法对碳排放配额管理、报告核查与履约、碳排放权登记与交易等进行了细致规定，且有配额调整、储备配额等诸多亮点。

3.《深圳市亚硝酸盐监督管理若干规定》

2014 年 3 月 18 日深圳市政府五届一百零六次常务会议审议通过，2014 年 4 月 7 日公布，自 2014 年 6 月 1 日起生效。2008 年 9 月 1 日深圳市人民政府令第 190 号公布的《深圳市亚硝酸盐监督管理若干规定》同时废止。

4.《深圳市地下管线管理暂行办法》

2014 年 3 月 18 日深圳市政府五届一零六次常务会议审议通过，2014 年 4 月 16 日公布，自 2014 年 6 月 1 日起生效。

5.《深圳市豆制品质量安全监督管理若干规定》

2014 年 4 月 15 日深圳市政府五届一百零七次常务会议审议通过，2014 年 5 月 30 日公布，自 2014 年 8 月 1 日起生效。2008 年 2 月

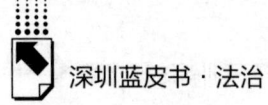

26日深圳市人民政府令第182号公布的《深圳市豆制品监督管理若干规定》同时废止。

6.《深圳市公众移动通信基站管理办法》

2014年5月9日深圳市政府五届一百零八次常务会议审议通过，2014年7月20日公布，自2014年9月1日起生效。

7.《深圳市基本农田保护区管理办法》

2014年5月27日深圳市政府五届一百一十次常务会议审议通过，2014年6月24日公布，自2014年8月1日起生效。

8.《深圳市发展快递业管理规定》

2014年5月27日深圳市政府五届一百一十次常务会议审议通过，2014年6月24日公布，自2014年8月1日起生效。《规定》从法律层面对深圳市快递业发展进行了规范，并从土地政策、设施规划、资金支持、车辆通行等方面，对促进快递业发展提出相关扶持政策。

9.《〈深圳经济特区欠薪保障条例〉实施细则》

2014年8月14日深圳市政府五届一百一十四次常务会议审议通过，2014年8月28日公布，自2014年10月1日起生效。实施细则细化了欠薪隐匿或者逃逸的认定范围，解决"匿而不逃"的执行难题，增加了集体欠薪垫付申请的处理规定，加大对劳动者合法权益的保护。

10.《深圳市人才安居办法》

2014年9月18日深圳市政府五届一百一十七次常务会议审议通过，2014年12月1日公布，自2015年1月1日起生效。2011年6月1日深圳市人民政府令第229号颁布的《深圳市人才安居暂行办法》同时废止。

11.《深圳市海上休闲船舶运营安全管理办法》

2014年9月24日深圳市政府五届一百一十八次常务会议审议通

过，2014年10月28日公布，自2014年12月1日起生效。

12.《深圳公证处管理暂行办法》

2014年10月23日深圳市政府五届一百二十次常务会议审议通过，2014年11月12日公布，自2015年1月1日起生效。

（整理人：王庆恩）

✦ 皮书起源 ✦

"皮书"起源于十七、十八世纪的英国,主要指官方或社会组织正式发表的重要文件或报告,多以"白皮书"命名。在中国,"皮书"这一概念被社会广泛接受,并被成功运作、发展成为一种全新的出版型态,则源于中国社会科学院社会科学文献出版社。

✦ 皮书定义 ✦

皮书是对中国与世界发展状况和热点问题进行年度监测,以专业的角度、专家的视野和实证研究方法,针对某一领域或区域现状与发展态势展开分析和预测,具备权威性、前沿性、原创性、实证性、时效性等特点的连续性公开出版物,由一系列权威研究报告组成。皮书系列是社会科学文献出版社编辑出版的蓝皮书、绿皮书、黄皮书等的统称。

✦ 皮书作者 ✦

皮书系列的作者以中国社会科学院、著名高校、地方社会科学院的研究人员为主,多为国内一流研究机构的权威专家学者,他们的看法和观点代表了学界对中国与世界的现实和未来最高水平的解读与分析。

✦ 皮书荣誉 ✦

皮书系列已成为社会科学文献出版社的著名图书品牌和中国社会科学院的知名学术品牌。2011年,皮书系列正式列入"十二五"国家重点图书出版规划项目;2012~2014年,重点皮书列入中国社会科学院承担的国家哲学社会科学创新工程项目;2015年,41种院外皮书使用"中国社会科学院创新工程学术出版项目"标识。

中国皮书网

www.pishu.cn

发布皮书研创资讯，传播皮书精彩内容
引领皮书出版潮流，打造皮书服务平台

栏目设置：

- □ 资讯：皮书动态、皮书观点、皮书数据、
      皮书报道、皮书发布、电子期刊
- □ 标准：皮书评价、皮书研究、皮书规范
- □ 服务：最新皮书、皮书书目、重点推荐、在线购书
- □ 链接：皮书数据库、皮书博客、皮书微博、在线书城
- □ 搜索：资讯、图书、研究动态、皮书专家、研创团队

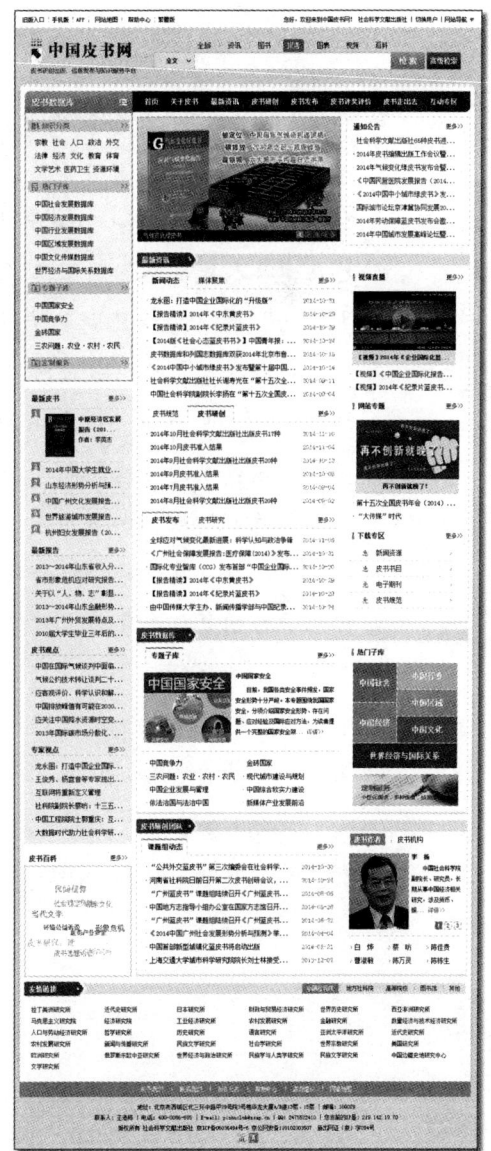

中国皮书网依托皮书系列"权威、前沿、原创"的优质内容资源，通过文字、图片、音频、视频等多种元素，在皮书研创者、使用者之间搭建了一个成果展示、资源共享的互动平台。

自2005年12月正式上线以来，中国皮书网的IP访问量、PV浏览量与日俱增，受到海内外研究者、公务人员、商务人士以及专业读者的广泛关注。

2008年、2011年中国皮书网均在全国新闻出版业网站荣誉评选中获得"最具商业价值网站"称号；2012年，获得"出版业网站百强"称号。

2014年，中国皮书网与皮书数据库实现资源共享，端口合一，将提供更丰富的内容，更全面的服务。

法律声明

"皮书系列"(含蓝皮书、绿皮书、黄皮书)之品牌由社会科学文献出版社最早使用并持续至今,现已被中国图书市场所熟知。"皮书系列"的LOGO( )与"经济蓝皮书""社会蓝皮书"均已在中华人民共和国国家工商行政管理总局商标局登记注册。"皮书系列"图书的注册商标专用权及封面设计、版式设计的著作权均为社会科学文献出版社所有。未经社会科学文献出版社书面授权许可,任何使用与"皮书系列"图书注册商标、封面设计、版式设计相同或者近似的文字、图形或其组合的行为均系侵权行为。

经作者授权,本书的专有出版权及信息网络传播权为社会科学文献出版社享有。未经社会科学文献出版社书面授权许可,任何就本书内容的复制、发行或以数字形式进行网络传播的行为均系侵权行为。

社会科学文献出版社将通过法律途径追究上述侵权行为的法律责任,维护自身合法权益。

欢迎社会各界人士对侵犯社会科学文献出版社上述权利的侵权行为进行举报。电话:010-59367121,电子邮箱:fawubu@ssap.cn。

社会科学文献出版社

皮书俱乐部会员服务指南

1. 谁能成为皮书俱乐部成员？
- 皮书作者自动成为俱乐部会员
- 购买了皮书产品（纸质书/电子书）的个人用户

2. 会员可以享受的增值服务
- 免费获赠皮书数据库100元充值卡
- 加入皮书俱乐部，免费获赠该纸质图书的电子书
- 免费定期获赠皮书电子期刊
- 优先参与各类皮书学术活动
- 优先享受皮书产品的最新优惠

3. 如何享受增值服务？

（1）免费获赠100元皮书数据库体验卡

第1步 刮开附赠充值的涂层（右下）；

第2步 登录皮书数据库网站（www.pishu.com.cn），注册账号；

第3步 登录并进入"会员中心"—"在线充值"—"充值卡充值"，充值成功后即可使用。

（2）加入皮书俱乐部，凭数据库体验卡获赠该书的电子书

第1步 登录社会科学文献出版社官网（www.ssap.com.cn），注册账号；

第2步 登录并进入"会员中心"—"皮书俱乐部"，提交加入皮书俱乐部申请；

第3步 审核通过后，再次进入皮书俱乐部，填写页面所需图书、体验卡信息即可自动兑换相应电子书。

4. 声明

解释权归社会科学文献出版社所有

权威报告·热点资讯·特色资源

皮书数据库
ANNUAL REPORT(YEARBOOK) DATABASE

当代中国与世界发展高端智库平台

www.pishu.com.cn

皮书俱乐部会员可享受社会科学文献出版社其他相关免费增值服务，有任何疑问，均可与我们联系。

图书销售热线：010-59367070/7028
图书服务QQ：800045692
图书服务邮箱：duzhe@ssap.cn

数据库服务热线：400-008-6695
数据库服务QQ：2475522410
数据库服务邮箱：database@ssap.cn

欢迎登录社会科学文献出版社官网
（www.ssap.com.cn）
和中国皮书网（www.pishu.cn）
了解更多信息

社会科学文献出版社 皮书系列
SOCIAL SCIENCES ACADEMIC PRESS (CHINA)

卡号：642329229289
密码：

子库介绍
Sub-Database Introduction

中国经济发展数据库

涵盖宏观经济、农业经济、工业经济、产业经济、财政金融、交通旅游、商业贸易、劳动经济、企业经济、房地产经济、城市经济、区域经济等领域，为用户实时了解经济运行态势、把握经济发展规律、洞察经济形势、做出经济决策提供参考和依据。

中国社会发展数据库

全面整合国内外有关中国社会发展的统计数据、深度分析报告、专家解读和热点资讯构建而成的专业学术数据库。涉及宗教、社会、人口、政治、外交、法律、文化、教育、体育、文学艺术、医药卫生、资源环境等多个领域。

中国行业发展数据库

以中国国民经济行业分类为依据，跟踪分析国民经济各行业市场运行状况和政策导向，提供行业发展最前沿的资讯，为用户投资、从业及各种经济决策提供理论基础和实践指导。内容涵盖农业，能源与矿产业，交通运输业，制造业，金融业，房地产业，租赁和商务服务业，科学研究，环境和公共设施管理，居民服务业，教育，卫生和社会保障，文化、体育和娱乐业等100余个行业。

中国区域发展数据库

以特定区域内的经济、社会、文化、法治、资源环境等领域的现状与发展情况进行分析和预测。涵盖中部、西部、东北、西北等地区，长三角、珠三角、黄三角、京津冀、环渤海、合肥经济圈、长株潭城市群、关中—天水经济区、海峡经济区等区域经济体和城市圈，北京、上海、浙江、河南、陕西等34个省份及中国台湾地区。

中国文化传媒数据库

包括文化事业、文化产业、宗教、群众文化、图书馆事业、博物馆事业、档案事业、语言文字、文学、历史地理、新闻传播、广播电视、出版事业、艺术、电影、娱乐等多个子库。

世界经济与国际政治数据库

以皮书系列中涉及世界经济与国际政治的研究成果为基础，全面整合国内外有关世界经济与国际政治的统计数据、深度分析报告、专家解读和热点资讯构建而成的专业学术数据库。包括世界经济、世界政治、世界文化、国际社会、国际关系、国际组织、区域发展、国别发展等多个子库。